U0116253

大脑的金钱观

Mind over Money

做财富世界的聪明决策者

Claudia Hammond

[英] 克劳迪娅·哈蒙德 著

高玉芳 樊雨馨 译

The Psychology of Money
and How to Use It Better

中信出版集团 | 北京

图书在版编目（CIP）数据

大脑的金钱观：做财富世界的聪明决策者/（英）
克劳迪娅·哈蒙德著；高玉芳，樊雨馨译. -- 北京：
中信出版社，2023.8
　　书名原文：Mind over Money: The Psychology of
Money and How to Use It Better
　　ISBN 978-7-5217-5763-7

　　Ⅰ.①大… Ⅱ.①克… ②高… ③樊… Ⅲ.①货币—
社会心理学 Ⅳ.① C912.69

中国国家版本馆 CIP 数据核字（2023）第 113970 号

大脑的金钱观——做财富世界的聪明决策者
著者：　　［英］克劳迪娅·哈蒙德
译者：　　高玉芳　樊雨馨
出版发行：中信出版集团股份有限公司
　　　　　（北京市朝阳区东三环北路 27 号嘉铭中心　邮编　100020）
承印者：　宝蕾元仁浩（天津）印刷有限公司

开本：880mm×1230mm 1/32　　　印张：11.75　　字数：250 千字
版次：2023 年 8 月第 1 版　　　　印次：2023 年 8 月第 1 次印刷
京权图字：01-2017-5447　　　　　书号：ISBN 978-7-5217-5763-7
　　　　　　　　　　　定价：69.00 元

谨以此书献给安东尼娅
和我的侄女弗洛伦丝与玛蒂尔达

目录

引言
从100万英镑被烧毁说起

〜〜〜〜〜〜〜〜〜

1994 年 8 月 23 日晚上，在苏格兰内赫布里底群岛朱拉岛上的一个废弃的小谷仓里，有一堆火在燃烧。你如果此时进入谷仓，可能以为有人在烧报纸。一大捆带有印刷图案的纸张在燃烧，伴随着滚滚烟尘，不断有纸片腾起飞入空中。

仔细观察，你可能发现这些纸张燃烧的方式有些奇怪，要好一会儿才能燃着，而且燃烧得很慢。最终你意识到这些纸张的密度比报纸的密度大，版面也比报纸小得多。这时，腾空飞起来的纸片可能会映入你的眼帘：咦，那上面印的不是戴王冠的女王吗？我的天哪！那难道是一堆 50 英镑的钞票在燃烧吗？！

是的，那个晚上，你看到的正是 100 万英镑被烧毁的场景。由面额 50 英镑纸币组成的 100 万英镑，仅仅一个多小时（准确地说，是 67 分钟）就全部烧光了。67 分钟——可以成就每个彩民梦想的东西就这样化为灰烬。

火边的两个人是 KLF 乐队的成员吉米·考蒂（Jimmy Cauty）和比尔·德拉蒙德（Bill Drummond）。他们在 20 世纪 90 年代初就凭借《合理与古老》（*Justified and Ancient*）、《永远三点钟》（*3 a.m. Eternal*）等歌曲赚足了钱。后来因为厌倦了音乐，他们转向了艺术创作。对他们来说，烧100万英镑是一种观念艺术。他们起初想将一捆捆的钱钉到木柜上，制作一个雕塑。但是，由于他们的这个想法比较犯禁忌，没有一个艺术馆愿意展出这样的雕塑。因此，他们又有了新的想法：直接烧钱。

烧钱的整个过程都录了像，你在 YouTube 视频网站上就能看到。正如人们所料，KLF 乐队的这两位成员身着黑衣，把钱一张一张抽出来随手丢在大火里，就好像将面包投给鸭子一样。吉米把每张钞票揉搓一下扔到火里，比尔却像掷飞盘一样，把钱掷到火里，起初他们烧得很慢，一些钱从火中飞出来，他们捡起来再扔到火里。过了一会儿，"K 基金会"（他们当时就这么称呼自己）意识到以目前的速度，这钱得烧好几个小时，于是他们加快了速度：一捆一捆地往火里扔钱。

尽管有录像为证，但还是有人怀疑这只是在作秀。真的会有人烧这么多钱吗？为了打消人们的质疑，"K 基金会"将燃烧后的灰烬送到实验室进行了检验。检验证明那些灰烬是大量真钞燃烧后的产物。

这项"表演"的影响可想而知，但此举招致的敌意远远超出了他们的预期。人们仇视他们，质问他们既然不想要这些钱，为什么不捐出去呢？人们骂他们自私、愚蠢。

看了几分钟烧钱录像之后，我们想知道为什么吉米·考蒂和比尔·德拉蒙德要这么做。就算这是一种艺术创作，它又有什么意义呢？

令人惊讶的是，在多年来对他们所进行的多次采访中（你在 YouTube 中可以看到），这两个人对这一问题的回答结结巴巴、语无伦次、前后矛盾，甚至连他们自己也无法确信。

在正式的访谈记录中，吉米·考蒂承认他们这样做可能毫无意义，这究竟算不算艺术创作还有很大的争议。"你可能会进入这样一个仍旧昏暗的未知领域，一片漆黑。"你听到他在竭力应付，想要给出一个解释，但最后陷入绝望……

在一次电视采访中，比尔·德拉蒙德说："我们本来少烧点钱也行，"他又补充说道，"但是我们想多烧点。"后来，记者问他将钱扔到火上有什么感觉。他说他感到麻木，唯一坚持下去的方式就是机械地去做而不去想。"如果你想着那是一张张 50 英镑的钞票或者一捆捆钱……"他的声音渐渐弱不可闻，好像想到钱令他自己都无法忍受。[1]

然而比尔·德拉蒙德认为他们并没有真正损毁任何东西。"唯一损毁的东西不过是一堆纸张而已。既不是面包，也不是苹果。"[2] 正是这看起来无可辩驳的言论，真正揭示出这件事情的本质，而且揭示了为什么这么多人因考蒂和德拉蒙德的行为而感到愤怒、难过。的确并没有面包和苹果被烧毁，但是有东西被烧毁了——那正是获得面包和苹果的机会。也就是说，本来可以购买面包和苹果的 100 万英镑没有了，购买可以用于果腹的食物的机会也没有了。

同时被毁掉的还有种植果树、收获果实的希望，建面包房烤面包的希望，以及雇人实现这一切的希望，这些本来可以在若干年后带来数百万英镑的产出。

而且，还不止这些。每一个看完烧钱录像的人都会想他能用那笔钱干什么：买一所房子，买一辆新车，还清欠债，开创新的事业，帮助亲朋好友，进行一次环球旅行，帮助穷困国家成百上千的孩子，或是资助拯救雨林的项目……

如果考蒂和德拉蒙德烧毁的是价值 100 万英镑的东西，情况就完全不同了。在那种情况下，烧毁的只是特定的物品——画作、游艇、珍贵的珠宝等，而不是每个人都可以用 100 万英镑实现的愿望。

如果他们以类似某些疯狂的摇滚歌星所采用的方式毁掉钞票——放火烧掉或是炸毁一家旅馆，人们无疑也不会如此愤怒。如果他们只是把钱存入银行收取高额利息，或者投放到股市中（也可能炒股赔了），没有人会在意。如果他们把这笔钱捐出去，肯定会受到人们的欢迎。

所以，问题不在于这两个人原来拥有 100 万英镑，后来没有了，而在于这么一大笔钱没有产生任何效益。这些钱所蕴含的全部希望都付之一炬。对他们，对任何人来说都是如此。据此来看，金钱对人类的大脑有着异乎寻常的影响力。我们只是投入了一些印制钞票的纸张和铸币的金属，并在上面印上了图像，它们本身没有什么价值，但是承载着我们获取诸多珍爱之物的希望。而且这希望，以及我们对这一希望的信念会让我们获得无数的珍爱之物。如果世界上有魔法的话，那么魔法肯定会爱上金钱。这一抽象虚拟的事物是大脑的产物，帮助我们创造需要和想要之物。

正是金钱这一特性使得考蒂和德拉蒙德的行为显得如此出格，如此触犯禁忌。在一定程度上，毁坏金钱，是一种对现代人类社会基础的挑战。

从深层含义来讲，人类是一种具有高级和复杂心理活动的动物——大脑成就了我们，金钱作为大脑的构想之物深深根植于我们的意识之中，我们也依赖金钱获取大多数生活必需品。

我们大多数人往往轻视金钱。可是我们只能进入根本不需要金钱的社会（不管是真的存在，还是虚构的），才能真正摆脱金钱。让我们来看一看赫尔曼·梅尔维尔（Herman Melville）于1846年出版的《泰比》（*Typee*）一书，谁不愿意生活在这样的人间天堂？

在那里没有那成千上万的烦恼的根源，即文明人创造出来破坏自身幸福的巧夺天工的东西；没有抵押品赎回权被取消的事情；没有拒付通知书；没有可付的账单；没有赌债；没有不可理喻千方百计要人付钱的裁缝和鞋匠；没有形形色色的讨债鬼；没有侵犯人权、故意挑拨是非、在客户中引起争执，然后坐收渔翁之利的律师；没有一直占着空余的卧室不走，致使餐桌嘈杂、拥挤的穷亲戚；没有贫穷的寡妇和因救济院的冷漠而挨饿的孩子；没有乞丐；没有因欠债而入狱的人；没有骄傲冷酷的富豪……一言以蔽之，没有金钱！

在《泰比》这部小说中，主人公梅尔维尔弃船后登上了南太平洋上的一个岛屿，尽管岛屿极富魅力，但他一直渴望逃离小岛，回到文明社会，回到他熟悉的社会——这意味着回到金钱社会。

对我们来说就是这么一回事，我们设想自己来自像《泰比》里描述的那样没有金钱的伊甸园，渴望返回或是重新开创这样一个伊甸园［我的老朋友迪伦·埃文思（Dylan Evans）就想这么做。他曾经在苏格兰建了一个自给自足的社区，但事情并没有完全按计划发展］，[3] 这样做显然是走错了方向，因为造成社会弊端的并非金钱本身，而是我们使用金钱的方式。那么我们怎样才能使用金钱做好事而非坏事呢？

我们往往沦为金钱的奴隶，可是任由金钱掌控思维，并不能让我们变得富有，也不能帮助我们过上幸福的生活，开创良好的社会。因此我们需要对金钱与人的关系有个透彻的了解。目前市面上有许多谈论如何对待金钱或如何赚钱的书，此书肯定不属此列，但我们也不会避开金钱，否认金钱是我们赖以生存的保障。说到金钱，事情就变得很复杂，但在这本书中，我会重点揭秘金钱与大脑之间的关系。

自然，不同的学科看待金钱的视角截然不同。政治经济学家卡尔·波兰尼（Karl Polanyi）认为，从广义上讲，金钱属于语义系统，类似于语言和度量衡，从狭义上讲，金钱是用来"支付、度量、储蓄和交换"的物品。[4] 弗洛伊德视金钱为粪土，他说孩子们最初喜欢玩废弃的东西，然后才开始玩泥巴，玩石头，最后玩钱。我不能肯定这种看法对我们的影响是否深远。19 世纪的哲学家兼心理学家威廉·詹姆斯（William James）认为金钱是自我延伸的一部分。他说："自我是真正的自己（他只指男人），自我也可以指自己的一切，包括自己的身体、精神、衣服、房屋、妻子、孩子、祖先、朋友、土地、马匹、游艇和银行账户。"[5]

从心理角度出发，金钱概念的核心特征，在我看来是信任。历史学家尤瓦尔·诺亚·赫拉利（Yuval Noah Harari）认为金钱是有史以来设计得最普遍、最有效的互信体系。要想安定繁荣，我们需要相互合作。如果是熟人，合作就很容易，但是与陌生人合作，需要量化信任和相互信任的方法。[6]金钱恰恰能做到这一点，已经开始使用金钱的社会，无疑不会再回到原来不使用金钱的状态。[7]但是这本书与金钱史无关，它主要谈论金钱对我们的影响，谈论金钱是如何改变我们的思想、感情和行为的；谈论缺钱时，金钱何以强化对我们的控制。

我们不停地推测：高额奖金会鼓励总经理更加努力地工作；金钱可以用来激励我们的孩子去做作业；面对几桩交易时，金钱使我们确切地知道如何选择最大化我们的利益。

但是正如我在本书中所讲的，有证据表明我们并不总是对的。那就让我们去会会那些认为金钱可以缓解对死亡的恐惧的人、赌输400多万英镑的人，以及印度泰米尔纳德邦那些看到足以改变人生的现金完全惊呆了的人……

一旦你读完了这本书，我相信你会发现，除了烧毁100万英镑的钞票和逃到自己的"泰比乐园"中，我们对金钱还有别的应对之策——我们其实能够掌控金钱。

- 我们与金钱的关系究竟始于何处？
- 为什么金钱既是药品又是工具？
- 为什么我们不愿看到金钱被损毁？
- 金钱又是如何在某种程度上成为缓解我们对死亡的恐惧的安慰剂的？

01

金钱伴随我们
从摇篮到坟墓

CHAPTER
ONE

金钱与大脑

如果你和我一样，喜欢时不时地吃上一块巧克力或者喝上一小杯酒，那么每次你享受美味时，大脑的奖励系统就会做出反应。大脑中的一条通路被激活，多巴胺飙升，使你感觉很愉悦。大脑似乎在对你说：再来一次，再来一次你会再次得到奖励。

在这种情况下，很容易看到大脑中一些区域是如何活跃起来的：化学物质和神经产生了连锁反应。人们得到金钱时，也会产生同样的反应。[1] 一项研究表明，人们赢钱和品尝美味的苹果汁时，大脑中产生的反应类似。[2] 甚至不必是硬币或纸钞，只要是能代表金钱的东西就能引发此类反应。神经学家让受试者进入脑部扫描仪，做了一个小实验，发现当获胜者得到优惠券的奖励时，其大脑边缘系统会释放多巴胺。[3]

多巴胺完全是即时奖励的产物，与延迟满足无关。当然，此处值得注意的一点是消费与奖励之间没有直接关系。金钱和优惠券给人以期望，它们是你将来做成某事的工具。当然，你可以跑到街角的商店去买酒或巧克力（甚至可以用优惠券），但这带来的依然不是即时满足。

在这种情况下，与其说金钱是工具，不如说它是药物，不是化学药物，而是心理药物。金钱存在的时间还不够长，人类在进化过程中还没有孕育出特定的神经系统来应对它。因此，和即时奖励相关的神经系统就被用来对金钱做出反应。有时候，神经科学方面的研究使人们感觉研究好像仅仅反映出我们从经验中就已经知道的事情。下面，神经科学会告诉我们一些较为新鲜的事情。

与金钱相关的许诺（比如，有人只是说会给你一笔钱，但是既没有给你钞票，也没有给你优惠券）不会产生上述效果。当许诺发生时，大脑中不同的区域被激活。也就是说，我们看待许诺的金钱和实际的金钱（甚至是优惠券）的方式截然不同，尽管后者也不能即刻花掉。

由此看来，我们似乎是因为金钱本身而渴望得到金钱，所以说金钱像是一种药物，虽然金钱本身不会让人在生理上上瘾，但是正如我在第二章中要讲的，我们大家都在不同程度上，受到金钱的诱惑。

不过，我们渴望得到金钱是因为它有助于我们实现人生的目标。换句话说，金钱也是一种工具，是一种得到我们想要之物的方法。

人们在过去就对待金钱的态度所进行的心理研究表明，人们往往不是将金钱当作一种药物，就是将其当作一种工具。而英国心理学家斯蒂芬·利（Stephen Lea）和保罗·韦伯利（Paul Webley）两人一致认为金钱既是药品，又是工具，这和人们的常识一致：有时候，金钱似乎控制着我们——金钱凌驾于大脑之上，有时候我们又能以自己的方式使用金钱——大脑凌驾于金钱之上。

但是，实际情况比这复杂得多。金钱影响我们的心态、情感和行为，而且这三个方面以有趣而又奇特的方式相互联系，相互融合，相互排斥。

然而，使事情更为复杂的是：当金钱被损毁时，我们的大脑又将金钱视为工具。

请回想一下"K基金会"在朱拉岛上烧毁100万英镑的那一晚，究竟是什么让人们对钞票的损毁感到如此愤怒？

2011年，认知神经学家克里斯·弗里斯（Chris Frith）与尤塔·弗里斯（Uta Frith）夫妻二人进行的一项研究可能有助于我们了解其中的原因。[4]他们慢慢地将志愿者推入脑部扫描仪内，扫描仪内有一面倾斜45度的镜子，志愿者通过镜子可以观看屏幕上放映的系列视频短片。每个短片长6.5秒，主角都是一位身着黑裙的女子，坐在一张光亮的白桌子上。

志愿者看不到这个女子的脸，但能看到她的身体和双手，她的手中拿着一张钞票。有时候这张钞票面额较大（相当于60英镑），有时候这张钞票面额较小（相当于12英镑），有时候钞票的形状、大小都一样，但被人胡写乱画过（显然，按照法律这张钞票已失去其价值），还有时可以明显看出是假钞。

躺在扫描仪中的人看到那个女子拿起一张钞票，慢慢地将手指移动到钞票顶端的中间，然后悠然自得地将其从上到下撕成两半。人们的反应是怎样的呢？结果证明，当这个女子撕毁的显然是假钞时，人们没有不适的感觉。但是当真钞被撕毁时，他们就会感到不适，尤其是当大面额的钞票被撕毁的时候。

在许多国家，在钱币上写字画画或损毁钱币是违法行为。在澳大利亚，这样做会招致高达 5 000 澳元的罚款或两年有期徒刑。[5] 在一些人看来，有一位澳大利亚总理应该受到同样的惩罚。1992 年的一天，保罗·约翰·基廷（Paul John Keating）总理正在参观昆士兰北部的汤斯维尔水族馆，当地的一名艺术家请他在两张 5 澳元的钞票上签名。他签名时被人拍了下来，这一行为引起了极大的公愤。

原来那位艺术家是在抗议 5 澳元的新版设计，新设计上伊丽莎白二世女王的画像取代了 19 世纪人权领袖卡罗琳·奇瑟姆（Caroline Chisholm）（在下一章，我们将会看到诸如此类的改变会引起人们的强烈不满）。火上浇油的是，当时女王能否继续作为澳大利亚国家元首在当时本身就是个具有诸多争议的话题，而且民众也知道基廷对此改变持保留意见。愤怒的保皇主义者质问道：之前在钞票上留下抗议言辞的那个人被定罪了，为什么不给这位艺术家和总理定罪？[6]

一个叫菲利浦·特纳的澳大利亚人也发现，被人涂写过的钞票变得毫无价值。一家加油站找了他 20 澳元零钱，这张钞票一面用签字笔写着"生日快乐"（还好，虽然那天不是特纳先生的生日），另一面写着"倒霉鬼，这下你买不成东西啦"（真糟糕）。这个人在钞票上涂写虽然很气人，但是他说得没错。商店不肯接受这张钞票，加油站也不愿意把它收回，就连银行也不给兑换。[7]

在钞票上写字已经不是什么新鲜事了。要让你写的东西真正进入他人的口袋，还有比在钞票上写字更好的方法吗？英国的妇女参政权论者就是这么做的。大英博物馆里陈列着一枚铸造于 1903 年的硬币，上面印有"为妇女投票"的口号。[8]这是一种非常聪明的方式，因为面额这么小的一枚硬币，可能流通很长时间也不会被发现。但无论是谁将口号印在这枚硬币上，这个人都冒了很大的风险——当时在钞票上胡写乱画可能会招致牢狱之灾。

如果更进一步，将钱币完全损毁又会怎样呢？在美国，烧毁钞票的严重性从美国《法典》第十八条所使用的语言可见一斑。此项禁令列在"国家银行债券损毁"的条款下，实际上，因此获罪的人非常少。在加拿大，明令禁止熔化硬币，但出于某些原因，并未提及纸钞。而欧洲委员会于 2010 年建议，成员国"不得鼓励出于艺术目的而损毁欧元纸币和硬币，但应该包容这种行为"。[9]

但这些都是各种机构制定的规则。普通人对于损毁钱币的行为怎么看呢？我们再看看弗里斯夫妇的研究，他们一起研究了人们看到钞票被撕毁时的反应。由于已经从丹斯克银行得到进行此项研究的许可，所以他们不用担心会受到起诉。即便如此，在大多数人看来，撕毁钞票显然是一种违法行为。

正如上文所讲，看到真正的钞票被撕成两半时，脑部扫描仪中的志愿者非常痛苦，但真正有趣的是其大脑受到刺激的区域。受到刺激的区域不是通常与失落或苦恼有关的区域，而是其他两个小区域：左梭状回和左侧楔前叶。左梭状回据说与铅笔刀、钢笔和胡桃钳的识别有关，也就是说，该区域能够识别不同用途的工具。这就表明金钱确实被认为是一种工具。我们在钞票及其用途之间建立的联系极其强大，因此，大脑对钞票的反应，就好像钞票是实际的工具一样。

这也与多年来许多人因"K 基金会"烧毁钞票的行为感到愤怒的诸多原因相符。他们往往强调这些钞票能用来买很多有用的东西。也就是说，他们并不是为钞票这种人工制品的损毁而感到愤怒（虽然在下一章，我会解释我们也喜欢金钱的具体形式），而是为丧失这些钞票的潜在购买力而感到愤怒。

我谨防自己过多地解读一项研究，而且研究人员也承认大脑活动的变化也可能仅仅是由观看钞票被撕毁的痛苦引起的。之前的研究表明，大脑杏仁核区受到损伤的人不再如此介意金钱的损毁。[10] 杏仁核位于大脑深处，呈杏仁状，和人的某些情绪有关。此类研究表明金钱与情绪相关。弗里斯夫妇研究的过人之处在于它暗示了金钱的象征性实质，即我们都知道金钱可用作工具。该研究表明（我在本书也反复说明），我们在拿着、看着，甚至只是想到一笔钱的时候，都会产生强烈的反应。有的反应好，有的反应坏，有的则很奇怪。但是在此之前，需要回顾一下，我们与金钱的关系始于何处。

见钱眼开的孩子

小孩子第一次接触到金钱时，将金钱看作本身有价值的东西。他们拿着闪亮的硬币或者精美、挺括的钞票，玩得不亦乐乎。很快孩子们就明白这些金属或纸张需要好好珍惜，不能丢弃，而且当祖父母将一枚硬币（现在估计是纸钞）放入他们手中时，这些钱显得很特别，甚至很神奇。我不确定这种感觉是否一直存在。可以肯定的是，小说家亨利·米勒（Henry Miller）在其《金钱与金钱如何大行其道》（*Money and How It Gets That Way*）一书中认为这种感觉一直存在："口袋里有钱，带来的快乐虽小，在人生中的作用却不可估量。银行里有钱，则是另一回事，但是从银行里把钱取出来，无疑是一大乐事。"[11]

最近，我和朋友4岁的女儿蒂莉去公园玩。她刚得到一个闪闪发光的串珠钱包，里面装着她攒下的几枚硬币。只要有陌生人经过，她都会挥动着那个钱包，愉快地喊着："看！我有很多钱！"我问她这些零钱能用来买什么，她说不上来。但这并不重要，重要的是她有钱，而钱本身的魅力无与伦比。

钱对蒂莉的重要性随后得以体现，在玩了半个小时的秋千和滑梯后该回家了，她却不愿意走。我们试图故意把她丢在后面，吓唬她说她得一个人待在那儿。我们甚至吓唬她回家以后就把这件事告诉她妈妈。最后我们还试图和她玩追逐游戏，但这些都没有用，她还是不肯离开操场。蒂莉的姑妈突然想到一个主意，她趁蒂莉不注意，把钱包拿走了，并且告诉蒂莉，想要钱包就必须和我们一起回家，这个办法果然奏效。蒂莉并不知道她可能损失多少钱，更不用说那些钱能买什么东西，但那是她的钱，她出于金钱本身的原因珍视金钱。此时，蒂莉开始了她漫漫人生中与金钱之间的关系。

这种关系很快会变得越来越复杂。

上初中的时候，我和姐姐都有本地建房基金会的存款账户。

我们会时不时地进去存上一英镑，然后拿着更新了存款数字的存折自豪地走出来。有一年，建房基金会举办了一次比赛，要求参赛者创作一幅描绘其办公楼的艺术作品，这个办公楼是一幢维多利亚时期的别墅，位于小镇主干道不远处的一个路口。

我的参赛作品是一幅拼贴画。我用淡黄色的麻布做墙壁，又剪了几个人形纸片，把纸片摆好，使它们看起来就像是从楼上探身窗外，高兴地挥舞着存折的人。现在回想起来，肯定是那些纸人帮我赢得了比赛。打动评委的很可能并不是我的艺术创作，而是我对利率的过度夸张——其中一个评委是建房基金会的经理。

当时，我在纸人手里拿的卡片存折上写道："存款：600 英镑；利息：300 英镑；结余：900 英镑。"老实说，当时的利率确实很高，但绝对没这么高！而且这件事说明了就算是小女孩，对金钱如何发挥其作用也有一定的了解，虽然在细节方面不是很清楚。我早就接触过存款、利息和结余的概念了，早就知道金钱不仅仅是用几枚硬币换几块糖的事情。

有一项关于人们早期对金钱理解的研究，我特别喜欢。该研究涉及芬兰一家幼儿园的一群 6 岁儿童。那是 2008 年，孩子们坐在一块地毯上创作自己的戏剧，大人在旁边帮助他们，但关键是要让孩子们尽量多做决定——从场景设计到情节和剧本台词，每个环节都如此。

一番讨论后，孩子们创作了一个叫《600 万只狮子》的故事。他们自己选角色，有一个男孩儿坚持要演一张土豆做的桌子，这个角色似乎对绝大多数演员来说都颇具挑战性。出于自主决定的精神，大人们就让他出演了这个角色。这项研究的目的就是让孩子们自行控制局面，虽然大人没有提到钱，但是这阻止不了孩子们谈到钱。

芬兰于韦斯屈莱大学的马莉娜·施托尔普（Marleena Stolp）花了 6 周的时间观察这部戏剧的创作，记录孩子们的对话并进行分析。[12] 很快她就发现孩子们讨论最多的话题就是金钱。孩子们知道他们创作的东西是有市场价值的，他们讨论票价，考虑把它拍成 DVD，在商店里出售。他们虽然只有 6 岁，但没有把表演这部戏剧仅仅当成一次娱乐活动，而是在考虑如何将这部作品推向市场、变成金钱。毫无疑问，他们喜欢赚钱这一想法。他们甚至讨论了如何选定人们能接受的票价，还知道他们不能收费太高，否则没人买票。

所以这些孩子早就对金钱、定价和市场的概念有所理解。那么对金钱价值的理解从何而来呢？

为一把鲁特琴而存钱：给孩子的"经济游戏"

在中国香港进行的一项研究中，研究人员让一组五六岁的孩子就"钱"这个词进行自由联想，孩子们对这个话题有很多话要说。毫不奇怪，孩子们联想到的大多是金钱能够买到自己想要的东西（美国和欧洲所进行的类似研究也得出了相同的结论）。他们对钱的好坏没什么概念。

成年人可不这么想。当研究人员给成年人发放关于金钱是好是坏的调查问卷时，人们的观点大相径庭。学生对金钱持消极的态度。他们不像商人那样认为金钱那么好、那么诱人，也不认为金钱的作用那么大。[13] 孩子们对金钱的道德立场还没有形成，他们知道金钱是好东西，很有用处，渴望拥有，并且随时准备花掉。孩子们在很小的时候就有了存钱的意识。也就是说，上学之前，孩子们存钱的主要动机就是享受搜集钱币、把钱堆起来、数钱的乐趣。只有长大一些后，他们才开始为某件他们想买的特别的物品存钱。

我小时候喜欢的东西有点怪，是一把鲁特琴。我曾经在赫特福德郡都铎庄园的哈特菲尔德宫手工艺品展览会上见过一把鲁特琴。据说 1558 年伊丽莎白一世得知自己将要继承王位时，正坐在那里的一棵橡树下。500 多年后，我在此下定决心要攒钱买一把鲁特琴。为了掌握进度，我认真画了一个筹款进度表，还在最喜欢的建房基金会开了一个专门的储蓄账户。我坚持不懈地存钱，心中无比甜蜜。5 年后我的存款达到了 187 英镑，这可是一笔巨款，但还是不够买一把鲁特琴，我看上的那把琴得花 1 400 英镑。

话虽如此，可要不是我对那把可望而不可即的鲁特琴如此执着，我也不可能攒下那么多钱。5 年之后，我已经能够从广义上理解存钱的重要性。金钱的作用不仅仅在于专门留存起来以购买某一特定物品，它代表着选择。即使你不知道想买什么，有钱总比没钱好。将来你想要或需要什么东西时，如果你有存款的话就能买。

让人难过的是，我把买鲁特琴的存款一点点地花掉了。过了买鲁特琴的年龄段后，我把存款都用来买比利·爱多尔（Billy Idol）、仁慈姐妹和U2的唱片了（但现在想想那种老式的黑胶唱片也是一种不错的投资）。

这件事说明孩子们存款的好与坏，难以确定。你可以将孩子们的存款看作一段时间积攒起来的一笔钱，无论是日常零花钱，还是从长辈那里得到的生日礼金都包括在内。但是花几个月或几年时间攒钱买一个昂贵的玩具真的值得夸奖吗？如果一个成年人这么做呢？比如，一位50岁的男子花光所有积蓄买了一辆价值不菲的摩托车，我们肯定觉得他太奢侈了。这笔钱他可能攒了很长时间，但一下子就全花光了。

在较短的时间内积攒一小部分的钱，比如说用来买书，这样做会好一些吗？如果你真的喜欢书，这种储蓄不过是另一种形式的嗜好罢了。如果存了一大笔钱却没有什么重要的东西想买呢？这似乎是一种责任。你永远不知道什么时候需要那笔钱。但对一个成年人来说，这种储蓄显得吝啬，甚至有些贪婪。

把每种因素都考虑进去的话，成年人普遍赞同将收入的一部分拿出来定期储蓄。为了交付房屋租金，我们需要存钱。这也是失业或疾病期间的一种保障。

当然了，我们还得为退休做打算。在第13章，我会详细说明成年人是如何说服自己存更多钱的。但孩子们会纠结于"雨天"这一概念——遇到"雨天"这种情况，他们自己的"保姆国度"即父母会撑起保护的雨伞。存钱需要自我约束能力，这对于那些活在当下的孩子来说，是一种真正的考验。

在一项创造出所谓"游戏经济"的研究中，这一点得到了充分体现。[14] 孩子们被告知其虚拟银行账户里有 30 个游戏币的"启动资金"，且虚拟世界的时间过得非常快，一"天"只有 10 分钟，每"天"再给他们再发 10 个游戏币。一个小时后——也就是 6"天"后，如果他们一分钱也不花，就会有 90 个游戏币的"存款"。

接下来，研究人员领着孩子们参观了一些房间。房间内活动有的免费，有的收费。在图书馆看书免费，但看电影要花钱，隔壁房间里视频游戏要收费，餐馆和甜品店的食品也收费，但借纸笔画画是免费的。孩子们花钱的决定会影响到他们在最后一个房间——玩具屋的活动。在玩具屋，孩子们能买到真正的玩具并带回家，前提是必须还有 70 个游戏币。你能看到他们苦恼地做着计算。为了在玩具屋得到一个玩具，他们在每个房间消磨时间时都不花钱。这意味着为了攒 70 个游戏币，他们在那 40 分钟内，不能玩电脑游戏、不能吃食物、不能喝饮料，也不能吃甜点，只能看书或画画，无聊地打发时间。

孩子们对待这些实验往往很认真，但是觉得很难，部分原因是在实验过程中，孩子们要做出真正的牺牲。心理学家沃尔特·米歇尔（Walter Mischel）著名的棉花糖实验也证明了这一点。[15] 在棉花糖实验中，孩子们有两个选择：立刻吃掉一块棉花糖或等 10 分钟后吃两块。参与实验的成年人都知道，测试过程中他们会克制住自己，因为只要他们想要棉花糖，回去的路上就可以买一整包，但孩子们不能这样做。

在"游戏经济"中，孩子们很纠结，尽管他们很想要玩具，但是没几个人能攒够游戏币。他们知道存钱是一件好事，但在面对其他房间的即时诱惑时，很快就失去了自制力。实验结束时，只有一半的孩子成功地买到了玩具，而四分之一的孩子一个游戏币也没有剩下。对于那些早就知道要经过很长时间的煎熬才能买到玩具的孩子来说，他们的行为真是很理性。毕竟他们不能把虚拟的存款带回家，当然，他们觉得那些"存款"不过是花掉的钱，而非有用之物。

银行、商店、强盗和牙仙子："金融社会化"的过程

20 世纪 80 年代，闻名全球的意大利心理学家安娜·贝尔蒂（Anna Berti）和安娜·邦比（Anna Bombi）跟踪研究了一组 3~8 岁的孩子，以便记录他们在成长过程中金钱观念是如何改变的。

她们发现，四五岁的孩子通常不知道钱是从哪里来的。他们对有偿工作没什么概念，以为所有人都能得到钱，通常认为是银行给的钱。[16] 这一点也在一群五六岁的孩子身上得到了印证。2012 年，新西兰"第四大最受欢迎的音乐喜剧乐队弦乐航班"为了给患病的儿童筹款，想在红鼻子节①演唱一首歌。为了寻找歌词灵感，他们问一所学校的孩子们："钱是从哪里来的？"孩子们答道："银行。""银行的钱是从哪里来的？""从首相那

---

① 新西兰一个为儿童疾病防治机构筹集研究和防治资金的节日。——译者注

儿。"首相的钱是从哪里来的？""女王那里。""那女王的钱又是从哪里来的呢？""银行。"

考虑到现代经济运行的复杂性，孩子们的回答也许是对的。钱可以说始于银行，又终于银行。除非你自己开始工作，否则你很难理解金钱所代表的财富必须在某个地方创造出来。的确，英国的经济不是基于制造业，而是基于金融行业。

在红鼻子节帮助弦乐航班乐队的孩子们，也就如何为患病儿童筹钱提出了一些不错的建议，就连想方设法为国家医疗服务体系筹钱的总理都可能想把这些想法记下来：孩子们建议把强盗都抓起来，没收他们的钱；还建议小孩子把掉了的牙齿都收集到一个大碗里，这样就能从牙仙子[①]那儿得到很多钱了。

无论如何，人们都能在网上看到那首孩子们帮忙作词的歌。[17]这首歌很有趣，你可能觉得这首歌就像很多经济学的教科书一样，能很好地指导我们的金融体系。

让我们再看看贝尔蒂和邦比的研究：她们发现 5 岁以上的孩子往往都会有一种奇妙的想法，他们觉得钱是从商店来的。他们看到店员给父母零钱，却忽略了父母先给了店员更多的钱。贝尔蒂和邦比总结道，孩子们到八九岁的时候才能真正明白，父母的钱不是从银行或商店那里来的，而是工作所得。[18]

然而，有关儿童对金钱理解的最新研究似乎与贝尔蒂她们的重大研究相矛盾（也许是因为时代在进步）。这项研究由芬兰社

---

① 传说中专管儿童牙务工作的仙女。——译者注

会人类学家明娜·罗肯施泰因（Minna Ruckenstein）于 2010 年开始进行，研究包括和赫尔辛基托儿所的孩子们进行小组讨论。[19] 罗肯施泰因承认，她和其他实验人员都常常对孩子们的谈话摸不着头脑，直到他们对孩子们的谈话记录进行研究后才明白。但那些谈话记录表明，学龄前儿童似乎非常清楚人们是先工作得到钱，然后再用钱换商店里的食物和其他东西的。的确，当几个孩子说先买东西才能得到钱，其他孩子马上予以了纠正。

总的来说，这些孩子都了解存钱罐、自动取款机和街边银行的用途。他们真正喜欢的事就是在房子周围搜索他们口中的"意外之财"，即便此时他们也知道钱不是凭空出现的，肯定是某个人的。罗肯施泰因研究中的儿童对存钱、只买自己负担得起的东西、不要把钱浪费在不需要的东西上等观念都了如指掌，当被问及这些问题时，他们感到很不耐烦。有一个孩子甚至拒绝回答有关存钱的问题，因为答案实在太明显了，他说："你还有其他问题吗？"

毫不奇怪，孩子们有关金钱的信息主要来自父母。罗肯施泰因发现，有些父母主动地教育孩子如何不乱花钱——换句话说，就是教他们锻炼自制力，而这种自制力，孩子们在"游戏经济"中很难获得。父母对孩子的行为有极大的影响，这也就解释了为什么罗肯施泰因研究中的孩子比贝尔蒂研究中的孩子更清楚钱的来源。要注意后者的研究是 20 世纪 80 年代在意大利进行的，当时很少有妇女外出工作，她们大多数在家照顾孩子。而如今，父母双方（尤其是在芬兰这样的国家）都有可能工作。孩子如果问："妈妈，为什么你要出去工作？"妈妈的回答很可能是："为了赚钱养家啊。"

孩子们大多数的知识都是从父母那里获取的，但究竟怎么获取呢？大多数情况下是通过观察：孩子想要的东西中，哪些父母会给买，哪些不给买，频率各是多少；反复看到父母选择某些品牌，或去不同的商店买便宜的东西；他们还观察着父母是如何掂量物品的价格和价值的。

获取金融知识、形成金钱观念的过程被称作金融社会化。积极讨论金钱事务的现象非常少见。研究表明，许多孩子成年后还不知道自己的父母挣多少钱，家里有多少存款。一些治疗专家发现，夫妻之间宁愿讨论性生活，甚至是不忠行为，也不愿讨论他们的经济状况。[20] 如果人们不和自己的伴侣讨论金钱问题，就更不可能和自己的孩子讨论金钱了。

零花钱的作用

对大多数人来说，对"自己可支配的钱"的初步认识来源于零花钱。例如，在英国，研究表明，无论父母有钱与否，孩子都会得到一些零花钱。伦敦著名心理学家阿德里安·弗恩海姆（Adrian Furnham）做的一项研究发现，低收入家庭给孩子的零花钱比中等收入家庭给孩子的零花钱所占家庭收入的比例更大。他还发现，父母给孩子的零花钱的数额在孩子 7~10 岁之间增长最快，在 15~18 岁之间增长最慢。[21]

弗恩海姆的研究还表明，中等收入的父母更愿意让孩子通过劳动获得零花钱，这一研究结果颇为有趣，即使孩子是在外面帮忙，这些父母也可以多给孩子些零花钱，可能这些父母觉得即使家庭富裕，向孩子灌输"钱不会从树上长出来"的观念也非常重要。

目前，还没有明确的证据证明中等收入家庭采取的方式是否正确。有些研究表明，孩子们做完作业或家务后再给他们零花钱，是帮助孩子们形成正确金钱观的最好方式。还有一些研究发现定期给孩子们零花钱，可以锻炼他们规划管理自己钱财的能力。

这样做也有一定的风险，一旦你将家务活与金钱挂钩，孩子们就不会主动帮忙了。（成年人也会受其影响，要想更好地了解这一问题，请读第七章有关激励的部分。）还有一个问题，临近考试的时候，你肯定更希望自己的孩子专心复习而不是为零花钱去洗碗。

本领域的研究人员建议等子女长大一些，父母就将家庭收支情况告诉子女，这样子女就能从大处着眼，知道他们的零花钱应该用在何处，以及如何利用零花钱才能得到更多的钱。尼尔·戈弗雷（Neale Godfrey），《钱不是从树上长出来的》（*Money Doesn't Grow on Trees*）一书的作者，出版了多部父母理财指南。她建议将孩子的零花钱和成年人的收入一样进行规划，将15%的钱放入家庭基金中，家庭成员投票决定这个钱该怎么花。她还建议将孩子零花钱的10%捐给慈善机构。孩子虽然无法选择捐多少，却能决定钱捐向哪里，这样的话孩子就会慢慢学会做"家里的主人"。

并不是所有人都想采取这种极端的方式，但父母应该对孩子们零花钱的来源和他们想要的东西保持开明、始终如一的态度。父母也应该要求孩子们同样做到透明。事实上，有的专家还提出了一些不同寻常的建议：孩子们要提交年度花费总结，看他们的花费是否符合家庭收支情况。

在一项研究中，来自美国 1 500 个家庭的青少年（12~18 岁）中有三分之二的人说父母知道他们都把钱花在什么地方。该项研究还发现，需要劳动才有零花钱的孩子更愿意把钱捐给慈善机构。令人惊讶的是，家庭收入对孩子们存钱或捐钱的数量并无多大影响。亲情温暖很重要，生活在一个温暖家庭里的孩子更有可能将零花钱存起来，有时候他们会为自己的大学学费而存钱。[22]

当然，成功的金钱管理不仅要求人们知道自己有多少钱，还要求人们知道这些钱的购买力。明娜·罗肯施泰因的研究说明学前儿童只知前者，不知后者。她研究中的孩子都知道自己有多少钱，并且都迫不及待地想告诉她。但他们都不明白手中的钱有多大购买力，当一个孩子说他有 200 美元时，其他人都觉得那是一大笔钱，却没人知道 200 美元能买什么。

像孩子们一样，成年人也是这样了解金钱中的数学的。有证据表明，数学概念掌握得好对今后生活中的理财很有好处，对上面提到的美国家庭的研究也表明，不擅长数学的孩子很可能会有财务方面的焦虑。相反，精通计算的人更有可能捐钱给慈善机构，以及未雨绸缪。

这一切意味着，正如父母应该和孩子们多谈谈钱一样，父母也应该鼓励孩子们掌握数学。数学有助于孩子们成年后很好地管理金钱，与金钱形成一种健康的关系。但数学不能使孩子们完全掌控金钱。掌控金钱一直以来都是一个度的问题。

我们已经看到我们与金钱关系的开端，但这一关系终结于何处呢？金钱与我们对死亡的看法密切相关，这个发现超乎我们的想象。

缓解死亡恐惧的安慰剂

有人说："我很怕死。"你是不是也是这样？还有人说："我基本上没想过死。"你是不是这样？如果你参加心理学家托马兹·扎莱凯威兹（Tomasz Zaleskiewicz）在波兰首都华沙进行的实验，你还会被问 10 个问题，以测试你对死亡的焦虑程度。但人们对死亡的态度并不是他研究的重点，他感兴趣的是钱对人们的慰藉作用。

托马兹在就死亡问题进行测试之前，让人们做了一件事：他让半数的人数一沓钞票，剩下一半人数同样大小的纸张，纸张上面印着数字。两组的任务一样：算出总数。实验的结果是，数钱的人对死亡更释然，[23] 他们对死亡的恐惧减少了近五分之一。

这个实验结果不是和维多利亚时期的道德故事互相矛盾吗？故事中数着锈迹斑斑硬币的老吝啬鬼通常被刻画成受尽死亡恐惧折磨的形象，而一贫如洗的英雄则对尘世毫无眷恋，将生死置之度外。

华盛顿国家美术馆中悬挂着一幅希罗尼穆斯·波希（Hiero-nymus Bosch）创作的诡异画作，画中一个濒临死亡的守财奴，躺在床上，伸手去拿魔鬼给他的一袋金子，即使死神（裹着尸衣的骷髅）就在门口，同时一个天使将手放在他的肩上，试图引导他走上救赎之路。在中世纪的人看来，这幅画不是告诉人们金钱能够消除对死亡的恐惧，而是告诉人们金钱会将人引向地狱。

现在大部分人不是害怕地狱，而是害怕虚无，害怕那无尽的空虚。也许这就是为什么人们获取金钱这种具体可靠的、可衡量的、赖以生存的东西时，感到很舒心。这至少是一个理由。

托马兹认为，总的来说，钱是一种提供"存在性"的药物，能够减轻存在性焦虑。这也是我们存钱的原因。他说道，钱能缓解人们对未知的巨大恐慌。

这种说法听起来似乎不太可能，我们不止一次听人（最著名的是本杰明·富兰克林）讲，只有两件事是确定的：死亡和税赋。但我们都知道，无论我们缴多少税，都无法摆脱死亡的命运。"生不带来，死不带去"不仅适用于金钱，也适用于其他物质财产。但你死之后，你的孩子还活着，如果你的钱没有被税赋都吞噬掉的话，他们还能活得更好一点——这也算是对你的慰藉。

托马兹和其团队还用相反的方式做了实验：先问死亡问题，后做金钱实验。这次，他们要求半数的参与者先填写有关死亡焦虑的调查问卷，然后就展示给他们的一系列纸钞和硬币估计外观大小。与该实验的对照组相比，这一组的人都高估了硬币的大小，而对照组填写的问卷是关于看牙的焦虑。两者之间还有其他方面的差异。

一个人有多少钱才算有钱呢？"死亡组"成员给出的标准比"牙医组"成员的标准要高得多。

现在拿一小笔钱，还是等以后拿数目稍大的一笔钱？"死亡组"的成员更倾向于现在拿到钱。

目前围绕这类研究有很多讨论，说这些研究使用了"引导术"。尽管如此，这些研究中的发现，特别是最近的研究发现，还是有一定的意义的。如果一个人正在思考死亡的话（我们都知道死亡随时可能到来），他会更倾向于马上就拿到钱。但是托马兹的研究中有一点不可忽视：对于只有"有钱"才能抚慰死亡恐惧的人，使他们得到安慰的是"有钱"而不是"花钱"。在"现在拿一小笔钱还是以后拿数目稍大的一笔钱"的问题中，前提并不是人们想着要最后将钱挥霍一空。在托马兹的另一项研究中，他要求人们填写关于死亡焦虑的问卷，然后让他们想象要怎么处理一笔意外之财，大多数人更倾向于存钱而不是花钱。[24]

以上的实验全部用真钞进行，因为没有其他东西能比得上金钱给人们带来的切身感受。电脑屏幕上的数字或银行结账单中的数据都不能和真钞相匹敌。下一章我将深入探讨实体金钱的奇妙力量。

- · 我们为什么如此迷恋熟悉的钱币形式？
- · 为什么会错以为硬币比其实际尺寸要大？
- · 为什么不想挨宰的话脾气最好火暴些？
- · 为什么现金支付比刷卡支付好？

02

为什么单是手握金钱
就会让人感到幸福？

CHAPTER
TWO

曾经，金钱的确有其价值。也就是说金钱的外在形式——钱币本身是有价值的。然而长久以来我们都知道这不是真正的重点，真正的重点是金钱蕴含着很高的价值。其价值在于我们可以用其交换有价值的东西。但是，即使知道这一点，我们依然十分依恋金钱的外在形式，而且当外在形式被破坏时，我们的情绪就会受到影响，有时甚至感到很难过。

据人类学家大卫·格雷伯（David Graeber）的研究，金钱在5 000年前的早期人类社会中就已存在。[1]真正有趣的是以虚拟概念（即债务和信贷的形式）存在的金钱早于以钱币物质形式出现的金钱。换句话说，金钱出现在我们手里之前，早就在我们的大脑中存在了。与人们的普遍想法不同，过去社会并不完全依赖于以物易物（即货物或服务直接即时交换），比如，如果你立刻给我等价的东西，比如10颗鸡蛋，我就给你补墙。相反，人们一直以来认为抽象的交换形式很有必要——要我补墙的话，你在未来某个时候给我提供等价的东西或服务就行。

我们即刻明白这是一个复杂的心理活动，需要有想象力，能够换位思考，设想多种未来图景，关键还要有信任、荣誉和自信的观念。我们认为无接触支付方式——刷卡技术和其他一些技术是21世纪科技进步的标志，但在某种意义上这只不过是回归到金钱初现的时候。例如，美索不达米亚谢克尔是一个重量单位，在成为硬币之前，代表一个农民在田地劳作得到的大麦数量。因此，谢克尔是一种承诺，相当于一张欠条。只是经过了一段时间之后，才成为铸造的货币。

铸币很快牢牢地掌控了人类的想象力，已经掌控了几个世纪。尽管铸币实际流通的量比较少，在如今的货币交易中也不太重要，但是当我们想到钱时，我们依然将金钱看作有形的东西。

目前，10英镑钞票上印着一句"我保证见票即支付给持票人10英镑"，这在过去意味着你可以在银行兑换等值的黄金。长期以来，人们认为没有那书面保证，就对国家货币没有信心。

的确，正如我们所了解的那样，"金本位"一直以来支撑着先进的经济体制，甚至到20世纪中期依然如此，1971年美国才全面废除了金本位。但是金本位有一个很大的问题，那就是对于复杂而又充满活力的经济体来说过于僵化。正是由于严格遵循金本位制，才出现了20世纪20年代大萧条的惨剧。

即便如此，摆脱黄金一事已经被证明在不断延后，至今，中央银行仍存储着大量黄金，以保证其他增加信心的措施顺利实行。

假设你能成功地将银行账户里的钱兑换成黄金，那你知道黄金能用来干什么吗？毕竟，黄金不能吃。而且，作为一种金属，它甚至也不是最有用的金属。其价值部分在于黄金相对稀少，而且我们喜欢其黄灿灿的色泽，但更多在于我们一致认为它很宝贵。就其本质而言，这是一种心理暗示。如果我们都认为黄金一文不值，那它也就一文不值。

我们赋予金钱价值。太平洋上的雅浦岛以其巨大的石盘

（直径可达 4 米，中间有孔洞）而闻名，这些石盘在 20 世纪被用作货币。石盘是从距该岛数百英里[①]的一个岛上的石灰岩里开采出来的，用来交换货物。石盘被卖后，依旧在原地，却换了新的主人。像米尔顿·弗里德曼（Milton Friedman）这样的经济学家曾经以此为例来说明，不管货币是不是由金属之类有用的材料制成的，只要人们依旧认为它有价值它就有价值（一些经济学家称之为法定货币）。[2] 正如弗里德曼所指出的那样，正是一直陪伴我们成长的金钱，让我们觉得最真实，外国钞票感觉就像玩具钱一样。事实上，这些石盘对岛上居民来说有其内在价值，岛民认为石盘很美，而且具有宗教意义。据说船在回岛途中遇上暴风雨，石盘落入水中，虽然它已经沉入海底，但是岛民认定石盘的价值依然存在。[3] 在他们的思想意识中，石盘依然是货币，就像我们认为 10 英镑的钞票有价值一样。

当然，现在如果你走进银行，要求兑现"支付给持票人 10 英镑"的承诺，他们除了兑给你印有承诺的其他钞票外，再无他物。而且，你存在银行里的钱只不过是结账单上的一串数字。而且只有大部分人不想同时拿到钞票时，你才能拿到钞票。如果发生了类似于 2007 年英国北岩银行的挤兑风潮，事情一下子就清楚了：银行没有足够的现金兑换所有人的存款。

在北岩银行那种情况下，以及随后的金融危机中，英格兰银行和英国政府必须出面干预，以防经济体系完全崩溃。它们究竟

---

① 1 英里 ≈1.609 千米。——编者注

是如何干预的呢？还是从公众心理上着手。银行和财政部的各种行动在某种程度上都是在"再建信任"。所有人也不知何故，都决定继续相信金钱，以维持经济生活。

这从本质上来说是在玩信任计谋。当英格兰银行在网页上干巴巴地写道："通过实施旨在稳定物价的货币政策，英镑的公共信任得以维持。"[4] 英格兰银行是在借助影响人们的大脑来掌控金钱。

无疑，金钱以各种不同的形式吸引我们，对我们的大脑施加影响。正如下文所讲，我们甚至认为等值的金钱因外形不同而不同。

对金钱外在形式的依恋

20 世纪 80 年代，心理学家斯蒂芬·利和保罗·韦伯利提出了一种金钱心理理论，该理论表明我们认为现金、支票、礼券和银行存款的价值是不同的。[5] 他们发现我们特别依恋金钱的外在形式。

拥有一张崭新的钞票，特别是稀少的面值 50 英镑的粉色钞票会令人快慰。正如"攥紧钱"这句英国古语所说，手握现金会使我们本能地感到愉悦。当彩票中奖者发现自己中了几百万的大奖，他们常常会说真的无法想象能有那么多钱。为了让他们感觉真实一些，彩票机构会让他们手举巨大的纸板支票。但是想象一下如果英国国家彩票机构交给你一个公文包，里面塞满了一沓沓的钞票，那将是多么激动人心。这要比电子汇兑更加激动人心。

在某种程度上，我们都享受过一堆硬币带给我们的欢乐。小时候我爷爷奶奶常常专门留下几枚便士或半便士硬币给我，让我垒硬币玩儿。他们给我的硬币都是亮闪闪的，他们称之为"新钱"。一摞硬币还不够 20 便士，但是鉴于硬币本身的情况，大家都认为我的硬币有些特别。

当然我们大多数人喜欢一摞摞的钞票，但是钞票旧了脏了之后，我们往往会早早把它们花出去。研究表明旧钞的"驻留时间"（即钞票存放在钱包里的时间）要比新钞票、干净钞票的"驻留时间"短。[6]10 英镑就是 10 英镑，不会多，也不会少。但事实上，我们对待不同钞票的态度大不相同。

写作本书时，英格兰银行正在将原有的 5 英镑和 10 英镑的纸钞换成由坚韧的复合材料制成的钞票，新钞票的使用寿命是旧钞票的 2.5 倍。由于高速分拣机能够识别出那些太脏、太破的钞票和安全特征受损的钞票，每天都有 200 万张钞票停止流通。虽然换钞有好的、实际的理由，但是依历史经验来看，新钞票很可能会引发评论和不同的意见。

我们对钞票的图案和外观很在意，图案上的一个变动可能会引起人们的愤怒。2013 年在英国就发生了这样的事情。当时，英格兰银行宣布要将 5 英镑钞票上社会活动家伊丽莎白·弗赖伊的画像换成温斯顿·丘吉尔的画像，这意味着除了女王以外，在英国钞票上再没有妇女形象。女权主义活动家卡罗琳·克里亚多·佩雷斯（Caroline Criado Perez）呼吁将 10 英镑钞票上的人物画像换成另一位著名的女性英国著名小说家简·奥斯汀（Jane Austen）的画像，但为此她受到了强奸和谋杀的威胁。

无疑，大多数通过社会媒体对她进行的诽谤简直到了歧视女性的地步。即使在如今这个时代，一些男性仍然不愿意看到妇女在公共场所发表讲话。许多妇女为了使妇女的成就得到认可而发起的运动受到扰害，但扰害的程度远不及佩雷斯受到的仇恨攻击。这是为什么呢？在切尔滕纳姆科学节上我遇到了佩雷斯，当时我正在主持一个关于女权主义和女孩抚养的座谈会，她在会上发了言，她告诉我她怀疑原因是金钱被认为来源于既有体制，让妇女形象出现在钞票上就意味着对"固有"秩序的威胁。

钞票普遍存在，而且有点神圣，它是对国家和经济实力的一个强有力的投射。钞票不仅是价值的载体，它还是一个象征，是一个国家强有力的象征。钞票上人物图像的选择很重要：国王和女王、独立运动领袖、战斗英雄、社会改革家、作家和作曲家等。政府想必是希望借助钞票上印的人物的力量和影响来增加我们对其货币的信心。这意味着钞票仅仅是小小的一片纸（也许是合成材料），没有什么内在的价值，却能赢得人们的信任，原因是钞票是由诞生了如此伟大人物的国家的中央银行发行的。

令人高兴的是，卡罗琳·克里亚多·佩雷斯最终赢得战斗，简·奥斯汀出现在新的 10 英镑钞票上。

"老奶奶都明白"：新英镑和新便士的故事

1971 年，英国对整个货币体系进行了改革。当时为了帮助国家加入欧洲经济共同体，即现在欧洲联盟，英国改为十进位币制，以便与其他国家接轨。

在旧体制下，1 先令等于 12 便士，1 英镑是 20 先令。在新体制下，一枚 10 便士的新币（实际上取代了先令）相当于旧体制下的 10 便士，10 枚 10 便士新币相当于 1 英镑。我出生 3 个月后，英国就引进了十进位币制，所以我对其他币制一概不知。但对于那些使用"旧钱"长大的人，这一变革不仅引起了强烈的不满，还引起了相当大的混乱。一些人认为这是英国的独特性对欧洲一致性所做出的让步。另一些人怀疑他们在某种程度上受到了欺骗。绝大多数人对像货币这样重要的事物进行如此大的变革感到稍有不适。

政府对此事很关心，录制了一个长达 5 分钟的公共信息短片，用来解释使用新钱的好处。这个短片被称为《老奶奶都明白》（他们从未摆脱年龄歧视和性别歧视）。我奶奶对这一变革很清楚，但这并不能阻止她对新币的不信任。这种反应非常合理。一开始有段时间，不管什么时候用新钱购物，她都会在心里算算如果是旧钱的话会花费多少，以便确保交易是公平的。这就像出了国，要算算两法郎买一杯咖啡是不是太贵了。

十进位币制实施时，刚好通货膨胀率很高，新币制没有起到应有的作用。每个月新英镑可购买的东西都在减少。当然，这与被超高通货膨胀率击垮的国家——两次世界大战期间的德国和近年来的津巴布韦全然不同。在这些国家，最糟糕的日子里，一桶钞票才能买一条面包，一天要给工人发三次工资，2 000 台印刷机日夜不停地印刷大面值的钞票。令人疯狂的数字——500 马克、5 亿马克、50 亿马克——反映了经济信用体系的完全崩溃。即使如此，20 世纪 70 年代英国人渐渐发现新英镑和新便士缩水了，不只是购买力缩水了，钞票的实际尺寸也缩水了。

引进十进位币制 5 年后有人进行了一项实验，实验要求受试者看上面画有大小不同的圆圈的纸，然后根据记忆猜测哪个圆圈和某一特定价值的硬币的大小最匹配。的确，新的十进位制硬币普遍比旧币小一些，即便如此，人们也过度夸大了旧币的尺寸。[7] 就好像大脑在告诉他们旧币购买力大，尺寸自然也比新币要大。

对尺寸的感知是我们在还是孩子时通过实验学到的。正如著名发展心理学家让·皮亚杰发现的那样，小孩子弄不清楚为什么细长的杯子和粗短的杯子所盛液体体积相同。在那个年龄段，长意味着大。只有当我们的认知能力提高后，我们才能培养出更为复杂的数量理解力，这种理解力能够使我们估算出不同形状的杯子所盛液体的数量。

随着自身的发育，我们的认知技能逐渐提升。只有当涉及金钱时，事情才会再次出错。在 1947 年进行的一项典型研究中，孩子们年龄较大，能够明白皮亚杰的液体盛放任务。在他们面前有一张桌子，上面放着一些硬币和圆纸片。纸片的大小和硬币大小相同。但是孩子们一次又一次地认为纸片比硬币小。[8] 这些孩子知道硬币的价值，似乎正是这一认知歪曲了他们对大小的感知。而且硬币价值越高，他们对大小的感知就歪曲得越厉害。一个抽象概念——硬币所蕴含的价值，竟然歪曲了对较为具体的事物（硬币相较于纸片的实际尺寸）的感知。

随后进行的大量研究证实，全世界无论孩子还是成年人都过高地估计了钱币的实际尺寸，不管在哪个国家都是如此。而且正如我们在第一章中所了解的，思考死亡的人更容易出现此类感知上的夸大现象，而且夸大的程度取决于参与实验的人是穷还是富。例如，在 1947 年的实验中，研究人员让来自波士顿贫民窟社会服务所的孩子和富人区学校的孩子参加实验。贫穷的孩子对硬币大小的估计要比富有的孩子高很多。类似的发现我将在第十章讨论。贫穷的孩子缺钱，因此赋予金钱宝贵的品质，对金钱大小的感知也出现了较大程度的歪曲。

为什么我们不喜欢货币的形式被改变？

1983 年 4 月，英国开始了将 1 英镑纸币变为 1 英镑硬币的变革。媒体不喜欢这一变革。《每日邮报》上有一则题为《英国不需要这样的英镑》的新闻，将金色的 1 英镑硬币称作"玩具硬币"。[9] 1 英镑硬币的经济价值和 1 英镑纸币的经济价值完全相同，问题是人们并不这么看。正如经济心理学家保罗·韦伯利所发现的那样，人们对 1 英镑的两种形式持截然不同的看法（有一段时间1英镑的两种形式都在流通）。[10]

韦伯利劝说一组人每天查看他们钱包里的钱，为期一个月。他用隐形侦探笔给每张纸币和每枚硬币做了标记，这种标记只有在紫外线下才能看到，随后他把钱放回到他们的钱包。这使他能够跟踪记录这些钱币的驻留时间（即钱币流入他人之手前在其临时主人手中停留的时间）。

在为期6个月的过渡期（纸币逐渐淘汰）开始之时，显然人们手里的1英镑纸币要比1英镑硬币多。新硬币是新生事物，它金光闪闪，你也许会认为人们肯定会渴望拥有这样的硬币，至少有一段时间是这样的。的确，在韦伯利的实验中，有些人存储1英镑硬币或是将其放入存钱罐中，但大多数情况下，硬币的驻留时间要比纸币的短。

韦伯利能从这一发现中推断出什么来？他有一些看法，但还需要进一步证明。首次实验的问题在于只有那么少的硬币在流通，韦伯利的实验团队很难收集到足够的数据，于是他们尝试了其他方法。他们给大学里的教职员工每人一张他们预先做过标记的1英镑纸钞或是一枚做过标记的1英镑硬币，然后让他们填写调查问卷。第二天教职员们来继续进行实验，他们打开钱包，拿出钱来。研究人员发现半数人的1英镑纸币还在钱包里，大多数人的1英镑硬币已经花出去了。

保罗·韦伯利抱怨说大多数经济学家认为这一发现毫无趣味。[11]我同意韦伯利的看法，认为那些经济学家错了。即使人们只不过是花掉装在口袋里的沉甸甸的硬币，这也很可能会对当时的经济活动产生一定的影响。由于货币形式的改革，英镑花得更快了。

从心理学角度来看，这一发现就更加有趣了。研究似乎表明人们认为 1 英镑的硬币是零钱，更容易花掉。相反，1 英镑的纸币似乎是一笔重要的钱，花的时候，比较慎重。这充分证明金钱形式会改变我们对其价值的感知。即使没有别的证据，这一点也会让中央银行在想改变货币形式时停下来想一想。

在美国，政府想要将美钞变成硬币时，人们的反应也很强烈。2007 年引进 1 美元硬币时，那背面呈绿色的著名美钞还在继续印制，硬币的使用率很低。到 2011 年，随着从企业回笼的 1 美元硬币越来越多，超出了市场需求量，美联储发现它们的美元硬币足以满足以后 40 年的需求，于是财政部命令停止生产美元硬币。现在虽然售票机找零时偶尔会吐出 1 美元硬币，但是美国是八国集团中唯一仍在使用如此低面额硬币的国家。

但是在洗车公司、自动售货机公司、快餐公司的支持下，美元硬币联盟仍在发起美元硬币取代美元纸币的活动。[12] 毫不奇怪，矿业公司和金属公司也支持这样的变革。美元硬币联盟说一枚硬币可以用 35 年，是纸币使用寿命的 17 倍。而且硬币 100% 可回收。当人们抱怨 1 美元硬币装在口袋里要比 1 美元纸币重时，不要忘了 4 个 25 美分的硬币的重量是一枚 1 美元硬币的 3 倍。他们说：将这一切考虑进去的话，1 美元硬币取代 1 美元纸币后，美国政府一年可节约 1.5 亿美元。[13]

美国联邦储备委员会认为节约不了这么多。目前随着借记卡和信用卡用户的增加，硬币没有 20 世纪 80 年代时那么重要，当时许多其他国家正处于过渡时期。现在它们的纸币由于使用了良好的生产技术连续使用寿命可达 6 年，而且硬币生产成本增高，也易于伪造。[14]

双方似乎在经济和实用方面都有充分的理据，但这并不是我感兴趣的地方。我感兴趣的是辩论产生的强烈真诚的情感。这不仅仅是找到一个最明智、可持续的行动方针的问题，还要考虑情感问题，尤其是涉及深受欢迎的 1 美元纸币时，更是如此，似乎情感胜出。在路透社进行的一项民意测验中，硬币完全取代纸币的提法很不受欢迎，75% 的人说他们喜欢用绿背纸币。[15]

2002 年，世界上最大的货币改革发生了。欧盟 12 个成员国放弃了各自的货币，改用欧元。变革发生时，欧洲中央银行喊出了"欧元，我们的货币"的口号强调整个欧洲的团结。引入新币之后，欧盟各国大多数人都说："我们觉得自己更像欧洲人了。"[16]

当然，并不是每个人都很高兴。在巴黎歌剧院的台阶上，法国极右翼政党国民阵线的创始人让·玛丽·勒庞（Jean-Marie Le Pen）号召当代的圣女贞德①将欧共体的官员赶出法国。他喊道："法郎万岁，法国万岁，法国人民万岁！"[17]

由于货币改革，90 亿枚纸币和 1 070 亿枚硬币退出市场。欧洲中央银行引入了 150 亿枚新纸币和 510 亿枚新硬币。[18]

席卷全欧洲的公共宣传运动告诉人们一些简单的换算策略，帮助人们适应新货币。1.5 亿人购买了新硬币的套币，以便在使

---

① 圣女贞德：英文名 Joan of Arc，法国经典的民族英雄形象，曾在英法百年战争中领导法国人民屡次战胜英国。——编者注

用前熟悉这些货币。在开始的三年过渡期内，商品都标着两种货币的价格。刻录着变革信息的软盘被分发给每家每户，这也算是那个时代的特色吧。[19]

之后，一切发展得都很快。从 2002 年 1 月 1 日起的两周之内，欧元就占到流通货币的 95%。在新年的第一周，自动取款机的取款金额就远远超过了平常水平。但有趣的是，抢劫押钞车的案件减少了。所以，除了盗贼，绝大多数欧洲人很快就习惯了使用欧元。然而，第一个月结束时，只有 28% 的人说他们以欧元来思考。[20]

也就是说，尽管有广泛的公共宣传活动帮助欧元区的人们熟悉新货币，人们依然需要在新旧货币间做换算。

爱尔兰对欧元变革的反应是最积极的。和欧洲 53% 的平均值相比较，爱尔兰 77% 的人说他们很乐意或相当乐意接受新币。[21] 在和心理学家进行深入交谈时，一些爱尔兰人说放弃爱尔兰纸币上那漂亮的设计有些可惜，但是另一些人又说喜欢新纸币的设计。有人说这就像"圣诞节期间的孩子"，也有人说这就像是大富翁游戏中的假钱。

这种反应部分源于所有使用欧元的国家中，只有爱尔兰之前使用的货币的单位价值高于欧元，即 1 爱尔兰镑等于 1.28 欧元。所以看到工资单上的高工资，人们感到很惊喜。有那么一瞬间，人们觉得自己发财了，直到走进商店，才发现所有的商品看起来都比原来贵了。还有人怀疑店主趁机敲诈他们，尽管事实上没有任何证据。真正的问题是一个我们大多数人海外旅行时常碰到的问题：很难搞清楚新货币的价格是否公道。

爱尔兰人使用的一个技巧是选几个参考价格，然后取居中的价格。另一个策略（你自己可能也用过）是选择一个参照物，比如说比萨，然后用其估算你想购买的任何商品。也许将一种货币换算成另一种货币，很难快速算清楚你想买的围巾是不是物有所值，但是你可以折算一下那条围巾相当于几个比萨，这样就能很快搞清楚围巾是否物有所值。

爱尔兰人和欧元区其他国家的人对新币适应起来有点困难。但是随着日子一天天过去，他们对新硬币和新纸币渐渐熟悉起来。不过旧货币可以纾解欧元区一些居民的怀旧情怀，2014 年，意大利里拉金币的金银复制品和旧币的纪念图册的销售额达到了2 500 万欧元。[22]

在还未采用欧元的国家，当然没有进行公共宣传活动，和欧元打交道就不那么容易了。瑞典人并不是每天都使用欧元，但事实上许多邻近国家都在使用欧元，这意味着熟悉新货币至关重要，那么如何解决这一问题呢？

2002 年一个研究机构进行了一次简单的实验。研究人员让瑞典哥德堡市民看一份各种杂志、公共汽车费和月租费的价格表，但价格标法不同，有的标的是瑞典克朗价，有的标的是欧元价。然后让人们从"很便宜"到"很贵"分 5 个等级对每一个价格进行评分。目前，瑞典民众的生活费用的确比大多数欧洲国家的要高，但这并不是瑞典受试对象认为用欧元标价的杂志价格较低的原因。他们认为欧元价低出于一个很简单的理由，即欧元纸币上的数字要比瑞典克朗上的数字小一些。[23] 两欧元的公共汽车票听起来是比 5 个克朗的公共汽车票要便宜，人们被这一点迷惑了，因为 2 比 5 小。人们只是凭直觉而已，并没有费心去计算。也许如果告诉他们真的要搬迁到那个国家，他们才会认真考虑这些数字。

第二轮实验，要求哥德堡居民考虑如下情况：在另一个欧元国家有人给他们提供了一份好工作，而且这个国家的人们很友好，气候也适宜。尽管前景很诱人，但是在移居前，人们肯定会考虑那里的生活费用。

研究人员给了实验参与者包括电影票、理发票、奶酪、真空吸尘器和大床在内的多种物品和服务的价格（以不同币种标定）列表。他们认为这些物品的价格比瑞典的价格高还是不高呢？只要用点心来换算，就能搞清楚实际情况。但是他们往往认为，若以某种货币标定的价格较高（比如意大利旧币里拉），那么那个国家的物品价格就比国内的高。

这种效应被称为"欧元幻觉"[24]（这是"美元幻觉"的衍变，欧文·费雪于 1928 年首次发现"美元幻觉"这一现象），指我们身不由己地将注意力放在纸币上印着的实实在在的数字，而不是关注实际价值。那么，我们为什么会落入这样的陷阱呢？

首先，正如我们所发现的那样，这样想要比做复杂计算容易得多，但还有一个众所周知的心理凸显问题。引起心理凸显的形式多样，可能是鹤立鸡群之物，比如白色花海中的一朵红色郁金香，在这种情况下，我们的注意力就放在了突出之物上。但是，在另一种情况下，比如众多欢乐脸庞中的一个愤怒脸庞，突出之物是愤怒脸庞并非因为它是一个例外（我们往往不会注意到众多愤怒脸庞中的一个欢乐脸庞），而是因为我们的大脑对愤怒脸庞特别关注。我们之所以这样做，是因为愤怒会招致危险。就金钱而言，突出之物是大数字。我们从小受到的教育就是数字越大，钱就越多。以意大利旧货币里拉为例，20 世纪 90 年代我去罗马时，一杯普洛赛克酒要 10 000 里拉。我当下的反应是："什么?！"面前的数字主导了我的思维，一会儿之后，也许是我决定不再为此烦恼，才算出 10 000 里拉还不足 3 英镑。在洒满阳光的广场咖啡屋喝上一杯低泡葡萄酒，这个价格很合理。

在欧元区国家中，有人会遇到另一种困难。在奥地利、葡萄牙和意大利，民意调查显示，有一半的人说币制改革一年后仍会给他们带来问题。[25] 他们为之苦恼的仍是"手风琴效应"——欧元的两个价格要比旧币的两个价格更难对比，因为在欧元中，两个数字很接近。

想一想：1 欧元和 2 欧元，似乎差别不大，但是 2 万里拉似乎比 1 万里拉大得多。让我们再回到上面的例子（这一次假设我是一个土生土长的罗马人），一杯普洛赛克酒，欧元价似乎比里拉价便宜，喝上两杯似乎也不算奢侈。因为这么小的数字，即使翻倍似乎也没多少钱。

2002 年在另一个使用欧元的国家也发生了类似的事情。每年 9 月，国家为智障人士进行的全国募捐活动在荷兰展开，工作人员挨家挨户地去募捐。使用欧元后的那个 9 月，在三个村子里进行的一项研究中，捐款增加了11%。[26] 居民的收入水平没有变，也不可能是同情心突然增加，原因可能是新货币的使用。

人们只不过没有费心去计算捐出的欧元是否和以前捐出的荷兰盾完全等值，他们只是大概估算了一下。幸运的是，对慈善事业来说这意味着捐款增加了一些。第二年的慈善捐款又增加了，不过这次仅增加了5%。也许人们的计算能力增强了。

毋庸置疑，改用欧元削弱了大脑掌控金钱的能力。放弃熟悉的旧币，改用新币，人们只是暂时有些不知所措，这就与我们使用外币的情况一样。就总体计划而言，这也许无足轻重，人们不会头脑发昏，胡乱花钱或是要求涨工资。影响很小，人们很快就适应了。即便如此，货币外在形式的任何改变都会引起心理混乱。

这一节结束时，我要提出一个应对货币变革的策略。注意，这一策略涉及坏脾气，不可能适用于每个人。

我的想法基于如下事实：心理学家表明人们高兴时（比如刚刚观看完企鹅在冰面上滑行的录像），给出的答案往往很有创意，但是不擅长做心算或完成需要全盘考虑的任务。[27] 回想这项研究，我感到有些疑惑，那些强烈反对使用欧元的人（比如让·玛丽·勒庞）是否比那些赞成货币统一的联邦拥护者优势大一些。

只要你想一下，就明白了。让·玛丽·勒庞和其反对欧洲一体化的朋友每次看到价签上那不受待见的新币价时，心情就会很低落。但这也有好处，他们的坏脾气使他们能够将价格计算得更加准确。

当然，你可能注意到要实施这一策略还有一个问题，什么时候你需要经常进行货币换算？可能是在度假的时候。为了避免在陌生的国度被宰，你可能得小心翼翼，精于算计。但也许这不会起作用……

现金还是刷卡："不接触钱"更容易冲动消费？

目前，我们已经考虑过大脑如何应对硬币、纸币或者币种的变革，但是近年来金钱发生了根本的变化，远非任何一种形式的改革。

在钱包里，你可能装着硬币、钞票、信用卡、借记卡、电子旅行卡、购物优惠券、记录积分的会员卡。如果我问你身上有多少钱，你可能只算现金。

我们对待现金、卡和优惠券的方式不同，所以我们不会综合计算其购买力。在某些情况下，这是合乎逻辑的。如果走进一间小酒馆，想用超市会员卡、购书券买一巡酒，没有人会搭理你。但是用借记卡或信用卡付账（即便只买一杯酒），就很普遍了。

这很方便，但这样花钱明智吗？也许不明智。几十年前，晚上去酒吧消费，限制你消费的是身上的现金。即使酒吧工作人员愿意接受支票，你也不会掏出支票簿来付最后一杯酒的账。近来，日常花费与你所有的金钱（至少是活期账户的钱）之间的界线越来越模糊。

我认识的一些人认为，购买三明治这样的小笔花费，应该使用现金，借记卡用来付大笔的花销，信用卡在购买奢侈品或度假时用。和心理账户是一样的道理，就是要对金钱进行自我控制。使用信用卡，即借用银行的钱买一个奶酪泡菜三明治，似乎不太合适，尽量不要这样做。

这听起来似乎很奇怪，甚至有点吹毛求疵，但是最近的研究显示这是一个很好的心理策略。美国的研究人员对 1 000 户家庭的食品采购进行了为期 6 个月的监测，[28] 将各种因素控制之后，他们发现人们用信用卡或借记卡付账时，冲动购物的可能性往往会增加，购买诸如蛋糕和巧克力这样一些不太健康的食品。当我们不必交出"实实在在"的钱时，似乎越来越喜欢沉浸在这种罪恶的快感中。因此，"不接触钱"可能会在减少银行存款的同时，使我们的腰围增加。

当然，毫不奇怪，我们往往用卡来结大笔的账。这意味着我们不必携带大量的现金，还可以在没钱的时候购物（就信用卡而言）。但是，不仅仅是这样的。

用卡时，不仅冲动购物的可能性增加，而且思维方式也改变了。我们不太记得自己要付的钱数，[29] 小费付得可能也比较多。正如下一个实验所示，我们甚至准备多花钱买同样的物品。

1999 年 4 月 19 日是一个星期日，下午 1 点，波士顿凯尔特人队开始了其本赛季最后一场与迈阿密热火队的比赛。这场比赛至关重要。如果凯尔特人队想要拿到分区赛的冠军，须赢得这场比赛。这场比赛的票早就预售完了，不过著名的麻省理工学院的工商管理硕士在比赛前一周得到了参加一场心理实验获取两张票的机会。

进行此类实验的心理学家因耍花招而闻名，但这一次的票是真的，一位幸运的参加者真的可以和他的一位朋友一起去观看比赛。要注意，不是免费观看。这不是赠票活动，得到票的人必须付票面金额。

这可是有点不老实——学生们并不知道。研究人员只是告诉学生要在无声拍卖中竞拍比赛门票，他们只要愿意，可以以高于正常票价的价格拿到票。

研究人员想知道为了得到珍贵的票，学生们准备出多少钱，而且特别想知道支付方式是否重要。

研究人员给每个学生都发了一张纸，让他们写下自己的报价，但有半数学生被告知要付现金，而且如果需要的话，可以去自动提款机提款；另一半人则被告知可以用信用卡支付。他们到底愿意出多少钱来买票？

差异极为惊人：那些要付现金的人平均出价 28 美元，可以用信用卡支付的学生出价高出一倍多——60 美元！ [30]

这一差异确实惊人，我相信你也会相当惊讶。我怀疑这些学生的行为也是你自身态度的反映。当然也是我自身态度的反映。用现金支付总使人觉得那么真实，花出去的钱令人那么心疼。用卡支付减轻了心痛的感觉，使交易更容易进行。由于即时贷款越来越容易，英国的个人债务在 1990 年至 2013 年之间增加了 2 倍多。[31] 我们应该从中汲取教训。每当你想用信用卡购买东西时，就想象你要从自动提款机中取出那么多的现金花出去。

也许用信用卡支付的学生负担得起 60 美元的篮球赛票，可能还认为这个价格很公道。如果是这样的话，很好。但是我怀疑他们为了得到票已经超支了，不管费用是多少，他们过后都得为如何支付这笔钱而烦恼。

最后再来看一下现金和卡的问题。麻省理工学院的实验于1999年进行，当时学生中有信用卡的还很少。事实上，对我们所有人来说，购物时不用现金支付也是近些年才有的事情。目前，个人债务上升的一个原因是个人金融市场的发展如雨后春笋一般，人们有许多方法获得贷款。另一个原因是我们仍处在一个从现金到无现金的心理过渡时期。在这个过渡阶段，我们对虚拟金钱的掌控不够好。也许我们花虚拟金钱往往要比花真钱随意，这并没有什么可吃惊的。

也许目前正在成长的孩子们，几乎不会见到父母用现金购物，不会去做现金与非现金的区分——对前者尊重，对后者随意，这种区分有时很危险。事实上，现金可能很快就会消亡。不久的将来，真钱只是显示在屏幕上的数字。也许他们很快就会发现涉及多个零的虚拟交易和我们拿出一沓钱一样令人却步。

- 为什么钱花得越多越不心疼？
- 心理账户是如何发挥作用的？
- 一些廉价航空公司是如何经营下去的？

03

心理账户
如何发挥作用?

CHAPTER
THREE

一切都是相对的

假设你正在海边度假，打算租一辆自行车沿海滩骑行。你边走边看，第一家租车行，租一天收 25 英镑，接着你看到另一家租车行的广告，上面说一天只收 10 英镑。到第二家租车行，还得走 10 分钟，但是价格低，也许值得去看看。只要车看起来能骑就好，那样你就可以为节约下 15 英镑而庆幸，这 15 英镑足够第二天骑行或是在悬崖上的咖啡馆吃一顿不错的午餐。

现在假设你回到了家，正在买一辆新车。在第一家店你看上一辆车，售价 10 010 英镑。你想看一看价格是否公道，于是走了 10 分钟来到了第二家店，同一款车，这家店售价为 10 025 英镑。（这听起来不可能，但是为了这些实验，假设一下吧。）返回第一家店去买，节约 15 英镑值得吗？几乎可以肯定你不会返回去。这么一大笔交易，只差这么点钱仿佛无关紧要。可是你能节约的钱正好和租自行车节约下来的钱一样多。租自行车时，你为自己能节约下 15 英镑感到很高兴；买车时你却不把它放在心上。

无数研究表明我们不断做出此类判断，将节约的钱看作整个费用的一部分，而不是看作具有一定消费力的实实在在的一笔钱。这就叫作"相对思维"，在比较富裕的人群中特别多见。[1]

最近和丈夫搬家时，我强烈地感受到了这一点。这次搬家是我们人生中最大的一笔支出。在伦敦买的房，价格高达几十万英镑，这是一笔巨大的投资，我们认真地进行了权衡。然而我们的行为跟研究结果完全一致：购物花得越多，人们越有可能忽视相关费用。房子本身花了这么大一笔钱，在搬家等其他事项上我们应该尽可能节约每一分钱。然而，我们没有核实这次交易律师的收费是否合理，而是直接找的上次买房时聘请的律师。同样，在雇搬家公司时我们采纳了一位朋友的意见："他们虽然不是最便宜的，但真的很好，使我们的生活也轻松了不少。"对几百英镑我们通常会很在意，但在买房子时就觉得无足轻重。

当然并非每个人都会这么不在意。印度经济学家塞德希尔·穆莱纳森（Sendhil Mullainathan）问去流动厨房吃饭的穷人买家用电器时是否愿意为了节约 50 美元走 45 分钟。[2] 他了解丹尼尔·卡尼曼和阿莫斯·特沃斯基（Amos Tversky）进行的那项著名研究，那项研究表明人们往往根据原价做出这类决定。[3] 人们认为，如果一件家电在减价前卖 100 美元，那么 50% 的折扣就值得走这么长时间。如果商品的原价是 1 000 美元，走 45 分钟节约 50 美元就不值得了。穆莱纳森告诉我们在流动厨房就餐的人就不会这么想。他们都不会受原价的影响，因为不管原价是多少，50 美元对他们来说都是一笔不小的数目，不能让这笔钱白白浪费。

从表面来看，这些穷人的行为更理性一些。但是这是否意味着富人完全不理性？未必。我们考虑时，不仅要看金钱上的节约，还要看时间上的价值。和在流动厨房就餐的人不同，我们经常认为自己是"金钱上的富翁，时间上的贫民"，时间有时对我们来说很宝贵。

然而，我们在进行此类计算时，行为并非完全一致。我们当中许多人花几个小时在网上浏览，以便买到最便宜的机票或者火车票，节约下来的钱相当少。办公时间上网搜索特价商品（老板没有看见）也许是明智的，因为他们的确是在厉行节约，而且公司已为他们的时间付了费。但是，我是一名在家工作很长时间的自由职业者，我也会做同样的事情。我从未计算过，但是把时间花在工作上肯定在经济上更有意义。然而在这一事例中，减价的诱惑是不可阻挡的。此外，研究显示我们没有打算花同样的时间去审视一直以来的大笔开销。

举例来说，在英国人们有权更换能源供应商，进行最划算的交易。但研究显示只有 1%~10% 的人定期查看价格，更换供应商，节约资金。[4] 尽管节约的水电费每年会有几百英镑，人们却很少这样去做。

为什么我们有时尽力节约，有时却不呢？有时节约是因为我们必须这样做。之所以必须选购一张火车票是因为我们要到某个地方去，但是我们不必费心更换供电公司。还有一个理由：我们不愿意将来为事所累。更换能源公司的第一阶段还比较容易，但是将来需要更多的投入，不像一次性购物。将来得不厌其烦地查看电表读数，发送信息给新的供应商，查看数据记录是否有误，还有其他一些麻烦事，真的是很烦人。当然，回报就是将来会节约下一笔钱。这不像在促销时购物那样，可以得到即时满足，少花钱不说，还能立刻拿到诱人的新东西。

从这些例子中，我们应该清楚地看到每一英镑对我们每个人来说价值都是相同的（这一看法一直以来是维系我们货币交易体制的理念），但从心理学角度来看，这恰恰是完全错误的。实际上，所处的境况不同，一英镑对于我们每个人来说，价值是不同的。

心理账户

几年前，我采访了诺贝尔奖获得者、心理学家、畅销书作家丹尼尔·卡尼曼。[5]他和我讲起他最喜欢的一个思想实验，也是行为经济学中的一个典型案例。实验中一位妇女花160美元买了两张戏票。她非常期待观看那场演出，但是当她到达剧院时，却找不到票。她掏空了手袋，摸遍了口袋，也没有找到。当她想到自己花了那么大一笔钱，却把票丢了，心里有些难过。演出怎么办？再花160美元买票观看呢，还是放弃观看直接回家？

当卡尼曼在20世纪80年代就这一情景对一组人进行实验时，

将近90%的人认为那位妇女丢了票，就应该放弃观看演出的机会。[6]但是如果情景稍有改变，情况会怎样呢？

这次，这位妇女没有提前订票，她随身带了160元现金，准备到售票处购票。但是当她赶到剧院，打开钱包发现钱不见了。这时，她应该用信用卡买票吗？

在这一情景下，卡尼曼询问的人当中有一半改变了看法，认为她应该买。为什么在第二种情况下可以花双倍的钱购票，在第一种情况下就不可以呢？

以行为理论"助推"而闻名的经济学家理查德·泰勒（Richard Thaler）认为，我们有不同的"心理账户"。[7]我们赋予不同份额的钱以不同的特点和目的。"零用钱"和存款是不同的。赌博赢的钱和你赚到的钱也是不同的。即使是成年人，姑妈随圣诞贺卡寄来的10英镑钞票要比从自动取款机中刚刚取的20英镑更令人激动。这些心理账户一般不像银行账户那样打理，我们不会有意识地在心理账户中存入一定数目的钱，或者查看账户余额，以免透支。的确，大多数时候，绝大多数人几乎不会意识到心理账户的存在，但它们却能对我们的花钱方式产生巨大的影响。

泰勒对上述不同态度的解释如下：戏票出自娱乐心理账户，票丢了以后从这一账户中拿出双倍的钱购票显得太过奢侈了。但丢失现金的情况却不同：现金属于大的心理账户，账户里还有钱可以用来消费。这就是认为这位妇女丢了现金可以买票的人要比认为她丢了票后应该再买票的人多得多的原因。

20 世纪 80 年代泰勒首次使用"心理账户"这个术语。其他研究人员也提出了类似的理念。1982 年,日本的研究人员发现即使仅仅在"零钱"这一范畴,妇女们也将现金划拨到 9 个"心理账户":日常必需品、低端奢侈品、文化教育、个人财富、安全、衣服和化妆品、外出旅行、零用钱和生活水平的提高。[8]妇女们判断一件商品的价值,不是将其与所有她想购买的商品相比较,而是将其与相关账户中的其他商品相比较。例如,全家外出旅行时,火车上卖的橘子要比当地商店卖的橘子贵得多,但是妇女们却乐意在火车上买,因为这钱出自"外出旅行"账户(该账户专门用来支付特殊商品的费用,价钱自然会高一些),而不是"日常必需品"心理账户。

对这些问题的思考,完全出于本能。也许你在家里会常备一瓶金酒,以备有的客人想喝金汤力(一种鸡尾酒,用金酒和汤力水调制而成)。金酒用完之后,可以去超市再买一些,这笔花费自然记入食品饮料的账户中,最多 20 英镑。然而度假时在酒吧你可能会很大方地花 10 英镑买一杯金汤力,而且也不嫌贵。为什么呢?因为这笔钱出自另一个心理账户。

也许你认为这些账户会使我们花钱太过随意,事实上并非如此。我们不会把所有的钱都放在"高端娱乐"的心理账户中。我们认真分配,将大量的钱存入重要的心理账户中,从这一账户中花出去的钱越多,对价格就越关注。

松茸在日本属于高档奢侈品,生长在红松之类的树根周围,菇柄肥大,高可达 20 厘米,香味浓郁,味道鲜美。松茸于每年9月至11月间人工采摘，因产量的关系，价格最高可达每千克800美元。研究人员发现早在1982年，松茸的价格就这么高。花50美元买蘑菇，可是一笔不小的花费，花50美元买一袋大米，属正常消费，钱出自食品杂货账户，而购买松茸的钱出自低端奢侈品账户，所以这个决定不是轻易就能做出的。

我们还在大脑中将钱划归不同的时间段：今天的钱，明天的钱，不时之需的钱。通过创立心理账户，我们就能快速决断什么时候买什么东西，在不同情况下如何合理消费。心理账户有助于我们掌控自己的消费行为。[9]

有人甚至建立了和心理账户相对应的银行账户，即使这意味着一些账户要付利息，其他账户在赚利息。从一方面来看，这样做不理智，因为总的来说钱可能损失了；但从另一方面来看，这样做是可以理解的，因为你一直在努力储蓄，积攒储备金，觉得挪用储备金来付信用卡的账是不对的。银行会提供抵押贷款，你储蓄账户的利息和你要付的抵押利息正好相抵。尽管如此，2014年英国仍有98%的人将其储蓄和债务账户分开。[10]我们不喜欢建大账户，特别是涉及抵押贷款的时候，因为这会使我们总觉得自己欠了一大笔债。

使用心理账户也有助于解释为什么我们要参照总价来确定折扣的价值。这完全取决于钱来自哪一个心理账户。

当我和丈夫买房子时，没有仔细挑选律师，部分原因是这类费用和房价比起来微不足道。但也是由于我们将律师费归到一个特定的心理账户，即非常特别的"一生只买一次房"的账户。当然付给律师的钱实际上出自我的活期储蓄账户，这个账户看起来很快就被掏空了。

将钱在心理上如此规划，事实上非常重要。如果不这样做，我们就不会冒险，或者进行长期投资，也不会有经济活动和经济繁荣。心理账户使我们在金融方面不再谨小慎微，裹足不前，造成不良后果。就此来看，由于对待金钱的态度不断改进，现代经济才得以正常运行。

但是在强迫大脑将金钱划归到适当的心理账户时，有时会有一定的困难。大约15年前，我和丈夫决定卖掉汽车。我们发现住在伦敦，用车的机会越来越少，尤其是当时我们住的地方停车位很难找，我们都不想把车开出来，让出车位。结果偶尔想开车时都记不得车子停在什么地方，有一次，我们找了半个多小时。我们觉得坐地铁也许好一些，因为如果开车的话，我们得花费很长的时间才能再找到一个车位。

这有些可笑，我们的雷诺5系车并非大而无用，把它卖给经常用车的人显然是明智之举。这样做意味着我不得不经常使用公共交通工具。在伦敦，公共交通总的来说还不错。但是夜深的时候，怎么办？想要外出旅行的时候怎么办？

我丈夫说：不要紧。想想几年后我们就能省下几千英镑。不必交车险、路税、车检费、维修费、汽油费，节省下来的钱足以支付深夜从朋友家打车回家的费用，或是周末租车外出旅行的费用。

他说得很有道理，于是我们就把车卖了。但卖车以后的这些年，我仍然觉得很难将日常交通心理账户中的钱用来付出租车费。汽油费和修理费不可能是奢侈消费，但出租车仍然是。因此，我们很少打车。我们有一个花园，于是老想着用汽车拉些植物来把花园填充一下，终于我们又开始考虑买车的事。事实上，乘坐出租车，甚至让它等我们把花装进后备厢还是比较便宜，但我们不愿意这样做，因为我们觉得打车去花卉商店很奢侈。汽车虽然贵得多，却显得很合理。我想原因是我从小在一个认为汽车是日常生活必需品的文化中长大。100年前，情况完全不同，当时汽车是奢侈品，付出租车费则相当普遍。将来，情况可能还会这样。也许我们可以召无人驾驶汽车接送我们，根本不需要买车。

结账

到目前为止，我们一直将心理账户看成人生中一成不变的东西。事实上，每一次交易，我们都会开一个临时的心理账户。就拿买飞机票来说吧，这些年坐飞机已是司空见惯的事情，几乎不属于奢侈消费。但对大多数人来说仍旧不属于日常消费，我们会将适量的钱划归"乘飞机旅行"账户。只要不超过预定的量，我们就会很高兴。

但是直到我们坐上飞机，安全着陆，拿上行李回到家或到达旅馆后，账户才会在心理上关闭。如果航空调度工作出现问题，我们不得不坐火车，我们可能会将这笔出乎意料的费用归到"乘飞机旅行"心理账户中，并认为那个账户"损失"了一笔钱。我们通常不会将这额外的火车票钱归到"不时之需"账户。这是一次特定的旅行，我们已经为此开了一个专门的心理账户，任何划归在这一心理账户之外的花费，不管金额大小，都会令人痛苦。

为了更进一步了解这一点，请看以下事例：假设你没有预订打折机票，只买到了高价机票，因为直到最后一刻，你才决定去参加朋友的婚礼。你知道这也许比事先预订多花几百英镑，但在这种情况下，你很愿意买票。毕竟，你还能去出席朋友的婚礼。我们换一个情景，假设你预订了打折机票，却发现航空调度工作出现问题，你不得不改乘火车。额外的花费相同，但我敢说你的反应全然不同。

当你确定所购之物很有价值，只是发现有诸如订购费或座位选择费时，就会经历同样的心理痛苦过程。如果原价稍高一些也许你不会介意——你可能将其归到"乘飞机旅行"的心理账户中。但是一旦原价之外你还要付一些附加费用，就会觉得痛苦，就像是心理账户损失了钱，甚至感觉像被罚款。

大脑就是这么工作的，令我惊讶的是一些廉价航空公司花了很长时间才意识到他们在人们订票时额外加收费用的惯用伎俩已经惹恼了人们。如果航空公司经理能够费心去看看诸多的心理研究（我得说，不只是他们忽略了这些心理研究），他们早该意识到他们自认为睿智的经商策略事实上给品牌带来了长期的损害。

心理账户使我们异常敏锐，能够觉察到任何使我们觉得挨宰的事情，帮助我们的大脑掌握金钱。

这一发现在下一章我还要讲。当我们得知金钱受损失时，会做出最为强烈的反应。

- 为什么我们喜欢赚钱而害怕失去金钱？
- 波多黎各的猴子是如何帮助研究人员了解金融危机的？
- 为什么每周都买同一号码的彩票的行为是错误的？

04

保有：
为什么我们喜欢占有
而厌恶损失？

除了一些幸运的继承人和信托塔法里教徒①，我们大多数人不会继承金钱。我们之所以能获得金钱，是源于多种机会和自身的努力。因此，毫不奇怪，我们想保住自身所拥有的东西。令人惊讶的也许是我们似乎对金钱看得很重，大多数人宁愿把钱攥在手里，也不愿用钱生钱。

不妨试一下丹尼尔·卡尼曼设计的实验。[1]有人给你1 000英镑。然后让你选择：抛硬币获取双倍的钱，或是再给你500英镑。你会怎么选？

大多数人肯定会拿1 500英镑回家，我就会这么做。但是如果把这一实验稍微改动一下，情况会怎样？这次给你2 000英镑，你的选择如下：

1. 抛硬币决定你保住2 000英镑，或者失去半数的钱，只剩下1 000英镑。

2. 损失500英镑，也就是说拿1 500英镑（不多不少）回家。

这次的赌博可能会对你更有吸引力。然而两次结果可能相同。你或者拿1 500英镑走人，或者赌一下，赢了拿2 000英镑

① 信托塔法里教徒：英文trustafarian，由trust（信任）、fund（基金）和rastafarian（塔法里教）组成，指以苦中作乐方式生活的教徒，或装作苦中作乐的信托投资人。此处，作者指的是一群富裕的青年或信托投资人。该词为2011年度英国榜上有名的热搜词。——编者注

走人，输了只剩下 1 000 英镑。我对这一项实验的情况很了解，但每次看到的时候，依然会被第二种测试中的抛硬币吸引。为什么我们对两种测试的看法不同呢？

这完全和体现方式相关。在第一个实验中，安全选择以赢的方式体现。你有 1 000 英镑，而且无须冒险，就能再拿 500 英镑。在第二个实验中，安全选择以损失的形式体现。你有 2 000 英镑，还得从中拿出去 500 英镑。

这两例中呈现的不同思维方式被称为损失规避。我们都喜欢规避损失，这是行为经济学最重大的发现，对许多有关金钱的决定都有影响。我们都喜欢赢，但是会为了不受损失而不遗余力。对我们来说，即使损失一小笔钱其影响也比获得一大笔钱大。的确，正如提出这一理论的阿莫斯·特沃斯基和丹尼尔·卡尼曼指出的，我们对损失的规避事实上是可以度量的，比获得同等数额的金钱吸引力要大两倍多。

损失规避的另一个例子是对送货延迟的反应。例如我们订购了一个新沙发，一般来说几周内到货是可以接受的。假设家具店说一个月后送货，我们同意了，但是在送货日的前一天公司告诉我们再过两周沙发才能送到，我们会做出何种反应？如果卖主一开始就告诉我们得 6 周才能送到货，我们也就不会提出异议了。但是，现在我们提出了抗议，而且是强烈抗议，我们要求补偿。研究显示我们期望补偿金高于我们起先准备付的 4 周"保证"或"快速"送货上门的费用。[2] 两周出乎意料的等待现在被视为切切实实的损失，这是我们所厌恶的。

不仅仅我们是这样的，损失规避的本能似乎深深根植于进化的生物体内，因为不止人类有如此感受。

猴子的买卖

去波多黎各的卡约－圣地亚哥旅游的人每时每刻都会戴着太阳镜和帽子，以免被尿浇到头上。卷尾猴就是罪魁祸首，它们坐在高高的树上，朝人们头顶上撒尿。没有任何防护措施就抬头看的话，你很可能不只会收到令人"疼痛"和"恶心"的礼物，还会感染上致命的猴 B 病毒（一种疱疹病毒）。

对耶鲁大学的劳里·桑托斯（Laurie Santos）教授来说，冒险是值得的。她们的实验与常规方法不同，卡约－圣地亚哥的猴子已经习惯了人类，这意味着桑托斯和她的同事能够在野外近距离地研究猴子的行为。关于恒河猴和诸如卷尾猴之类的猴子，最引人注目的莫过于其解决问题的技巧，这让桑托斯开始思考金融危机的问题。

桑托斯在一个热带岛屿上研究往人身上撒尿的猴子，这项研究使她开始思考 2008 年的经济危机。桑托斯想到那些投资者拒不接受损失，在股票市场上不停地赌博，甚至当他们的损失越来越大时，还抱着胜出的渺茫希望。她还想到了那些不愿意以低于买进价的价格出售房子的人。这些房主即使并非处于负资产状态，而且随着价格下跌还可以换一个大一点的房子，他们也不愿意这样做。这两个都是人类损失规避的典型例子。桑托斯认为人们对损失的恐惧必定深入骨髓。那么猴子，人类进化谱系中的近亲，也懂得损失规避吗？

为了搞清楚这一点，她必须回到耶鲁大学的比较认知实验室。该实验室有她和研究团队捕获的卷尾猴。这些猴子经过训练，可以用亮闪闪的代用币来交换食物。

一个叫奥里克的卷尾猴径直来到了研究人员所说的猴子市场。研究人员给了它满满一小袋代用币。它看到玻璃窗后面的两位研究助理手里举着食物——盘子里放着葡萄，有时是棉花糖。它知道如果它往玻璃窗上的圆孔里塞一个代用币，就能得到一些食物。但奥里克是一只聪明的猴子，它学会了进行最划算的交易，它找的"商人"能够提供最多的水果或最大份的食物，却只收取最少的代用币。

像人类一样，奥里克和它的同伴"花钱"和"衡量金钱"的方式不大相同。有的一次用尽所有的代用币，有的把代用币存下来，还有的猴子在能够直接偷水果的时候，却去偷其他猴子的代用币。

卷尾猴现在对市场的运作方式很熟悉，对每个"商人"也很熟悉。信任已经建立，但研究人员耍了一些花招。第一位商人开始改变一枚代用币所能交换的葡萄数量。奥里克及其同伴可以得到两粒葡萄——商人展示的数量，但它们只有50%的机会保留两粒，还有50%的机会被拿走一粒。

为了使事情复杂一些，第二位商人采用了新的模式，一枚代用币只给一粒葡萄，在最后一刻有50%的机会多给一粒葡萄作为奖赏，等于猴子还是只有50%的机会得到两粒葡萄。

现在我希望你能看到这里发生的情况。奥里克和其他卷尾猴正在参加类似于卡尼曼对人类进行的实验。正如你所意识到的，不管猴子去找哪位商人，它们都有50%的机会得到两粒葡萄。即便如此，猴子表现出了明显的偏好。

它们去找第二位商人的概率占到了71%，[3] 损失规避可以解释其中的原因。最后一刻加上的一粒葡萄看起来像是赢利，而第一位商人最后一刻拿走一粒葡萄看起来像是损失。像人类一样，奥里克及其同伴似乎不喜欢损失。

对劳里·桑托斯来说，这证明了对损失规避不合理的偏见可以沿我们的进化史追溯到大约3 500万年前。它由来已久，很难消除。

但是为什么它会一直存在并延续下去呢？

神经科学家迪安·布诺曼诺（Dean Buonomano）认为损失规避源于人类为找不到足够的食物而忧心的时代，换句话说，就是人类像卷尾猴的时代。布诺曼诺的假设很简单，在史前时代，人类就像现在的猴子，更看重已拥有的食物，而非有望获得额外食物的前景，特别是在他们没有良好的存储方法之时。在这种情况下，得到额外的食物固然很好，但是失去食物可能是灾难性的，会饿死人。[4]

这一理论可能找到了损失规避的进化根源，但是并不能完全解释为什么我们现在还在做出同样的决定。目前一个特别的问题是损失规避会使人们做出糟糕的，有时甚至是灾难性的金融决策，比如投资者在熊市时不肯抛出持续缩水的资产以减少损失。在这种情况下，损失规避不仅会使我们不理性地在结果相同的两个选项间做出选择，而且还使我们做出带来最坏结果的选择。

玩彩票时减少损失的最好方法

假设你是一个学生，有人免费给了你一张彩票，有机会赢得 15 欧元的购书券。他们让你看了彩票，你也看到了彩票上的号码。接着又给了你一个交换彩票的机会。作为交换彩票的回报，你会免费得到一件礼品：一支印有你所在大学校名的钢笔。你愿意交换彩票吗？

在荷兰蒂尔堡大学进行这一实验时，只有 56% 的学生愿意交换彩票，尽管赢得购书券的机会不变，而且还可以免费获得一支钢笔。[5]

也许你认为赠送的礼品太差劲，所以学生们才会有如此反应。难道研究人员就不能提供一件稍好一点的赠品吗？也许如此。但这不是真正的问题。此处的一个重要细节就是学生们已经知道了最初那张彩票的号码。这意味着交换彩票以后，万一原来那张彩票中奖了，他们就会知道自己做出了错误的决定。于是他们准备好付所谓的"后悔费"，换句话说，为了以后不会因失去购书券（可能性极小）而失望，他们可以放弃那支肯定能得到的免费钢笔。

我们有如此行为倾向的另一个证据源于如下事实：没有看到

最初那张彩票号码的同学非常乐意交换彩票。因为这些学生对新彩票没有中奖的后悔之意没有那么强烈。他们都知道（事先他们就很清楚）用来交换的那张彩票可能会中奖。但是机会渺茫。几百或者几千张彩票才会抽中一张（这取决于发行彩票的数量）。

想买彩票的人，不妨看看以下建议：每次都选不同的号码，不要去记过去选过的号码。如果你每周都选同样的号码，不管出于何种原因有一周没选，而"你"的号码恰好中奖了（虽然这种可能性极小），你就会痛苦不堪。如果只是随意选号，就不会有这样的苦恼。有一种情况例外，那就是和你一起工作的同事一起买一个号码。因为如果他们中了大奖，你肯定会知道。所以除非你认为自己能够接受所有同事在一夜之间成为百万富翁，否则你可能得加入到他们中间去，以免以后后悔。在这种情况下，你的号码是否和以前的相同就无关紧要了。[6]

有一个例子，发生在我自己身上——和我最近一次搬家有关。周五雇用的搬家工人（见第三章）把我们所有的东西都搬到货车上，把货车停到搬家公司的封闭场院里，周一再把所有的东西搬到新家去。

所有的东西都放在伦敦郊区一个荒废的工业场地，整个周末无人看管。我们心里有些不安，因为无论围栏有多高，小偷都有可能破门而入，偷走货车。搬家公司告诉我，如果这种事真的发生了，他们不会赔钱，但如果我们愿意的话可以投保险。

这种情况看似合理，但保险费高达几百英镑，听起来就像花很多钱只为了预防一种极其不可能发生的情况：我们的东西在周末丢失。或者这种高额保险就意味着这种盗窃很常见？我决定在买保险和冒险之间做一个理智的选择，你认为我会怎么做？

在本书的第十章，我们将会看到穷人有时不投保险，因为贫穷迫使他们考虑眼前付保险金的困难，而不从长远角度考虑火灾、水灾或盗窃等会导致灾难性的财政后果。我没有这样的问题，如果我真想投保的话，我也能负担得起保费。

在买房这样的大事上，我们知道，保费可能是微不足道的，可能你会觉得我买了那份保险？

事实上我确实买了，但不是出于上述想法，当然也不是因为我行事谨慎。和在很多情况下一样，在这种情况下买保险是因为害怕损失。我没有做出完全理智的决定，而是为避免当下的焦虑和以后可能的后悔而买了一份保险。损失规避又一次发挥了作用。

我非常幸运，搬家公司的货车在周末平安无事，而且搬家公司也没有受理成功我投的保险，所以我也没有付钱，真是皆大欢喜的结局。没有花钱，也没有损失。

占有的力量

阿莫斯·特沃斯基和丹尼尔·卡尼曼于 1990 年做了一项经典的研究：学生们被告知他们将扮演买家或卖家的角色。每个卖家得到一个咖啡杯和一些赠品，并被告知他们可以将咖啡杯卖掉，然后让他们说出卖掉杯子的底价。

让买家也看看咖啡杯，并让他们给出买这个杯子的最高价。

买家平均愿意出 2.25 美元的最高价，而卖家认为这一价格太低，他们想卖 5 美元。[7]

现在你可能觉得卖家和买家只不过是讨价还价罢了，最后双方会定下一个彼此都能接受的价格。但是卖家坚持 5 美元的售价，显然这一价格比买家出的价格高得多。

这就叫作"禀赋效应"。就是说，我们往往认为自己拥有的东西价值更高。我们赋予它们较大的价值。即使我们拥有的时间不长，也会如此。在这项研究中，学生们在实验当天早上才看到这些咖啡杯，他们既没有买也没有选这些杯子，但他们保留这些杯子的决心使他们报出了过高的售价。

这种解释似乎令人难以置信，但特沃斯基和卡尼曼关于禀赋效应的发现在类似的实验中一次次得到验证。这一领域中，相关证据非常有力。

试想一下这种情景：我来到你家的客厅，看到了沙发上的垫子。这个垫子是你上星期才买的，所以也谈不上你对它有多深的感情。但是就算我出的钱比这个垫子的售价还高，你也不会卖掉它。毫无疑问，禀赋效应这个可恶的因素又要影响你的思维了。你买这个垫子是因为你想要一个垫子，如果你把这个垫子卖给我，你就得再买一个。这个垫子现在是你的，从金钱的角度来说，这个垫子没有多大的意义。如果把垫子卖给我，你还能稍微赚点钱。但我们并不总是完全从利益角度考虑问题。由于损失规避的心理，我们想保住所拥有的东西，这个例子也是一样的道理。

当然，我们对要卖出的物品就没有这样的依恋了。成功的商人都想赢利，但他们也想出售存货而不是留在手里。就像亿贝二手物品买卖网站展示的那样，有的东西我们拥有了几年，还是可以很高兴地将其转手卖掉。尽管如此，没有经验的卖主常常把售价定得过高，很可能是因为虽然他们现在不想要旧餐具柜了，但是他们曾经买下它，并使用了一段时间，在他们眼中它的价值自然比别人眼中的价值要高。

如果你亲眼见过孩子们不小心打开了错误的圣诞礼物后，有多不情愿和兄弟姐妹交换的情景，那么你就知道禀赋效应是怎么回事了。在新墨西哥进行的一项实验中，5 岁、8 岁和 10 岁的孩子都得到了一个"超级球"或一个外星人形状的钥匙圈。如果事先问他们觉得两个礼物怎么样，他们都更喜欢"超级球"。但是即便如此，当得到钥匙圈的孩子们有机会换取一个"超级球"时，40% 的人不愿意换。

为了确保这两个礼物没有特殊性，实验人员用其他物品进行了这项研究。无论是让他们用自动笔换荧光笔还是用一个计算器换一盒六色彩笔，都是同样的结果。各个年龄阶段的孩子中，保留所得物品的孩子是愿意交换其他物品的孩子的两倍。[8]

假设，现在你想卖掉旧车买辆新车。旧车性能很好，里程数也不多，而且根据美国二手车价格宝典蓝皮书的规定，你似乎能卖 6 000 美元。第一个经销商打算出 6 500 美元，而你想要的新车，需要花费 8 500 美元。但是多一个选择总是好的，于是你又见了另一个经销商，这家只愿意出 5 500 美元，但你想要的新车在他这只需要 7 500 美元。哪一家的交易你愿意做呢？

结果当然是一样的。无论选哪个，你都要付 2 000 美元，将旧车换成新车，但是有一项发现称，大多数人更倾向于和第一家做买卖。是的，如果人们觉得旧车得到了很好的补偿，他们愿意多花钱买一辆新车。[9]

在有些公司提供免费体验服务时，禀赋效应也起作用。多数消费者都有惰性，这意味着一旦他们受到免费赠送 6 本杂志的诱惑订阅了一份杂志，他们可能会继续订几年。但免费体验生效的第二个原因是，人们习惯了拥有某种东西（这次是杂志），如果不再订阅杂志，他们会感觉到自己损失了什么东西。

我们再看看耶鲁大学实验室中的卷尾猴，看起来禀赋效应也影响了它们的行为。如果让卷尾猴用水果换一个燕麦饼——都是它们平时非常喜欢的食物，它们很不情愿。也许多给它们一块燕麦饼会有所改变？但是情况并没有改变，猴子们还是愿意保留已有的东西。如果给它们很多燕麦饼的话，它们才会交换。[10]

人类和猴子都有保留已有物品的本能。金钱应该能够帮助我们克服这一本能，但有时我们对金钱的依恋对商业发展没什么帮助，甚至会阻碍商业发展，给我们的钱再多，我们也不愿意放弃已拥有的。

当然了，在许多情况下金钱确实能促成交易，毕竟这才是重点。但是促成这一行为的关键在于价格合理，而这是我们接下来要讨论的内容。

- 为什么高价格并不总等于高品质？
- 为什么你的大脑像一个挑剔的饮酒者？
- 为什么有时候我们愿意多花钱？
- 为什么你不应该被"中间价"愚弄？
- 为什么永远不要给自己的餐馆取名为"零元饭店"？

05

是否存在
价格公道这回事儿?

了解了我们是如何高估自己已有物品价值的之后，现在让我们再来看看买东西时如何判断价格是否合理。每天在买大大小小的物品时，我们都在做出判断。你可能认为这是一个很简单的心理过程。

　　事实上，这个过程非常复杂。我们很容易上当，有时大脑似乎也在和我们开玩笑和玩游戏。再加上价格不稳，有时大脑难以掌控金钱，也就不足为奇了。

旧瓶装新酒

　　每个月鲁迪·古尼阿万（Rudy Kurniawan）花约 100 万美元买红酒，然后再卖掉，赚的钱超过 100 万。2006 年，他的销售总额达 3 600 万美元。虽然他很年轻，突然闯入葡萄酒行业，但是很快就成为世界上最知名的葡萄酒商之一。他对各种酒的了解速度和对标签、瓶塞细微之处的兴趣给知名专家留下了深刻的印象。在葡萄酒盲品中，他能准确识别出酒的生产商、生产年份和产地。他甚至能够识别出假冒的瓶子，他说自己过去上过当，所以就练了练。[1]

　　生活奢华的古尼阿万，常常出现在杂志上，他的经典形象就是身穿白色皮衣，抱着白色贵宾犬克洛伊。[2] 关于他的慷慨大方，也颇具传奇色彩，据说这位加利福尼亚人总是先从自己的酒窖中拿出价值几千美元的葡萄酒招待生意上的朋友，然后又转移到饭店，坚持用最好的饭菜招待朋友。

然而，人们注意到一件怪事，招待朋友过后的第二天，古尼阿万会要求饭店将空酒瓶快递到他家。他告诉侍者，他正在收藏酒瓶，酒瓶收藏在洛杉矶家中的车库中。[3]他甚至聘请了一位建筑师为他兴建一个博物馆，用来收藏酒瓶。[4]

还有其他一些事情，人们也在议论。例如，古尼阿万收藏的酒瓶中，最早的出自1923年勃艮第的一个葡萄园，但事实上这个葡萄园1924年才建成。人们还了解到他购买了大量的廉价葡萄酒，这对一个世界顶级葡萄酒收藏家来说也太不寻常了。拍卖他的酒时，人们发现大量极为稀有的瓶子，这在单次拍卖中通常很少见。

但是朋友和同事们总能给出解释：也许几十年前拥有勃艮第葡萄酒的家庭收藏了以前几位主人自产自销的葡萄酒，并且有自己的商标；也许偶尔买到几瓶假酒，他经销的葡萄酒数量那么大，这也不是不可能……

但是，怀疑开始滋长。于1992年赢了颇负盛名的"美洲杯"帆船赛的富有的实业家威廉·科赫（William Koch），拥有43 000瓶稀有的葡萄酒。[5]他从古尼阿万手里买了价值200多万美元的葡萄酒，后来他发现酒有严重问题。为了揭露古尼阿万，他雇用了瓶塞专家、玻璃瓶专家、标签专家，甚至胶水专家。

同时，世界著名的葡萄园主，葡萄酒生产商劳伦·彭寿

（Laurent Ponsot）也起了疑心。古尼阿万一次较为明显的诈骗行径使他警醒。彭寿在20世纪80年代才开始生产其最著名的酒。然而人们发现古尼阿万试图拍卖彭寿从1945年到1959年的名酒。最终，古尼阿万的罪证多不胜数。联邦调查局的艺术犯罪组对他的家进行了突击搜查，发现他正在大量制售假酒。洗涤池里放满了旧瓶塞，抽屉里放着封口蜡、胶水、模板、商标制作说明、大量的红印、用激光打印机打出来的葡萄酒商标。在水池里泡着酒瓶子，准备除去上面的标签，旁边放着一箱子从瓶子上取下来的旧标签，箱子边放着的不是启瓶器，而是装瓶塞的装置。[6]

最终发现，8年来，古尼阿万一直在买进便宜的勃艮第酒，将其与优质葡萄酒混合，贴上假标签，用旧瓶塞重新封上酒瓶。这么多年他是如何骗过人们的呢？

一些评论家抱怨说，酒商、拍卖商和品酒的客人肯定和骗子狼狈为奸，但是科赫和彭寿在揭露古尼阿万的罪行上做出了贡献。古尼阿万被判10年徒刑。如果你看看对葡萄酒行业中其他人的采访，就会发现他们被愚弄了，似乎真的很烦恼。毕竟，他们应该具有良好的鉴赏力。一些专家甚至认为用于品尝的酒是真的，只不过后来销售的酒是假货。然而，事情并非如此，用于品尝的酒也是他混合制成的。

古尼阿万依靠的是最古老的计策，这也是骗子们最喜欢的计策，因为这种计策是由受害者自己实施的。专家被告知酒非常珍贵，瓶子的外观和商标也证实了这一点，所以打开酒瓶，专家们品尝的是他们心中所想到的味道。此时，"证实偏差"在起作用。专家们寻找信息证实其预测。他们参加的是精品葡萄酒拍卖会，而在精品葡萄酒拍卖会，你品尝的一般而言都是精品葡萄酒。

古尼阿万特别擅长在各个方面欺骗专家，但这一章主要讲的是价格，而价格是古尼阿万行骗的一个重要手段。

也许你想起了几年前电视上播的一则广告，不是葡萄酒广告，而是一则啤酒广告。广告上说这种拉格啤酒"价格很高，令人安心"。古尼阿万的酒也是同样的道理。使经销商充满信心的一个原因就是他们品尝的葡萄酒价格很高。

约 500 瓶的假酒被销毁后，另外 5 000 瓶由美国法警署于 2015 年年底进行拍卖，以期弥补受害者的损失。人们常问的第九个也是最后一个问题是："你说所卖的酒都是真货，有多大的把握？"这不是第一个问题，我感到很惊讶。美国法警署回答说他们没有 100% 的把握保证这些酒全部是真货，却说就他们现有的知识来看这些酒是真货。你认为买家可能会小心谨慎，但是三瓶 1911 年产的罗曼尼康帝卖出了 45 600 美元的高价。也许古尼阿万使这些酒的知名度得到了提升，也许人们不能抵制减价出售的诱惑，尽管他们不能 100% 肯定酒是真的。

无疑，专家们觉得自己很蠢，被古尼阿万欺骗了，但是他们也感到少许安慰，因为许多人即使在心理学实验的帮助下，也同样被骗了。心理研究方面的大量证据表明价格对产品的认知有很大的影响。在这种情况下，金钱掌控大脑，我们沦为牺牲品。

我喜欢的一项研究是让受试者躺在脑部扫描仪内饮用葡萄酒。的确，我们大多数人都不喜欢这样饮酒，因为在扫描仪内头绝对不能动，这样才能用管子将酒送到他的嘴里。但是，为了弄清楚我们认为品尝的是真酒、假酒或便宜的酒时大脑的情况，我们必须这样做。

希尔克·普拉斯曼（Hilke Plassmann）在加州理工学院所做的实验，有20位志愿者参加，他们喜欢喝红酒，但不具备有关红酒的专门知识。他们一个接一个地躺在扫描仪里，不同的葡萄酒通过一根管子从隔壁房间送到他们的嘴里。[7]

吐出葡萄酒是不可能的，志愿者按照指令将每种葡萄酒品尝一小会儿就将其咽下，用水漱口后，接着品尝下一种葡萄酒。他们的任务很简单：说出他们喜欢哪种葡萄酒。

志愿者被告知有5种葡萄酒，价格从5美元到90美元不等。他们意识到一些酒品质很高，一些酒只达到超市售卖的标准。但他们并不知道哪个品质高，哪个品质低。他们所能依赖的除了味蕾，就是葡萄酒价格和品种的信息（最后证明常常是虚假的），而这些信息是研究人员在将酒通过塑料管送到他们嘴里时，告诉他们的。

你可能立刻意识到研究人员在查看是否有"证实偏差"（即人们希望证实他们认为正确的观点）。是的，而且他们发现了"证实偏差"。研究人员告诉那些志愿者酒品质很高，价格高昂，虽然50%的情况下，他们实际饮用的是低价葡萄酒，但是志愿者对这些酒表现出了一致的偏爱。

此外，志愿者的大脑活动显示，他们不只是嘴上说他们喜欢某一价格的葡萄酒。他们说喜欢他们自己认为的好酒，不是为了显示他们品位高。在这种情况下，脑部扫描仪发现眶额皮质（大脑中的一个区域，当我们高兴时会变得活跃）的活动增强了。也就是说，不管这种酒是不是真的昂贵，不管他们在其他情况下（见下文）是不是喜欢这种酒，只要品酒者当时认为酒的品质很高，就会有愉快的体验。似乎大脑对酒有些势利。

这是一项重大发现。仅凭知道一件物品是昂贵的，即使它并不真的昂贵，也可以使人有真正愉悦的体验。

当然，实验也显示大多数人不能辨别优劣。那么真正做出这种判断的是谁呢？对 6 000 个盲品（无观念偏差）的结果进行分析，发现只有专家青睐昂贵的葡萄酒，普通饮酒者对高价酒的评分远低于对廉价酒的评分。[8]

为此，我给大家一条建议：不要去上葡萄酒鉴赏课程，享用美酒无须多花钱，只需约几位好友，买一瓶廉价葡萄酒，并且告诉自己说酒是 2005 年出产的柏图斯红葡萄酒，其余的就留给大脑去办了（不收你一分钱）。

还有一条建议。如果你买了一瓶昂贵的酒（话说，你为什么要买呢？）或是别人送了你一瓶（如果是这种情况，就原谅你了），一定要告诉和你一起喝酒的人这酒有多贵，这样买酒的钱花得才值。

能量饮料、止痛药、自助餐

昂贵的葡萄酒我们谈得够多的了，现在让我们来谈谈能量饮料吧。在这一实验中，两组学生被要求去买广告上说的能提高注意力的能量饮料。两组买到的是成分相同的同一种饮料，唯一的不同在于一组学生的饮料售价为1.89美元一瓶，而另一组学生由于被告知学校可能大量购进，因而获得的折扣较大，一瓶只售0.89美元。

然后给两组学生一些字谜去解，花高价买饮料的那一组解出来的多。[9] 为什么呢？研究人员总结说饮料越贵，消费者越愿意相信其真有这样的性能（这里是提高注意力），因此，那组花了将近两美元购买饮料的人，解谜时要比另一组认真。

还有一些类似的研究，例如使用名牌止痛药和价格低廉的普通止痛药，两种药的活性成分相同。但报告显示人们如果认为自己吃的是"令人安心的贵药"，他们就说自己头痛缓解得快。

在一项研究中，800名妇女定时服用阿司匹林，有时是知名品牌，有时是普通牌子。研究人员估计约1/3的妇女疼痛得以缓解是由于她们认为自己服用的是知名品牌。[10] 能量饮料研究团队也要求学生记录一个学期内感冒及使用非处方药物加以治疗的情况，以及使用药物减轻症状的效果。同样，学生们对药效的评价也体现出了很大的差异。这次，只有一个品牌，不过有的学生是在药物特价时买的，有的是以全价买的，前者对药效的评价不如后者的高。[11]

当然，我们可以从两方面看待这一现象。一方面，你可以认为购买昂贵品牌药物的人受到了欺诈，或者确切地说，选择这种药物时，是他们自己欺诈了自己。总之，品牌药和通用药唯一的区别（也是真正的区别）在于价格。另一方面，价格的作用就像是安慰剂，在某种程度上使我们相信昂贵品牌药物确实能更好地减轻痛苦。当头疼得厉害时，你大概也不会在意这药是如何起作用的，或者是花了多少钱，你唯一想要的就是像那则广告说的那样"快速缓解疼痛"。

也许午餐多付点还是值得的。康奈尔大学的研究人员在纽约北部的一家提供自助餐服务的意大利餐馆做了一项实验。众所周知，这类自助餐的问题是，我们实际吃的往往远远超出自己打算吃的量，结果盘子里堆满了互不相配的食物。自助餐似乎很实惠。那么价格对你享用盘子里堆得高高的食物会有什么影响呢？

康奈尔大学做了一项研究，一组吃的自助餐价格为 4 美元，另一组吃的自助餐价格为 8 美元。哪一组吃得更愉快呢？你可能推测是第二组。你猜对了。尽管两组人吃的量差不多，但是花钱多的那组满意度高一些。真正有趣的是，第二组感觉他们吃饱了，而第一组则觉得吃得过多了。[12]

事实上，两组人吃的量差不多，价格却改变了他们对身体的感觉的认知。实验似乎说明就食物而言，价格低未必令人愉快。

也许可以解释为什么高档餐厅总是提供精致量少的餐食来避免这种情况。他们懂得客人的心理。一小片鱼，一个番茄，再加上少量的沙拉，卖价为 25 英镑，你觉得量刚刚好，再也吃不下其他的东西了。

情感思维

20 年前，当我在印度徒步旅行时，在德里有一家名为"家庭手工业店"的商店，店里的西方人看起来总比其他商店多。它这么受欢迎的原因很简单——每件商品都贴着标有固定价格的标签。当然，比起外面街道的商店，客人们买一条丝巾或者一个带有装饰的小盒子，付的钱往往会超出它的价值，但对于大部分的西方人来说，包括我在内，更喜欢固定的价格，这样我们就能根据这一价格来确定价格是否公道，是否要购买那件商品。

相反，讨价还价对大多数西方人来说都是一件令人身心俱疲的事情。你先是问摊主价格，然后摊主答道："你给个价吧。"你说出一个似乎合理的价格，但是摊主不接受。于是就这么来来回回地不知要讲上多少次。

我个人一向认为讨价还价几乎不可能"赢"。有几次我把价格砍得很低，觉得有些内疚，担心自己将那可怜人用以养家的几个卢比给夺过来了。但是，经过 10 分钟的讨价还价之后，如果我最终以高于我认为合理的价格买下那件商品，我就会觉得自己挨宰了。不过顶多也就几英镑，不要紧。

在国外讨价还价的经历说明我们对"划算"交易的态度一直在变。这不只是拿到一个最低价，或是议定一个价格的问题，还和风俗习惯以及情感有关系。

一个星期六的下午，在旧金山的一个公园，两个 6 岁的小女孩正在摊位上售卖自家做的柠檬水。如果有人在摊位前停下来，小女孩就会告诉他们只需付 1~3 美元（他们认为公平的价格），就可以买一杯。

这两个小摊主事实上是为一些心理学家服务，帮助他们研究措辞不同的标牌对人们停下来买东西的倾向的影响。

有时，标牌上写着"花点时间，享用 C 和 D 的柠檬水吧"（C 和 D 是两个小女孩的名字）。10 分钟后，又换了一块牌子，上面写着"花点钱，尝尝 C 和 D 的柠檬水吧"。第三块牌子上只是写着"喝点 C 和 D 的柠檬水吧"。[13]

大多数人从摊位前径直走过去了，继续过他们的周末。然而"花点时间"的标牌摆上时，在摊位前驻足的人数是"花点钱"的标牌摆上时的两倍。他们认为柠檬水的价值很高，出的钱平均在 2.5 美元。当标牌上只提到钱时，人们出的钱下跌到 1.38 美元，而在既未提到时间，又未提到金钱时，人们出的钱居于两者之间。

似乎只提到花时间，买柠檬水就成为个性化的行为，是品尝美味的选择，而不是冷冰冰的金融交易。然而，在此类实验中控制条件可能会传递出极为重要的信息。

摆上"喝点 C 和 D 的柠檬水吧"这块牌子，两个小女孩的柠檬水也卖得很好。也许这个实验真正有趣的地方不是提到时间鼓励消费，而是提到金钱会阻碍消费。

也许第二个标牌太过明显地暗示两个小女孩盯着人们的钱，不太适合。如果成年人摆摊，那显然就是商业行为，情况完全不同。

无论如何，关键是稍微操纵一下情感，将柠檬水的售卖定位为人际交流，可以改变人们对公平价格的认知。无疑，将标牌换成"来尝尝 C 和 D 的柠檬水吧：为了帮助贫穷的孩子"，也一定会左右人们对价格的认知。

为什么不能妥协却经常妥协，而且毫不后悔？

有一件事你应该清楚，那就是，我们对于价格的判断有时是不合理的，我们的想法总是被金钱的数量和来源左右。当涉及价格时，金钱对大脑的愚弄是非常巧妙的。

假设你想去一家电子商店买一台笔记本电脑。走进店内，只见货柜上摆满了电脑，似乎有很大的选择余地。但仔细一看，只有三款电脑是你想要的。

第一款是白色的，亮光闪闪，设计经典，但价格远远超出了你的预算。第二款价格约为前一款的一半，但是说明书上说存储量较小，处理器也不够快，而且老实说，似乎有点太廉价了。第三款还是有一点贵，但是相对于第二款来说，设计简洁明了，存储量大。你会选择哪一款呢？

当然是第三款，这是合理的选择——这款电脑不是价最高的，也不是价最低的。你是如何做出这个决定的呢？研究表明，实际上这个决定并不是那么容易做出的。近来，店主在货物陈列方法上，显得非常精明。他们知道，很少有顾客会买昂贵的笔记本电脑，但是把价格高昂的笔记本电脑与其他电脑陈列在一起，比最贵的稍便宜一点的就成为"价格适中"的笔记本电脑。

这一做法利用了"折中效应"。[14] 该效应对我们有很强的吸引力。不走极端，择中而行，似乎总是非常明智的。买房时，我只想看两所房子，但是房产经纪人会安排我再多看一所，价格远高于我所能承受的范围，他解释道："你都到这儿了，还是看看吧。"他希望折中效应能够转变我的想法。他知道我的价格底线，不可能突然加大预算买下那么一所昂贵的房子，但这绝不是他的目的。

他带我去看我买不起的房子是为了改变我对其他房子的看法。尽管其他房子比我想要的要小，路段也不是很好，但是和那所昂贵的房子比起来，它已经很不错，甚至很划算了。

即使买卫生纸这类不起眼的东西时，这种心理也会产生作用。超市将昂贵的卫生纸也陈列在货架上，不是希望大多数顾客不再购买价格适中的品牌，而去购买"奢侈的棉质卫生纸"。它真正想要做的是保证消费者继续购买，或者转而购买价格适中的卫生纸，而不是去购买真正便宜的卫生纸。许多心理实验都证实了这一效应。

以一项研究为例：研究人员将单镜头反光照相机和盒式磁带录音机的目录、说明书、图片和价格发给每位参与者，并问他们这两种产品各买哪个型号（这项研究于 20 世纪 80 年代进行）。仅有两种选择时，一半的人倾向于便宜的型号，另外一半则选择昂贵的型号，人数比大约是 1 : 1。如果再加一种选择，较高的商品价格导致二分之一到三分之二的参与者选择了中等价格的型号，其余的人则选择了最便宜的或者最昂贵的型号。[15]

折中效应涉及损失规避。奢侈品性能最佳，价格高是其一大劣势。便宜的商品在价格方面略胜一筹，质量低劣是其一大劣势。中等价格的商品在价格和质量两个方面都没有优势，与此同时也没有大的劣势。当我们权衡优缺点的时候，我们更重视规避缺点而非增加优点。折中效应从这一点来讲是起作用的。

好消息是我们也许不会后悔。除非物品有严重问题，我们通常很满意自己选择的物品。这很大程度上是因为一旦得到了某件商品，我们没有与之相似的东西来比较。想一想，当你在百货商店众多的平板电视中挑选的时候，心里感到很纠结，然而此时放在你的客厅里的那台电视也许是一个折中选择，既满足了你的需求，也让你不必想那些你可能会买的电视。除此之外（禀赋效应也会对我们产生影响），你可能真的比其他人更喜欢自己的平板电视。它是你的，所以你才会过高地估计它的价值。

凭借一般可评估性理论，行为科学家奚恺元和张焦发现，当人们单看一件物品时，通常情况下评价会很高。[16] 他们通过一个给未婚妻买订婚戒指的例子来说明这一点。在珠宝店，未婚夫打算买一个钻石小、价格低的戒指，但是和那些较贵的钻戒相比，钻石显得很小。而他认为他的爱人肯定喜欢钻石大的戒指。但是如果他理性地买下负担得起的戒指，将其送给自己的未婚妻，她可能会很高兴。她所看到的就是手上的钻戒，她不会因想到珠宝店那些昂贵的珠宝而感到难过，至少在她碰巧路过珠宝店的橱窗之前，不会难过。

我也有过类似的经历，不过不是在买钻石戒指的时候，而是在买手提箱的时候。我知道自己要买多大的箱子，但是当我走进商场的时候，我要买的这个尺码的手提箱与货架上的大箱子比起来，显得相当小。愚蠢的是，我说服自己加大了一个尺码，当然花的钱比预想的要多。回到家时，发现这个新箱子只能从前门拿进家。

我本应该按照下面的建议来做。无论何时你打算买东西，想想当你把它拿回家时，这个东西本身看起来怎么样。满足你需求的也许就是众多物品中那个最小最便宜的，但是那又如何呢？尽量忽略那些相似的产品，尤其是那些大的、耀眼的产品。出门的时候，你并没有要买大的或者昂贵的东西的意图，走进商场的时候，你也不应该动摇。

有时候你可以这样做（你可以偶尔放纵一下自己），但是，请记住，当你一时冲动买下东西带回家的时候，它是同类物品中你所拥有的唯一的一件。与其他物品比较起来，它不会炫目。当然，你也许会因自己奢侈的购买行为而感到开心，并且说服自己没有它不行，但是便宜的也可以。

令人痛苦的价格

诚如所见，我们常常受到价格的愚弄，但当我们知道某样东西价格过高时，我们会做出强烈的反应，的确会产生真正的痛感。有证据显示，当我们认为某样东西太贵时，大脑中的脑岛区域会非常活跃，身体感到疼痛时，大脑中变得活跃的区域也是脑岛。

知道这一点之后，一组神经学家打算通过监测人脑的活动来预测人们是否会购买某样东西。这一次又要用到脑部扫描仪了。志愿者要躺在扫描仪中，他们面前的屏幕上放着巧克力和其他产品的图片。然后他们会被告知每样东西的价格，并回答是否想从这 40 种商品中买一些。他们从脑部扫描仪中出来后，还要回答自己对每样产品的喜爱程度，以及对商品价格的看法。

实验结果是这样的：当公布价格时，如果右脑岛被激活（左右脑岛的活动并不总是相同的），志愿者们通常是不会买这些东西的。实际上，大脑看到高昂的价格时会忍不住惊呼："天哪！太贵了！"如果脑岛没有发生反应，人们就会认为这个价格可以接受。

其他情况下，价格会使伏隔核活跃起来。这是大脑奖赏回路的一部分，当我们性交、吸毒或享用美食时，回路中神经元会活跃起来。当我们获得经济收益时，伏隔核也会活跃起来，内侧前额叶皮质有时也会随之活跃起来，这一区域会随着收益或损失而发生变化。因此在这些情况下，大脑似乎在说："很开心，买得很划算。"这种情况下，躺在脑部扫描仪中的志愿者购买物品的可能性更大。[17]

通过观察这个区域的激活和失活，神经科学家能够预测出一个人是否会购买某一特定产品，准确率达到了 60%。要比以前50% 的概率高得多，但并不具有开创性。通过询问志愿者对物品的喜爱程度以及他们对价格的看法，科学家们也能取得这样的成果。对公司来说，通过脑部扫描仪查明顾客是否喜欢它们的产品，费用太高，其实通过询问就能达到目的。

研究人员说脑部扫描仪在人们言行不一致的情况下可以发挥作用，他们没有具体说明这些情况。要想使这项技术起到应有的作用，你需要弄清楚在哪些情况下顾客不能如实说出其对价格的看法。我预计还得过一段时间，许多公司才会开始使用这种方法，而非反复测试的方法确定商品的价格。

我丈夫为何在我生日时给他自己买了一件皮夹克？

价格是否公道，我们是否应该花钱买下某件产品，做出这些决定就很困难，而折扣更使得这难上加难。

超市非常热衷于"买二赠一"或者是"买一赠一"的售卖模式。他们鼓励人们多买商品，超出其预计买的量。尽管商店在每件商品上的利润减少了，但是钱的总数增加了。大减价就是为了吸引我们的目光去关注特定的商品。所以当我们买了一件，而非三件商品，恭贺自己避开了商场的陷阱时，我们能够肯定在没有买二赠一活动的时候会买一件商品吗？[18]

另一个影响我们对折扣做出判断的因素就是我们的老朋友——相对思维。一个售价 20 英镑减价 10 英镑的花瓶和一个售价 50 英镑减价 10 英镑的花瓶相比，显然前者比后者要划算。第一个打了五折，第二个仅仅打了八折，但是节省的钱是一样的。如果你喜欢第一个花瓶，那么就值得购买。如果你不喜欢第一个花瓶或者在你知道折扣价之前，你原打算买第二个花瓶，不管折扣是多少，你都会做出错误的决定。

几年前我家曾经发生了这样一件事。我丈夫出去给我买生日礼物，碰巧路过一家卖男式皮夹克的商店，售价 500 英镑。那是由尼克尔·法伊（Nicole Farhi）设计的棕色夹克，非常帅气，但是我丈夫不需要皮夹克，他出来不是给自己买衣服的，他从未在衣服上花过那么多钱，也买不起。如果打算花这么一大笔钱，他也会用来给自己漂亮的老婆买礼物。所以他继续往前走……

结果却发现自己走进了夹克店，店员告诉他今天有特别优惠，如果他买一份特定报纸带回来，他就可以在买夹克衫的时候节约 100 英镑。30 便士就能够换 100 英镑。这种交易可不能错过。

于是他买了报纸和夹克，但是没有给我买生日礼物。总之，尽管他节约了 100 英镑，但是在那一天却花了不少钱，有些奢侈。

最后，他送给我一个礼物，但是在我的记忆中是很不起眼的一个礼物。至于那件皮夹克，丈夫说道："它样式经典、设计新颖、剪裁得体，总是那么时髦，永远都不会过时。"无论何时讲起这件事，他都会重复上述的话。即使到了现在，这件事还是时常被谈起，因为 15 年过后，我丈夫还在穿这件皮夹克。如果每件衣服的价值是买衣服所花的钱除以穿的次数的话（再加上人们看这件帅气夹克的次数，我听到丈夫这样补充道），那么这件夹克真的买得很划算。

但是那一天他过得很奢侈。他深受金钱掌控大脑之害，容易受骗去买一些穿了几次就扔到衣柜里面再也想不起来穿的衣服。这表现出了在某些情况下，"超划算的交易"是如何使大脑中良好的判断力发生短路，使我们花钱失控的。

参照思维

这一章我们又回到了相对思维这一问题上，相对思维使我们对低价商品的小额折扣很关注，而对高价商品也减免同等金额的折扣，却不屑一顾。在这一小节，我将介绍一个与相对思维相关却又完全不同的概念：参照思维。[19]

这种思维模式经常会影响我们对价格的估计，因为我们往往基于物品的预期花费来判断价格是否公平。我们是很有经验的购物者，心里都有一个预期价格——对大多数物品来说我们认为合理的价格。

假如你买了一盒巧克力，节省了 5 英镑，你对节省下来的 5 英镑的看法部分取决于你预期的巧克力价格。如果你心里对巧克力的预期价格是 10 英镑，你就不会认为一盒原价 20 英镑降价 5 英镑的"特价"巧克力价格公道。这是因为在参照思维的影响下，你会认为，买下这盒巧克力，自己实际上会损失 5 英镑。别忘了，我们最讨厌损失。

在美国的一项研究中，研究人员让人们想象一下他们想买一条约 50 美元的毯子，但是商店里价格最适中的是 75 美元。他们会不会驱车 5 分钟，前往另一家商店，以 60 美元的特价买下一样的毯子呢？ [20] 我们发现有钱人不会为了省钱而驱车前往另一家店。在他们看来，为了节约 15 美元而驾车前往另一家店似乎不值得。

但是在这种情况下，大多数人说他们会尽量去。他们想法不同的原因是预期价格。研究人员告诉他们应该找寻价格为 50 美元的毯子。卖价比 50 美元高 50% 似乎太贵了。实际上额外的花费不是重点。重要的是他们预期的价格与实际价格之间的差别。

为什么参照思维只在某些时候起作用？专家解释说这取决于实际价格与预期价格之间的差异。如果二者之间没有差异，你会运用相对思维来决定是否去买特价商品。但是如果售价高于预期价格，参照思维就会接手。如果二者差距极大，实际价格远远超过预期价格，相对思维会再次出现。

锚定效应

当你拿到信用卡账单时，你会选择每月一清，付你认为能负担得起的最大金额，偿付最低金额，还是支付这几者之间的一个金额呢？

如果你生活在美国或英国，你不可以选择一分不付。因为在这两个国家，信用卡的使用率比世界上任何一个地方都高。当局因为担心会有太多的人欠下巨债，所以严格要求信用卡公司在每个月的账单上印上必须支付的最低额度。

乍一看，这似乎是个好主意。人们不得不面对自己的债务，每月至少从存款中拿出一部分钱付账。英国华威大学的教授尼尔·斯图尔特（Neil Stewart）研究发现，最低还款额度有出乎意料的效果。[21] 他和他的团队发现，当人们面对强制性的最低还款额度时（当然并不特别高），还款数额比原本能够偿还的数额要低。另一团队则发现，如果建议偿还的额度增加，人们还款的数额就会比其预计还款的数额高。[22] 这是一种名为"锚定效应"的心理效应导致的结果。这种效应就是以如下方式发挥作用的，当你看到一个价格，你会想："为什么不以此价格为指导和启示，判断价格是否合理，然后根据自己对价值的估计调整价格？"这听起来像是一个理智的开端，尤其是当你不太清楚或根本不知道某件东西值多少钱的时候。问题在于第一个数字的影响力远比我们想象的大。当然，它可能估计得过高，或者人为设定得过低。

比如，你买房时，卖主的开价就相当于一个"锚"，你对房子真正价值的估计就会受其影响。顺便说一下，这就解释了为什么当你的房子被评估时，你绝对不应该告诉房产代理商其他人对房子的评估。否则，他们在心中就会有一个价格，不能进行真正的独立评估。

通过此书，我会告诉大家一些我们在金钱上常犯的错误，一旦知道如何识别，是很容易避免的。但是由于锚定效应的影响，要避免这些错误并不容易。锚定效应很强，就算人们对此有所警惕也不会总是改变其行为。[23]

在房价和信用卡偿还上，你一开始面对的数字至少与诸如市场汇率这样的一些金融逻辑相关，但是锚定效应会以极不寻常的方式影响我们的价格观念。

让我们先来看一个非常有趣的例子。一项研究表明，人们在名为"97号工作室"的饭店吃饭时，愿意付的费要高一些，而在名为"19号工作室"的饭店吃饭时，愿意付的费低一些。唯一的原因就是97是前者的锚定数字，而19是后者的锚定数字。[24] 这为雄心勃勃的饭店经理上了生动的一堂课，你应该认真考虑一下，把你的店命名为"万亿餐厅"，这样的话，你就会发财了。但是绝对不要把店命名为"零元饭店"。

我喜欢的另一个例子是，研究人员让人们在一张纸上画一定长度的线条，紧接着让他们估计一下美国夏威夷檀香山7月的平均气温，结果线条画得长的人估计的温度高。[25]

锚定效应力量非常强大。无论最初的数字是以什么形式出现在人们面前，或者人们自己说出一个数字（可以是电话号码，也可以是运动员背心上的数字，或者轮盘赌上的一个数字），这个数字都会影响他们对每一件事物的估计，从罗马恺撒大帝的体重，到伏特加酒的冰点，再到电话发明的年份。[26] 这些数字甚至不必以同样的类型展现，体重的千克数会影响你准备支付的美元价格。似乎人们无法让其思想不受锚定数字的影响。

以下是一项经典研究中的两个问题：

甘地去世的时候是比 140 岁大还是小呢？

他去世的时候多大年纪？

还有两个问题：

甘地去世的时候是比 9 岁大还是小呢？

他去世的时候多大年纪？

显而易见，第一个问题完全是荒谬的，因为没有人能够活到 140 岁，但是回答了第一个问题后，人们对第二个问题的回答大多是 67 岁。如果先问他们甘地去世的时候是否大于 9 岁（对于任何一个隐约听说过圣雄甘地的人来说，这个问题毫无意义），大多数人的回答是 50 岁（甘地遇刺身亡时，实际年龄为 78 岁）。[27]

现在，想象一下这样的场景：美国西海岸的一条木板路上，在芳香疗法专家、巫师、水晶销售者和头部按摩师的摊位中间有两张桌子并排放着，一个显然是在卖 CD，另一个则是在卖运动衣。这是加利福尼亚一个休闲放松的场景，但是木板路上的人并不知道，此处正在进行重要的科学研究。因为这些摊主都是研究人员假扮的，他们正在研究预期价格的影响。

在加利福尼亚这种氛围下，对于对 CD 感兴趣的行人，研究人员会让他们说出其想出的价格。的确，为了确保人们不只是愚蠢地奔低价而来，弄清楚他们实际打算付多少钱，实验人员使用了一定的方法。此外，如果价格合理，CD 就归他们了。

同时，旁边卖运动衣的摊位有时摆出一个"一件 T 恤只卖 10 美元"的牌子，有时上面的价格又飙升到 80 美元。现在，T 恤衫的价格应该与人们考虑 CD 价格无关了吧。即便如此，当 T 恤衫售价 10 美元时，人们准备为 CD 支付的平均价格是 7.29 美元，但是当 T 恤衫售价为 80 美元时，CD 的平均价格就上升到了 9 美元。[28] 事后，每一个消费者都坚持认为 T 恤衫的价格并没有影响到他们，但是还有什么原因可以解释这一差异呢？

不像其他假设性研究，这项研究的优势在于真正的消费者参与了实验。但是这一情景显然也带有人为的痕迹。因此，该实验研究人员分析了美国年度古典车拍卖会 5 年实际销售情况。收藏家们从世界各地赶来参加拍卖会。他们可以检查每一辆车，他们很清楚自己要买什么样的车，而且有很多指南供他们查询市场价格，按理说，这些人应该能够明智地出价。

即使如此，研究人员发现在一款高端汽车出售之后，紧接着出售一款便宜的汽车，后者的销售价格就会增高。[29] 所以普利茅斯巴拉丘达（Barracuda）车，在一款经典的梅赛德斯之后出售，其售价竟然比平均售价高 45%。

德国进行的一项研究充分说明锚定效应对思维的影响很大，甚至令人惊讶。一组刚刚开始在法院断案的初级律师，掌握了一位妇女在商店行窃的详细情况。研究人员让他们掷一对骰子，每次掷出的要么是 3，要么是 9。接下来问他们所判刑期是比骰子上的数字大还是小。最后，他们必须说出他们要判的准确刑期。

看到骰子上的数字是 9 的律师，给那位妇女判的刑期平均为 8 个月，但是那些看到骰子上的数字是 3 的律师，只给她判了 5 个月的刑。[30] 当然这又是一次假设的情况，所幸在现实生活中法官判刑之前是不会掷骰子的。他们清楚地知道骰子上的数字和刑期全然无关，然而还是受到了那些数字的影响。

锚定效应在许多研究中得到证实，检测表明它会在大脑中出现。当锚定数字明显与金融相关时，例如房屋销售中的卖价，我们的心理活动与被丹尼尔·卡尼曼称为第二种思维的有意识的思考相近，在这种情况下，决定是缓慢而认真地做出的，与那种快速本能的第一种思维相反。[31]

但是当数字与金融无关时，其他因素似乎在起作用。在这些情况下，我们的思维就会在我们无意识的情况下受到影响。这就是"启动效应"（priming effect），一个颇具争议的话题，在第十一章我们还会探讨这一话题。那么这些研究将如何教会我们抵制锚定效应，防止其将我们引上错误的方向？

控制锚点

实现控制最明显的方式是确保我们是抛锚的人，同时，你要时刻牢记如果你是卖家，就锚定一个大数字，如果你是买家，就锚定一个小数字。

我们先来看销售。如果你锚定得高，至少能以一个你认为合理的价格将货物售出。首先，你会和潜在的买家围绕你最初提出的数字讨价还价，你处在一个优势位置上。其次，由于"证实偏差"这一认知现象的作用，潜在的买家可能已经开始寻找证据支持你一开始设定的高价。反之，如果你锚定的价格太低，买家会在你销售的产品上挑毛病。

现在，采取这一策略还有一个附带条件，即在你不知道自己销售的东西价值多少，或者不知道有人愿意出价多少的情况下，也许让买家先出价好一些。毕竟，在这种情况下，如果你锚定的价格高得离谱的话，就有可能把潜在的买家吓走；同样当你锚定的价格太低时，买家会欣然接受，但是你会很吃亏。

但是如果其他人先出的价出奇低，你应该以出奇高的价格还价吗？

同样的情况也会出现在你想要买东西的时候。你认为卖家设定的价格高得离谱，你会出一个低得离谱的价格回应吗？

心理学家亚当·加林斯基（Adam Galinsky）进行的研究建议不要这样做。[32] 他建议在其他人锚定价格前，专注于你想出的价格上。围绕他们出的价格进行交易，即使以低得离谱的出价来回应，仍然意味着，你们都受到了最初那种锚定数字的约束。最好完全中断商谈，重新构建一个新的起点。

损失规避的想法再次出现。在一项研究中，学生们被要求做角色扮演，让他们想象自己正在为买一套公寓进行谈判，想要争取最优惠的价格。结果表明这很大程度上取决于学生是将卖主出价视为获利还是损失。总之，如果卖主出价比他们预计要支付的价格低很多，学生买家就很乐意去协商。在这种情况下，学生把这一交易视为他们只会获利的一场交易。但是如果锚定数字高于他们预计的价格，他们很可能会一走了之，不再交易，学生们觉得不管他们做什么，面临的都是损失。[33]

他们的谈判给我们的启示是：如果你要买东西，尽量不要让卖主觉得他们在遭受损失，因为我们都知道我们讨厌损失。当你买房还价时，要让卖主觉得你出的价要比他们希望的高。一开始你可以先表明，你认为这所房子的价值低于你打算出的价格，紧接着补充说你愿意多出钱，给出一个比卖主开价低的价格。如果你这样做的话，与你认为它值得的价格相比，你的出价对卖主来说有点像是获利而不是损失。

当然很多关于锚定效应的实验都有一个缺点，那就是都是在实验室进行的。弄清楚人们在假设情况下可能会做什么，与观察他们在现实生活中实际上会怎么做是大不相同的。亿贝网的出现在这里起到了作用。在亿贝网站上，商谈是透明的，每一个人都能看到。网上交易为诸如亚当·加林斯基、吉利安·古（Gillian Ku）、托马斯·穆斯韦勒（Thomas Mussweiler）这样的心理学家提供了一个良好的实验场地。

他们研究的拍卖会，拍卖一件夏威夷主题的衬衫，衬衫是由有"岛国生活方式的传播者"之称的汤美巴哈马出品。我得说，对我来说衬衫太花哨了，但是很多人与我意见不同，纷纷出价竞拍。研究发现，对于卖主而言，成功的关键在于不设定起拍价。

这会鼓励拍卖会上潜在的买家参与拍卖，互相竞价。这一切会吸引他人参与竞拍，但是这时最初的出价人已经投入了时间和精力参与拍卖，他们往往不会退出。结果就是卖主最终以高价卖出衬衫。相反，如果卖主一开始就设定起拍价，尤其当价格设定过高时，其客流量和销售额都不会高。[34]

研究表明，在人们感到悲伤或心情愉悦的时候，锚定效应比较强烈。这一发现特别有趣，它基于以下事实：悲伤时，我们会更加努力地进行认知加工，这会使情况恶化，因为我们更有可能去寻找证据，使高价变得合理。

性格对我们易于受锚定影响这一倾向也起一定的作用，相关研究成果显示我们越认真，越愉快，就越容易轻信他人。这使我们极有可能被过高的价格蒙蔽。[35]

总之，你会为情绪低落（还有心情愉悦）付出很高的代价。

关于如何使用零钱的几点建议

这一部分是给侍者的建议，诸如想多赚小费的话，为什么轻轻触碰顾客是最好的方式，以及在公开场合遇上顾客要分摊账单的问题该怎么办。

此处我暂时岔开话题，去探讨一下我们被迫公开或至少半公开地谈论金钱的情况。比如一群人外出吃饭时，总得有一个人去买单，餐费如何分摊，小费如何付？这很难有标准答案，但我们仍可以探寻一些规律。

我们先来看看小费吧。小费付多少合适，不同的人有不同的看法，因为小费的多少不仅取决于服务的质量和消费者的慷慨程度，还与各地的文化相关。在曼哈顿我曾被一个寿司店的侍者追到了大街上，因为他觉得我给的小费不够，在英国我们留下餐费的 12% 就可以了，但是这位侍者很不高兴，要求我多付一些，他还说我们根本不懂美国的行事规则。在日本，情况恰好相反，给小费会被视为一种侮辱他人的行为。[36]

接卜来就是给谁支付小费的问题。我以前住的那条街上有两家饭店、两个发廊、三个干洗店和一个修鞋店。为什么我们给侍者和理发师小费，而不给干洗工和修鞋匠小费呢（至少在英国是这样的）？他们不也服务得很好吗？没办法，这就是规则，总有一部分人靠小费生活。

如果你主要就是依靠赚小费生活的话（有些雇主给员工发的工资过低，很不公平，他们认为小费会补足这个差额），我这里有几条建议供你参考，这些建议都是从心理学文献中收集来的。

第一条来自一项自然主义研究，该研究于 1986 年在印第安纳州西拉法叶城的饭店里进行，记录了在一周内所付小费的总金额和人们支付的方式。当以现金支付时，人们平均（在美国）给出的小费低于 15%，[37] 当以信用卡支付时则会上升到 17%。如果你是一名侍者，准备利用这一研究成果，劝说顾客用信用卡支付，多赚小费，你得先弄清楚公司是将这些小费划给员工，还是收入老板的腰包。

我曾经做服务员时，就不知道还有其他方法可以赚取大笔小费。等到两位法国心理学家尼古拉·盖冈（Nicolas Guéguen）和席琳·雅各布（Céline Jacob）研究发现轻微触碰是多赚小费的妙招时，10 年已经过去了。不是在交谈时的语言接触（尽管在另一项研究中他们确实发现给顾客账单时，附上一张写有笑话的卡片会使小费增多），而是真正地触碰顾客的上臂。[38] 20 世纪 80 年代的研究发现，如果你请求某人去做一些事时轻触其手臂，他很可能会答应。不管你是跟他们借 10 美分，签署一份请愿书还是免费品尝比萨（最后这个你可能需要一些言语鼓励），他们都乐意帮忙。[39]

如果你打算卖一辆二手车，那么这个技巧你得记住。盖冈和心理学家戴米恩·埃尔索（Damien Ereceau）一起发现，当一个准备卖二手车的车主轻轻触碰一个潜在的男性买主时，买主事后说卖主给他留下了深刻的印象。[40] 这样的轻轻触碰似乎能够营造出一种温馨、亲切的氛围，显示出你是一个很好的人，全身心地关注他们。

那么，轻轻地触碰手臂对小费有什么影响呢？在位于法国布列塔尼海滨的瓦纳小城中的一个酒吧里，那些独坐的顾客成为不知情的实验对象。在法国，只买酒的话，人们一般不付小费。事实上，这天酒吧里只有 10% 的人付了小费。如果女侍者在招呼客人时轻轻触碰顾客的手臂，付小费的人就会接近 25%。[41]

这两位心理学家似乎对小费很感兴趣（也许他们以前做过侍者）。他们还发现如果女侍者穿红色 T 恤，女顾客付的小费没有变化，但是男顾客给的小费增多了。[42] 如果你不能够选择穿什么样的工作服，可以劝说雇主买一些心形的盘子，用来放账单。用这些盘子要比用圆盘或方盘收到的小费多。[43]

一下子将许多心理学研究应用到实践中，也许是错误的。但是，如果你敢的话，就穿上红色上衣，将账单放在心形盘里，送给顾客时，一边开玩笑，一边轻触其胳膊，看看会发生什么情况。如果你是顾客，侍者穿着红上衣，用心形盘子将账单送到你面前，开了个玩笑，还拍了一下你的胳膊，想象一下，给小费的时候你好意思少给吗？

最后一条建议，有经验的服务员都知道，就是尽量避开一帮人就餐的桌子。因为他们给小费时不够大方。研究人员说这可能是由于责任分散的原因。因为没有人觉得付一大笔小费是他的责任。但是这也取决于你在什么样的餐厅工作。在俄亥俄州哥伦布市的"国际煎饼屋"的研究显示，群体消费时给的小费并不理想——相较于个体 19% 的小费，群体的只有 11%。而在不远处豪华的"走私客饭店"情况则不同，群体和个人用餐者，以及夫妻用餐者都一样慷慨大方。[44] 这仅仅是因为高消费的餐厅里工作人员多，能够确保服务到群体中的每一个人吗？

似乎还有一种可能性被忽视了，那就是在群体消费的餐桌上，服务生只不过是分摊账单效应的受害者，我们都深受其害。假设你们 15 个人一起外出就餐，每个人都拿出自认为应付的那份钱，负责将所有的钱收起来的倒霉蛋则不可避免地会发现钱不够付账单和小费。谁最有可能吃亏？那就是服务员，因此他的小费"被减少"了。

为什么分摊账单常常出错呢？当然，有两种方法分摊账单。一种是将服务费和餐费加在一起，然后用手机里的计算器算出每人应付的钱数——这个方法相当于不喝酒和食量小的人补贴喝酒和食量大的人；另一种是每个人根据自己所点的食物大致计算一下自己花的钱数，再加上分摊的酒水费和服务费，然后把钞票放在桌子上。但当被告知钱的总数还不够时，每个人都会不情愿再拿钱。如果迫不得已再拿钱，人们就会有点怨恨，觉得肯定有人没有付他应付的那份钱。

也许偶尔会有人故意少付钱，但通常很少发生这种情况。然而这些年来，钱的总数不足却经常见到。多年来，特别是当人们的收入增加，有了慷慨的条件，他们会凭经验有意多付钱，相对应这个问题也就出现得少了。至少在公开情况下是这样，但他们仍然觉得自己多付了。这究竟是怎么一回事呢？可能是有些人在预估他们应付的费用时都抹零为整，不是这儿少一点，就是那儿少一点，于是当把所有人付的钱进行合计时就有了一个很大的缺口。

经济学家尤里·格尼茨（Uri Gneezy）对金钱心理做了一些特别富有想象力的研究，随后我们会进一步了解其研究。他想要研究博弈理论中的"就餐者窘境"。这是一种进退两难的情况，不是发生在用餐结束后，而是发生在点餐之前。

一些一起就餐的人认为在点餐之前决定如何分摊账单是很明智的，那样的话，每个人都知道自己该如何点餐了。这听起来似乎是个不错的主意，但如果决定费用均摊，不管谁点了什么食物，那些厚脸皮的就餐者都能享用美食。他们可以点牡蛎，然后点龙虾，接着是（出奇昂贵的）奶酪盘，当然少不了白兰地。而只吃一道正餐的素食主义者却均摊了他们胡吃海喝的费用。但是真的会有人贪婪到仅仅因为费用均摊就改点昂贵的食物吗？

尤里·格尼茨的实验表明真的有人会这样做。他将学生分成几个小组，每组 6 个人，让他们外出吃饭，并且告诉学生们账单结算的方式。当被告知他们自己付自己的点餐费用时，他们往往选择价格适中的菜；但被告知费用均摊时，他们会突然觉得菜单上那些较贵的菜很诱人。对一些人来说，就餐者窘境似乎并非这样的窘境。[45] 当然，如果每个人都这样做了，实际上也就无所谓了。因为最后大家都多付了钱，吃得也好。但通常情况并非如此。

这些学生互不认识，而在实际生活中，一起吃饭的都是朋友，你觉得他们不会这么做。但想想有多少次发现大家凑的钱不足，即使每个人似乎都很友善和诚实，这样的事情还是发生了。

格尼茨很好奇人们为什么同意均摊费用，因为均摊费用毫无意义。在这项研究中，他事先问人们：你是愿意各付各的餐费，还是愿意大家均摊餐费？ 80% 的人只想支付自己点的餐的费用。那为什么在现实生活中人们总会选择大家分摊餐费呢？因为还有其他一些很难算得清的费用。当然，还有如果钱不够付账会很尴尬，最糟的是会显得很吝啬。所以有些社会成本是必须支付的。目前，越来越多的应用软件可以记录消费情况，最终算出每个人需要付的费用，这对你来说也许很有用。但是，即使这些有用的软件也无法回答社交中尴尬的问题，如：谁把酒都喝了？

- 钱为什么会让你奔跑着去赶火车？
- 为什么用钱激励孩子在考试中取得好成绩会有多种结果？
- 为什么只有在能够长期发奖金的条件下，引入经济刺激才是值得的？
- 为什么一点儿小钱就可以帮助人们戒掉烟和毒品？

06

钱的动力作用有多大？

如果你想让员工工作更努力，那就多给他们发点钱；如果你想让推销员多卖车，那就多给他们发点佣金；如果你想让孩子学会乘法表，那就许诺她每记住一组就给她一点儿零花钱。这是行贿、甜头，也是激励。这一套似乎确实奏效，或者我们认为它是奏效的。

英国政府倡导按成果付酬金，这一方法吸引代理公司帮助长期失业的人找工作；跨国公司因害怕高级主管跳槽，只好给这些高级主管发放高额奖金；当探讨管理人员为什么为他们的股东卖力工作时，答案总是钱是主要动力（尽管我们好奇为什么管理人员看起来似乎比保洁人员更需要这种动力，但大约 30 年前，他们还不需要这么大的动力）。[1]

在这一章，我们先看看钱在哪些情况下可以激励我们，然后再看看钱在哪些情况下明显不起作用，而其他因素才是动力，并且其他回报更合适。

吊在单杠上和飞奔着赶火车

20 世纪 50 年代，神经学家罗伯特·S. 施瓦布（Robert S. Schwab）在哈佛医学院工作，他研究了帕金森病和重症肌无力等病症。他是第一个做药物治疗试验的科学家，并且他的方法后来成为标准疗法。他因奇思妙想而出名，在开发鉴定脑死亡的技术上很有影响力。他还是个老练的水手，每天黄昏后，他便驾着他的船沿着波士顿宽阔的查尔斯河航行。岸上，他的同事站在医院的一扇窗户后，适时闪着灯光，以确保施瓦布安全返航。同样具有独创性的是他对实验方法的选择，例如，由于对肌肉的疲劳方式很感兴趣，他想弄清楚适当的刺激是否能使人克服疲劳。

1953 年，他测验了人用手悬挂在单杠上的能力，想看看人们在放弃之前能承受多长时间来自腕部屈肌的痛苦。实验证明，一般情况下人们平均能够坚持 50 秒。[2] 施瓦布博士尝试用鼓励甚至催眠的话语来激励他们，这使他们的平均承受时间增加到 75 秒。后来他给受试者发钱，他拿着一张 5 美元钞票（大约相当于现在的 35 美元），告诉他们如果能够比前两次做得好的话，钱就是他们的了。这时受试者突然体力大增，能坚持将近两分钟。

从这个事例来看，很显然直接的经济激励使他们更加努力。有时，在现实生活中金钱具有同样的效果。就拿摘水果来说吧，按所摘覆盆子的篮数而不是工作时间给工人（通常是临时工）工钱，就很有效，可以激励工人们专注于手头无聊的工作，他们只要努力工作，就会得到应有的回报。当然摘水果本身也是有一些乐趣的，很多人喜欢在秋游时摘黑莓，但悠闲地享受丰硕成果与农业劳作完全不同。总的来说，有进取心的水果生产商和为他们辛勤工作的水果采摘者都从计件工作中获得了利益，只有懒人一无所获。

对于非常琐碎而又着实无趣的工作来说，金钱似乎起到了很好的推动作用。但在诸多关于金钱激励影响的实验中，最震撼的发现是按结果付酬金（一些政客和商人喜欢这样做）在某些情况下并不起作用。[3] 关于这一点证据确凿：对于大多数工作（除最简单的工作外）来说，如果人们得到加钱的允诺，那么他们工作越努力或做得越好，就越不会去做那些没有酬金的工作。

施瓦布博士为了他的下一个实验去了波士顿北站，研究坐火车上班的人的行为：金钱是如何影响他们的选择的？他对那些站在月台上，公文包放在两脚之间，穿着雨衣戴着呢帽的守时商人不感兴趣，倒是把注意力放在了那些没赶上火车的人，他们留给自己离开办公室去火车站的时间太少了。

尽管这些人不刻意去做到准时，但施瓦布注意到他们会沿着月台奔跑，试图登上将要离开的火车，而不是等下一班火车。但他们准备跑多远呢？他们赶上那趟火车的动机有多强？

施瓦布博士待在月台上，已经准备好数每个迟到者经过铁路旁杆子的数目，来计算其跑过的距离。傍晚时分，迟来的人追着火车奔跑了 20 码（约 18 米）就放弃了。当天色渐渐暗下来，他们想得更多的是回家，而不是待在车站。疾跑的人希望能赶上火车，跑的距离接近之前的两倍。到最后一趟火车，人们想要赶上火车的决心暴增。

"尊严被抛于脑后，"他写道，"他们挥动着胳膊，大声呼喊，沿着站台疾跑 70 码，希望有人能注意到自己，然后使火车停下。"[4] 显然，这种倾尽全力、拼命赶车的行为是起作用的。火车司机通常会减慢车速让他们上车（我不确定在当今的波士顿是否还有这样的事情），那么这一发现证明了什么呢？

施瓦布博士最初的结论看起来合情合理。那些迟到的人赶最后一班火车比赶早些时候的火车更卖力，因为误了车他们就得破费。如果他们误的是早些时候的火车，他们还可以乘坐下一班，但如果误了末班车，他们就得要么花 10 美元坐出租车回家，要么花更多的钱在波士顿住下来。

施瓦布知道，在这一例子中钱不是唯一的动因。正如他所说，男人还会面临"向妻子解释为何在城里过夜的尴尬"（我们猜想他们也许更愿意住在自己家里，或者是不想去排队坐夜间出租车）。显然，因为不能回家而产生的额外费用是促使他们沿着长长的月台飞奔的一个原因。在这个例子中，几乎可以肯定金钱影响行为的方式比想要避免经济处罚的直接愿望要复杂有趣。

可能一些飞奔着赶火车的人会选择在市里待到深夜，即使这意味着将错过回家的末班车，而不得不花钱坐出租车或住旅馆。事实上，在这些事例中额外的支出对他们来说无所谓，他们可能已经把花 10 美元或者更多的钱考虑在内了。

然而当他们不希望遭受这样的经济损失时，就会拼命跑那么一段距离以免花钱。促使他们沿月台奔跑的原因，不仅仅是怕遭受经济损失，还有一种挫败感和不公平的意识。"我已经买了票，即使累死，也要赶上这趟火车！"

两种情况的经济损失相同，但第二种情况的精神损失要比第一种大得多。从内心感受上来讲，在这个事例中 10 美元的费用似乎是一大笔钱。

按成果发奖励

钱不是让商人飞奔着赶火车的唯一因素，但钱肯定影响他们的心理平衡，而且社会和政府一致认为金钱是主要动力。

在美国进行的一系列颇有争议的实验中，金钱被用来解决孩子们言行不端的问题。这一次钱的金额很大，参与的人也很多，项目由哈佛大学经济学家罗兰·弗莱尔（Roland Fryer）主持，为 36 000 名孩子花费了 940 万美元。这些钱给了孩子们，而不是给了父母，这使得一些父母四处游说要改变这一计划。与此同时，许多反对者说给孩子们经济奖励会降低学习本身的价值。当弗莱尔在美国有线电视新闻网（CNN）上讨论这个观点的时候，他收到了死亡威胁，[5] 所有这些表明，金钱，尤其是大额的金钱，会激起强烈的情感反应。

但结果如何呢？

在 2007 年秋季，实验首次在纽约、达拉斯和芝加哥展开，接下来在华盛顿和休斯敦也进行了这一实验。每一个城市的激励稍有不同。在纽约的项目中，四年级学生（9~10 岁）如果考得好的话，可以得到 25 美元，七年级学生（12~13 岁）每得一个 A 便可得到 50 美元。这使得他们一学年最多可获得 500 美元，其中一半存入银行账户，直到他们高中毕业才可使用，另一半他们可以立即花掉。芝加哥的计划与此相似。但在华盛顿，学生们不是因为分数高，而是因为表现好、按时上课、按时完成作业而受到奖励。

就传统观念而言，无论道德规范如何，这么大额的奖励肯定会有一定的效果。的确，实验已经取得了一些成功，5 个城市的效果各有不同，事实上是截然不同。[6]

在纽约和芝加哥，总的来说经济奖励对成绩影响不大，只是在芝加哥的学校，到课率有所提高。在华盛顿，一些学生的阅读考试成绩有所提升，但其他科目成绩并未提升。在休斯敦，学生因学习受到奖励的地区，总的来说数学成绩有所提升，但只是提升了一点点。

然而，在达拉斯，由于实验方式大不相同，情况确实发生了改变。

在这里孩子得到金钱奖励不是因为成绩好，而是因为完成了特定的任务——读书。他们年龄更小，只有七八岁，每读完一本书就会获得 2 美元的奖励。他们可以自己选书，然后按照自己的速度阅读。他们要参加理解测试，以证明确实读过那些书，但不会因在测试中获得高分（的确是孩子们获得的）而直接受到奖励。你想想就不会吃惊了，毕竟，正是通过阅读，阅读水平才得以提升。

目前，有两件事情要注意。第一，正如我们在第七章所发现的那样，贿赂孩子们读书可能会使他们失去读书的内在动机，会使他们失去对阅读的喜爱，所以一旦经济奖励停发，他们就再也不会拿起书本来读了。研究人员的确想看看下一步会发生什么。经济奖励停发后的那一年，学生们仍然可以在阅读考试中取得不错的成绩，但只提高了 50%。慢慢地，经济奖励产生的影响就消失了。

然而，达拉斯实验的第二个方面，对我们理解经济奖励是如何起作用的很重要。在达拉斯，孩子们要得到经济奖励，只需完成只要下功夫就可以完成的任务。相反在其他城市，经济奖励不是看付出多少努力，而是看最后的成果，不是看是否读过教科书，而是看是否取得了好成绩。当然，认真学习功课、做作业和复习，会使一些孩子在考试中获得高分的机会增大。但是对另一些孩子来说，无论他们怎样努力都无法得到 A，因而得不到经济奖励。在纽约的实验项目中，每项测验结束后，当问及学生如何做才能在下一次的考试中取得好成绩时，他们没能给出答案。

纽约、华盛顿和芝加哥的学生当然都渴望赚到钱，但相比之下，达拉斯和休斯敦的任务明确具体，在学生的掌控范围内。

尽管哈佛实验取得了一定的成功，但其成果还未在美国——或其他先进的教学体系中得到广泛应用。把金钱激励引入学校看起来有违道德规范，而这一反应可以追溯到大约 200 年前。早在 19 世纪 20 年代，还是在纽约，进步教育协会想给考试成绩好的学生发放奖金，但这一计划 10 年后就被禁止实施了，因为担心这种鼓励方式对孩子们不合适，最终会使孩子们变得唯利是图。[7]

其中一个问题也许是，在比较富裕的国家金钱激励不足以改变生活，因此作用不大，在比较贫困的地区作用较大。这一计划在哥伦比亚、哥斯达黎加、牙买加、肯尼亚、墨西哥和巴基斯坦这些低收入国家曾经广泛实行。

在墨西哥，"进步"计划会给一些家庭一大笔钱，相当于这些家庭收入的一半，来保证这些家庭中年龄较大的孩子每天都能去上学。就到课率而言，这一计划确实奏效，尤其是在 14~17 岁这一问题最多的年龄段的孩子中最为明显，到课率从 64% 增加到 76%。[8] 这一做法甚至对家庭中其他孩子也有影响，即便这些奖金与他们无缘。[9] 到课率虽然提高了不少，成绩却只提高了4%~10%，提高的程度取决于你比较的是哪个年级，哪个年龄段的学生。[10] 这一点还值得改进，但正如哈佛实验中芝加哥地区的情况那样，孩子们到了学校并不能保证他们会学习。

但 2005 年在哥伦比亚首都波哥大实行的计划取得了巨大的成功。[11] 这次计划中的学生通过高中毕业考试后会得到 300 美元奖金，足够支付其大学学费。在计划实行之前，这里只有 22% 的年轻人坚持到高中毕业。计划实行后，高中毕业人数达到了72%，这又如何解释呢？

可能是许多有天分的学生之所以没有上到毕业，是由于经济的压力。一旦 300 美元的毕业奖金发放下来，他们的想法就变了。对他们来说，待在学校竭尽全力通过毕业考试，从经济方面来说是明智的。

另一个关键因素是相对于国家人均收入而言奖金数额的大小。300 美元在 2005 年的波哥大是一大笔钱。得到这一奖励，人们的生活会发生真正的改变，并且可以以一种前所未有的方式进行学习。

对比了世界各地的计划之后，约克大学的罗伯特·斯莱文（Robert Slavin）教授总结道：在像以色列这样比较富裕的国家中，只有在资助的是最贫穷的学生时，计划才会取得成功。同时，在低收入国家，大家根据实际情况有计划地一致努力提高教学水平的效果最好。还有一点很清楚，那就是奖励总比惩罚好，奖励对数学这样具体的学科来说，要比对其他学科更有效。[12] 即便如此，这些提高成绩的方法耗资也过于巨大了，所以最好还是把钱投在改善整个教育体系吧。

献血奖励可行吗？

在有些情况下，即使是提议实行经济奖励也会使人感到不舒服。随着外科技术的发展，人类需要输血的情况越来越多，而且全球对于血液的需求量也比以往大了。同时，出于安全考虑，献血标准更为严格，为此越来越难找到足够的献血者。[13] 那么公共医疗保健机构如何才能获得所需血液呢？付钱给献血的人，让他们多献血似乎是一个不错的方法。一些国家就是这么做的。

即便如此，这一方法也有其不足之处。世界卫生组织告诫我们不要实行有偿献血，原因主要有两点。首先，他们指出报酬将献血从善举变成了服务的出售。在这种情况下，想献血的人其实减少了。人的身份是由其赚钱的方式塑造的，如果你是一名教师或者工程师，你可能会因工作欣然接受报酬，但不会因献血而欣然接受报酬。因为报酬把高尚的行为变成了不光彩的唯利是图的行为。想想这样的情况：你在伦敦因无偿献血而得到的那张精巧的深蓝色折叠卡从钱包里掉出来落在朋友面前，此时你可能会感到相当自豪。现在假设你的朋友看到的是一张输血服务站付给你的 20 英镑的收据，情况会如何？

穷人可能并不想献血，除非献血能够给他们带来经济收益。[14]

世界卫生组织给出的第二个原因也非常重要，那便是报酬会使提供的血液安全性降低，因为正是那些急需钱的人才会去献血。问题是，据统计这些人更有可能有诸如与人共用针头这样冒险的行为，这种行为很可能会使血液受到污染。当然并非所有的有偿献血者都会，或者说只有少数有偿献血者会通过静脉注射毒品，但是使用受到感染的血液的后果非常严重，公共医疗保健机构不得不慎之又慎。

这些理由似乎很有说服力，但是还没有确切的证据能够证明是报酬赶走了适合的人而吸引了不适合的人。对了，在一些调查中，潜在的献血者（特别是女性），确实说过她们由于现金奖励而打消了献血的念头。但总有可能存在不实的情况，那就是人们总爱说些往自己脸上贴金的话。[15]也许现实生活中，在没有旁观、没有人做出道德评判时，人们的行为会有所不同？

因为这么多的国家已经禁止给献血者现金，所以有关现金对真实献血情况影响的研究减少了。我们现有的最好研究是使用其他激励方法的实验。例如，一项在阿根廷进行的现场实验显示，一件 T 恤和一张价值 1.35 英镑的超市代金券对献血的人数没有影响，当代金券价值为 4 英镑和 6.7 英镑的时候，人数就有了变化。[16]前来献血的人增多了，而且他们所献的血是安全的。在美国和瑞士的实验也发现，奖品越有价值，献血率越高。[17]这些实验避开了潜在的安全风险，它们给前来献血的人奖励，不是因为他们献的血，而是因为他们来到诊所填写表格。这样一来，那些高风险人群就不会为了这么一点报酬隐瞒自己的行为，前来献血。

这些有限的实验表明世界卫生组织关于有偿献血不良后果的担心是不必要的，但为了真正了解这一点，最好将这些研究与涉及现金的实验相对比。[18]

总的说来，到目前为止有关此课题的研究显示，经济奖励体系在血液紧急短缺时可能会起作用。低中等收入国家，血液存量较少，多依赖于人们在紧急关头献血，但关于报酬的有效性，这些国家在文献方面还有些不足。

然而，尽管激励在某些情况下可以奏效，但有偿献血的想法似乎还是会让人感到不适。在所有我们应该无私忘我而不是心里想着钱的情况中，这一情况似乎最为明显。毕竟，我们是为了拯救生命而献血，谁能给这一行为标价呢？

2001 年纽约"9·11"事件发生后，许多人从美国各地前来献血。许多人以前从未献过血，但还是想做一些有益的事情。这是一种值得赞赏的行为，可惜很短暂——"9·11"事件之后那些献血的人就没有再献过血了。而且研究表明这种献血是在紧急情况下的一般表现，当时献血人数激增，但 60% 的人不会二次献血。

对心理学感兴趣的人当然不会对此感到惊讶，人们通常会受到国内、国际悲剧的影响，想要尽自己一份力。然而一旦新闻过去后，就不会有这种贡献自己一份力的感觉了。这就是慈善基金筹集人要给那些每月通过直接借记捐款的人发奖金的原因。一次性捐助活动是很好，但很快就停了。相反，"定期捐助"可以为慈善机构带来稳定的收入，使它们能够开展可持续的长期项目。

在试图将"9·11"事件献血者转变为定期献血者时，旧金山血液中心尝试了两种不同的方法。"9·11"事件发生时第一次献血的人被随机分为两组，一组接到如下电话或短信："您好，我是太平洋血液中心的，谢谢您在'9·11'事件发生时献血，我想告诉您现在有一位病人正在进行肝移植手术，需要 20 个单位的血浆，他的血型跟您的血型相吻合。您能否抽时间过来，再帮帮我们？"另一组也听到了相同的故事，但只有一点不同：如果他们再来献血，将免费赠送一件 T 恤衫。

实验人员很惊讶，免费赠送 T 恤衫竟然没有起到什么作用：每组差不多都有 20% 的人同意再次献血。[19] 但他们的惊讶令我感到很不解：一个在进行移植手术的病人与你的血型相同，有没有 T 恤衫这件赠品对你有影响吗？在这种情况下 T 恤衫未免显得太俗气了。

当然，从道德上来说，一大笔钱也不会比这好到哪里去，但至少这样一笔钱可以改变一些人的生活。T 恤衫反而降低了献血的价值，作为一种激励，没有起到任何作用。正如我们在其他研究里所看到的，比较好的方法是将 T 恤衫作为"谢礼"，送给献血的人们。

2008 年，在佛罗里达州科勒尔斯普林斯市，16 岁的杰里米·托马斯在法庭上被宣判有罪，因为他在非法定年龄在购物中心抽烟。法官给了他三个选择：付53美元的罚款，完成7个半小时的社区服务，或者献1品脱（约为568毫升）的血。[20] 我没有找到任何关于他选择的信息，但是献血就时间和费用来说是最轻的惩罚。然而在其他情况下当违法者（例如在车祸中过失致人死亡的司机）得到这样的机会时，并不是每个人都愿意这样做[21]，有些人更愿意交罚款。据我所知，还没有人研究为什么人们会这样做，但我们可以推测违法者可能觉得在这种情况下献血在道德层面上令人不适。当然对于危险的司机而言，这一处罚更接近于"以眼还眼"或付出血的代价，给人一种受迫的感觉。从更广的社会视角来看，惩罚性献血对鼓励志愿者献血毫无助益。毕竟，佛罗里达的人们可能认为这一案件设定了一品脱血的价格，或者认为献血是一种惩罚，这会令人不快。

事实证明彻底搞清楚这些激励措施的意外后果和长期效果是多么重要。在一个很出名的例子中，葡萄牙政府没能做到这一点。2004年，葡萄牙实施了一项计划：一年献两次血的人可以免去他们使用葡萄牙国家卫生体系的费用。结果在计划实施期间，献血人数增加了。计划终止后，（你已经猜到了）献血率下降了。献血的人——特别是该计划开始后才开始献血的人——已经习惯了这一激励，免费使用卫生体系的活动停止后，献血次数就减少了。[22] 不实行激励计划，效果可能还好一些，实施后又取消计划肯定是错误的。

这也是一个损失规避的例子。这种情况对我们的影响很大，当我们抱怨自己做某事没有任何报酬时（尤其是当我们认为应该得到报酬时），我们真正讨厌的是失去了已经习以为常的经济利益。

世界各地输血服务中心的情况已经很清楚了，要想办法进行试点研究，看看现金支付是否有助于献血人数的增加（很奇怪，似乎没有哪一个政府这样做过）。试点一定要连续做上几年，以便弄清楚经济奖励是否会使献血率稳定增长，以至高于志愿献血率，但是轻易不要在全国范围内实行有偿献血计划，除非你能确保它能长期实行下去。这也许是在以一种昂贵的方式展现应该清楚明了的事情。金钱具有推动力，这一点毋庸置疑，但只有在有金钱偿付的情况下才会如此。

金钱会使你戒除坏习惯吗？

在世界范围内，为了提升国民身体素质各国已经在金钱奖励方面进行了很多尝试。最早的行动之一是我之前提到过的与教育有关的"进步"项目。该项目于 1997 年开始在墨西哥实施，之后更名为"机遇"（Oportunidades），现在又改叫"繁荣"（Prospera）。贫穷的父母如果能每天带孩子去学校，政府就会给他们钱或者是代金券，但还有一个条件：孩子们必须接种所有的疫苗。激励计划似乎很有效，其他低收入国家纷纷开始效仿（也取得了成功）。

这不可避免地引起了高收入国家的兴趣。这些国家采取了一些措施，引导人们去锻炼或吃得更健康。但从心理学的角度来看最有趣的还是那些试图劝说人们戒除不良习惯（抽烟和吸毒）的计划。

与贫穷国家相比，高收入国家奖励的金钱不足以改变一个人的生活。但确实吸引人们接受了原本可能拒绝的计划，并使金钱激励成为一个引导人们积极向上的焦点，成为人们朝着自己的目标前进的切实回报。表面上看，金钱只是计划中一个不起眼的因素，却是一个关键因素，金钱又一次展示了它独特的心理作用。

戒烟很困难。研究表明每100个想戒烟的人里面，即使是在被证明有效的方法（像心理辅导或尼古丁贴片）的帮助下，也只有6个人会成功。[23]

即将成为妈妈的玛丽又是如何（在药房的小隔间里）证明她能做到数月不碰香烟的呢？毕竟，这是她第三次怀孕。第一次怀孕期间，她每天抽20支烟，尽管吸烟对婴儿的健康有害，但她控制不住。这次她尝试并成功戒掉烟的原因是，戒烟可以换来钱。

在怀孕期间，如果玛丽每次在药房小隔间里对着连接一氧化碳感应器的一次性塑料管吹气的检测结果都是阴性，她就会得到一张150英镑的代金券，可以在她选定的商店里使用。[24]她告诉我她会去买一些婴儿服装。她的决心很大，但有些奇怪。因为在前面两次怀孕期间，她可以得到远多于这次的经济激励（连续9个月不买烟就可以节约下来约2 500英镑），为什么她对健康促进项目提供的小额奖励和她之前能够自己节约的钱持不同看法呢？

当然不全是钱的问题。定期接触鼓励她的人无疑是有益的。并且，每个人都知道她参加了这个项目，而且多项研究表明，向朋友或家人保证你要做某件事情，会使你更有可能做那件事。她的孩子们对她这次的戒烟尤其感兴趣，因为她告诉过他们，她会用攒下来的钱给他们一人买一份礼物。

当然，还有其他原因，关键在于玛丽对待商场代金券的方式。这不只是获得婴儿服的工具，还是一种对成功的切实回报和对她戒烟有多努力的证明。这就是她认为这次的奖励比不买烟省下来的钱吸引力大的原因，当然这次她也省下了这笔钱。

在另一项研究中，当问及玛丽和其他参加戒烟实验的女子她们通过此类计划得到的钱对其怀孕期间的戒烟是否起决定性作用时，大多数人坚持说并非如此，但没有这笔钱，她们又不会去戒烟。所以，我们可以断定，不是金钱消费能力增加的前景激励了她们，而是把金钱作为追求目标起到了激励作用。[25]

看起来金钱在这方面特别有效。

纽卡斯尔大学的研究人员综合他们所能找到的有关经济激励的最佳研究成果进行了一次元分析[①]，不管运用经济激励的方法鼓励人们戒烟、接种疫苗、进行癌症筛选，还是用它鼓励人们锻炼身体，他们发现仅仅 3 英镑就可以使人们有 50% 的可能改掉不良的行为习惯。[26]

当谈到孕期吸烟时，考克兰评估委员会（Cochrane Review）

---

① 元分析：一种定量分析手段，它运用一些测量和统计分析技术总结和评价已有的研究。——编者注

从世界各地选择最佳研究，对证据进行了仔细的估量，发现经济激励是最具影响力的干预因素。因此，在经济激励下 24% 的妇女能够戒烟，而使用其他激励方法只有 6% 的妇女能够戒烟。[27]现在，部分研究只对人们进行了 7 天的跟踪观察，当然戒烟一周要比整个孕期都不抽烟容易得多，但是其他研究对整个孕期的情况进行了跟踪调查。小额经济激励在保护婴儿健康方面常常十分有效。

然而孕期过后的情况不容乐观。一项研究对参加了类似玛丽参与过的项目的妇女进行了跟踪调查。这项研究旨在弄清楚这些妇女生完孩子 6 个月后是否仍然不吸烟。

令人失望的是，那些在怀孕期间成功戒烟的人当中，超过 80% 的人生完孩子和经济激励停止后又开始吸烟，尽管如此，还是有近 17% 的人能够保持不吸烟。相反，在怀孕期间参加戒烟计划，但没有得到经济激励的人当中，只有不到 1% 的妇女在孩子 6 个月大时，仍没有复吸。[28]

所以，金钱帮助妈妈们戒烟的结果喜忧参半，但至少有许多婴儿在出生之前得到了保护。其他使用金钱帮助人们改掉不良习惯的项目进行得如何呢？

戒除吸食可卡因的习惯

汤姆在广告公司工作，在一次广告业的聚会上，汤姆接触了可卡因并很快上了瘾。他为了吸毒一周花费 1 000 英镑，尽管他的薪资优厚，但还是架不住这样的挥霍，于是很快汤姆就债台高筑，且无力偿还。有好几次他去寻求一些专业帮助，结果戒毒没多久，就又开始复吸。

后来，他有幸参加了一个可以帮助他克服滥用药物的计划。这次，除了得到实用性的建议和心理方面的建议，他还需要一周三次去诊所进行尿检。每次只要尿检合格就给他两英镑，钱由诊所替他保管。诊所告诉他6个月之后，他可以拿到这笔钱，并可以自由处置，但附加条件是，他必须买一些有助于他未来生活的物品。

汤姆决定用这些钱买远程学习所需要的教科书，参加该计划的其他人选择买自行车来锻炼身体，或者是买一个带抽屉的小橱柜来存放衣服，又或者为前门准备一把新锁，以防止其他"瘾君子"进入公寓。

无论是自行车、小橱柜，还是一把锁都起到了作用，对汤姆来说，最终结果就是6个月之后他仍然远离毒品。这比他以前戒毒的时间都长。当我遇见他时，他告诉我金钱是他成功的关键因素。

从表面上看，他的话令人难以相信。因为他平均每周只能够挣到6英镑，一个月24英镑，那6个月的总收入也不过区区144英镑。相比较而言，他不买可卡因的话，就可以节省下数万英镑。按理说，那些节省下来的钱比通过参加计划得到的钱多得多，其激励作用也本应该大得多。

要理解这些计划为什么会起作用，我们需要想想金钱对我们来说意味着什么。对于汤姆来说，为证明他没有吸毒而发给两英镑报酬，其重点不在于有了这两英镑他的经济状况就改善了，或者他有两英镑可以买东西了。不，像玛丽一样，重点不在于拿钱本身，或者某种消费能力，而在于这是一笔代表他在戒毒斗争中获胜的资金。我们还得回想一下那些心理账户。对于玛丽来说，香烟属于日常开销，出自必需品心理账户，然而，在项目中赢得的代金券属于一个不同的心理账户，一个用于享乐的账户。

汤姆已经告诉我金钱是关键，接着又说起其他一些事情，这些事情表明金钱只是计划成功的一个因素。例如，他说，尽管他明明知道自己此前 48 小时内没有吸毒，但还是满怀期待地等待着测试条出来的那一刻。测试结果就像随之而来的小额现金奖励一样，是一种证明。同样，汤姆说他很喜欢接受来自工作人员的祝贺，也喜欢在图表上标出自己取得的进步。只要一想到药物测试有一次不合格，他的内心就充满了恐惧，因为药检失败意味着他又返回到最初阶段，失去了所有奖金。[29]

不管汤姆怎么说，金钱只是奖励体系的一小部分。事实上他不会为了金钱收益而戒毒。并且，在该计划涉及的所有因素中，像常规测试给他带来的规律生活、进度表的推动作用、工作人员对他的支持，以及听到表扬他做得好的满足感，金钱或许是作用最小的因素。但是，尽管金钱作用有限，他还是赚到了钱。这是积极获取的金钱，而不是积攒下来的。

这种钱正是我们最看重的，因为它来之不易。我认为正是出于这个原因，负责这类计划的专家证明了一些评论家提出的看法是错误的：顾客之所以会改变行为，是因为受到了贿赂。贿赂这个词意味着违背道德规范。人们行贿可能是为了故意输掉体育比赛，或者是获取机密，或者鼓动人们做一些不光彩的事情。玛丽和汤姆的情况不同，他们得到的金钱强化了其积极行为模式，专家称之为"权变管理"（contingency management），这是一个学术用语，是指通过奖赏、激励体系帮助人们控制自己的行为。

尽管如此，为了帮助吸毒者戒除毒瘾而给他们发放奖励，的确使一些人感到不适，因为吸毒毕竟是一种违法行为。评论家提出了异议：为什么戒毒者戒毒可以得到钱（虽然钱很少），而不吸毒的人和从未吸过毒的人却什么也得不到呢？正是由于这一原因，戒毒中心的工作人员最初不愿意参与给吸毒者经济激励的计划。说服他们的理由就是这些计划的确有效。

汤姆就是一个成功的例子。对 30 项研究进行的元分析证实这一计划是有效的。[30] 的确，半数的研究显示积极作用很小，但是另一半研究显示积极作用中等或很大，这就意味着很多人在停发奖励后依然能够远离毒品。优惠券计划中的普通吸毒者比 2/3 没有得到优惠券的吸毒者的戒毒效果好。

当然有一些计划效果还是很不错的，即时奖励就起到很大作用。如果优惠券即时发放，而不是一直等到计划结束后才发放，效果会是现在的两倍。其他研究成果表明金钱奖励在帮助人们戒烟、戒酒和戒掉大麻上，特别有效。但在戒除其他毒品方面效果不太好（或许因为吸食烈性毒品的人毒瘾更大）。最后，总的来说，奖金越高，计划越成功。（正如汤姆一例所示，在某些情况下，项目结束时给戒毒者发放一小笔奖金，可以帮助他们戒除毒瘾。）

总而言之，证据令人信服。显然，通过此类计划戒掉一种毒品的人，往往不会去吸食另一种毒品。目前还没有证据表明，这种金钱激励增加了用这笔钱购买毒品的可能性。[31]

钻空子

2014 年在伦敦的新闻发布会上，临床医学家们发布了海洛因吸食者接种乙型肝炎疫苗的实验结果。他们已经使用优惠券做过实验了，结果令人瞩目。发放优惠券之前，只有 9% 的吸毒者来注射乙肝三联疫苗，发放优惠券后 45% 的人来注射疫苗。然而这次新闻发布给我留下深刻印象的是那些记者的反应，他们当中大多数人（不像我）不知道激励计划正在实施。这些职业写手认为，如果参加这些项目能够得到钱，那人们肯定会为了得到这笔钱钻项目的空子。比方说，难道就没有人假装吸毒吗？[32]

临床医学家们已经考虑过这种可能性。优惠券计划的参与者在项目开始前都要接受检测，以确保他们是真正的吸毒者。的确，这些测试非常严格，但这样一来很可能会产生一些意想不到的结果：有的人已经多日没有吸毒了，但由于发现自己不能参与优惠券计划，可能会为了参加计划而再度吸食毒品。准确地说，这并非钻项目的空子，而是一个项目（虽然很成功）试图阻止的行为却得到了鼓励的例子。

那么钻空子一般会达到什么程度呢？一项研究调查了运用经济手段激励戒烟的项目是否更容易引发这类欺骗行为。

首先，和其他计划一样，研究人员会检测参加者身体中一氧化碳的水平。如果达到一定水平，则表明他们在几个小时前吸过烟。当然，还得考虑到一些不吸烟的人可能会在检查前吸上几口，有意提高其一氧化碳水平。所以还需进一步检测。

接下来的尿检主要检测一种叫作可替宁的物质。这是烟草中所含的一种物质，如果检测到这种物质的水平很低，就证明那些说自己经常吸烟的人在撒谎。最后，还要逮住那些使用尼古丁贴片的人，因为尼古丁贴片会使尿检中的可替宁水平升高，检测唾液中与烟草相关的叫作假木贼碱的物质，就可解决这一问题。总而言之，这是一系列精心设计的检测，任何欺骗行为都可以通过检测被发现。

发现说假话的人了吗？一个也没有。检测证实凡是说自己经常吸烟的人说的都是真话。没有一个人撒谎。[33]

有关经济激励会诱使人们钻空子的担心，就说到这里吧。此外，还有人担心经济激励会使内在动力减退，使人们过度依赖外在奖励，一旦经济激励停止，就会恢复到原来的状况。此类计划中会存在这一问题吗？

这可以说是对此类计划的一种批评，但这种批评显得有些过了。它使这一领域的一些研究人员抱怨人们对此类研究的期望过高，人们希望此类研究比其他引导健康生活方式的计划成果更大。[34] 这些研究人员说道：旨在鼓励人们通过锻炼和合理安排饮食降低血压的项目，需要表明 5 年后项目参与者的血压仍然不高吗？当然不需要。但是人们期望他们说明参与戒毒计划的人在经济激励停止后很长一段时间仍然远离毒品。

也许，人们对这类计划的期望值太高了。但是寻求人们长时间远离毒品的证据是正确的，一些研究表明他们的确是这样做的。[35] 例如，伦敦南部的一个项目完成后，一些吸毒者问他们能否再来检测，不要奖励。这是研究人员想要看到的结果。最初，金钱奖励吸引人们参与项目，但是随着项目的进行，参与者将奖励看作他们自己戒毒成功的象征。到了这一步，对项目本身和发起人来说项目是成功的，经济激励可以停止了。

不过，一旦吸烟者和吸毒者在项目结束后失去了项目组的帮助，很有可能会复吸。因为不仅金钱激励没有了，项目提供的支持和戒烟戒毒的模式也没有了。由此可见不间断服务非常重要。我所讲的措施还只是个开始。鉴于金钱上的限制，即使是最富有的国家，也不可能负担得起永久地为人们提供奖励，帮助人们健康地生活。即便如此，我依然认为在上述情况下，金钱起到了积极作用，而且能够取得其他方法无法企及的成果。

- 为什么付给他们钱，他们却在工作间隙看《花花公子》杂志？
- 为什么适度的赞扬有时比金钱更能激励人？
- 为什么不能因朋友的热心帮助而付钱给他们？
- 为什么英国足球在决赛时点球总是输？

07

只不过是报酬而已: 善用赞扬与奖励

上一章，我们了解到，使用得当的话，金钱是一个强有力的激励因素。但是，在一些情况下不适合用钱。在以金钱为主导的文化氛围中，我们难以判定什么时候这些情况会出现。正如我们所了解到的，在不合适的情况下用钱，会起到破坏性的作用——会诱导我们做错事或妨碍我们做正确的事情。

长期以来的争议

让我们从 20 世纪 60 年代后期的那个争议谈起吧。这个争议始于一个红木立体拼图和一本《花花公子》杂志，最后以一些学者的互相指责而结束，他们指责对方"故意曲解，胡乱分析"，并且"将好好的实验搞砸了"。

1969 年的秋天，宾夕法尼亚卡内基-梅隆大学的学生每个周二和周五会出一期报纸——《塔坦》（The Tartan），一群志愿者负责报纸的出版发行。他们在空闲时间写稿子，随后分成周二、周五两个编辑组商定标题，最后一起讨论，敲定一个标题平均要花 22 分钟。像许多学生新闻工作者一样，他们热情高涨，和在专业媒体工作的那些愤世嫉俗的职业写手完全不同。

然而他们并不知道这些讨论标题的会议被用来进行心理实验，依照这类研究的惯例，有一组学生被告知了一些虚假情况。

负责人告诉周二那一组，这学期的预算有些结余，所以他准备一个好标题付给他们 50 美分（大约相当于现在的 6 美元），条件是他们得在有限的时间内想出一个好的标题。还嘱咐他们不得告诉其他人，特别是周五那一组，因为他没有钱支付给那一组了。

这个实验想要揭示什么呢？这一次金钱激励并没有让人们更加努力地工作。毕竟在一期报纸中也就那么多标题，学生们能得到的钱也是有限的。负责这一研究的心理学家爱德华·德西（Edward Deci）假设，周二那一组会更积极，也就是说他们的生产率将会提高。为了衡量他们的积极程度，他决定记录学生们敲定可用标题的速度。

起初，德西的研究成果令人惊讶。实验开始时，两组平均用 22 分钟选定一个标题。但是仅仅出于喜爱而干这项工作的周五那一组，几周之后，速度变快了，到最后平均只用 12 分钟就能想出一个好的标题；然而，另一组却进步不大，只能达到平均用 20 分钟想出一个好标题的速度。

更令人惊奇的是，没有报酬的那组每周都会开会，显然，他们很享受讨论标题的过程。有报酬的那一组只要不发报酬，出勤率便会大大降低。金钱激励不仅没有使那组的工作效率提高，而且还剥夺了他们的工作兴趣，因此当没有报酬的时候，学生们便准备不再继续工作下去。

在德西的另一个实验中，三组学生被要求拼三维立体图——以药物名称命名的唆麻（Soma）拼图，[1] 在阿道司·赫胥黎（Aldous Huxley）的反乌托邦小说《美丽新世界》（*Brave New*

World）中，唆麻这种药物能够抑制消极情绪，使人有度假的感觉。唆麻拼图由 7 组不同的极小的红木立方块组成，它们能够以奇妙的方式组合成一个大的立方体或是许多其他几何体。研究人员要求学生们拼出 4 种画在纸上的构造，并给他们计时。

第一回合，三个小组用时相同，都是 13 分钟，此时实验组织者借故离开房间，并告诉他们，可以自由活动。桌上除了摆着唆麻拼图外，还放着一些最近几期的《纽约客》和《时代》杂志，以及一些在如今许多心理实验中没有的物品：一个烟灰缸和一本《花花公子》杂志。学生们并不知道，其他实验人员正在通过单面镜观察他们在休息期间的一举一动。

据观察，三个小组之间并没有实质性的差异，所有人都在继续拼图，只是因为他们对拼图很有兴趣。

在第二回合，事情变得有点看头了。有一组被告知想出一种解决方案就给他们 1 美元；另一组（不知道他们的同伴有奖励）没有奖励。至于第三组，我们接下来再说。

现在你可能会认为实验的目的就是要测试一下金钱能否激励学生们加快拼图速度，但这次德西最感兴趣的不是这一点。他想知道的是金钱对内在动力有什么影响——学生们对这个游戏本身感兴趣的程度。

所以这个研究的关键部分是，实验人员离开房间后学生们的行为表现。学生们被告知他们可以休息一下，看看杂志或做别的事情。这次，就像在第一回合中那样，无报酬的学生往往会继续拼图，很明显他们就是喜欢挑战，即使正式的拼图时间已经结束了，他们仍在寻求拼图方法。相比之下，有报酬的那组学生在休息期间会花更多时间看杂志（学术论文上并没有记录他们是否喜欢《花花公子》杂志胜过《纽约客》或《时代》），或只是在房间里凝望。

结论似乎显而易见：学生们一旦知道再也没有报酬以后，就失去了继续拼图的动力，不管他们内在的动力是什么，都不复存在了。

德西也注意到一些学生在拿钱的时候会感觉尴尬。他们都拿了钱，就好像他们一开始就接受了这一交易，但是报酬似乎使拼图变得无趣了许多。拼图已然变成了一种工作，再无趣味可言，不是吗？

但是这是不是表明为做事而做事才会有乐趣？是否表明不管一个人何时因做某事而受到奖励，都会失去对此事原本的喜爱？不完全是。还记得第三组吗？在这一回合中，他们拼图并没有报酬，但拼完后得到了表扬。表扬他们做得好，比之前大多数学生都优秀。

那么休息时，或有空闲时间的时候，他们的表现如何呢？是的，你可能已经猜到了。这些学生洋溢着成就感，带着浓厚的兴趣和乐趣继续拼图。

当这三组学生第三次被要求完成同样任务的时候（像第一次一样，没有任何报酬），休息时他们的行为没有多大的不同。换言之，之前无报酬的小组的动力像前两回合一样，没有减少；之前有报酬的小组的积极性却明显降低（要记住，这次没有报酬）；第三组仍然受到赞扬，他们的兴趣也最浓厚。

赞扬的作用

如果要说有什么不同的话，德西的实验似乎表明，金钱激励会打击人的积极性，还不如没有激励的好，更不如赞扬有效。

不可否认的是，德西的早期实验，参与者很少，并且两组之间可观察到的差异也没有如今研究所要求的那么显著。但在 40 年间做了 100 多个实验之后，研究人员仍然常常发现同样的现象。例如，你要是给小学生钱，让他们画画，他们会在休息铃声响起时就把铅笔和蜡笔放下，那些没有报酬的小朋友反而会继续专心画画。

其他研究也印证了德西关于赞扬的激励作用的研究成果。一个孩子因为一幅画作受到赞扬，会觉得自己画得很好，不会产生如下想法："如果他们出于无奈夸赞我的话，那就没什么意思了。"相反，他们会更加乐在其中。

当然，赞扬必须发自内心且恰到好处。我记得曾经收到英国广播公司（BBC）一位老板的邮件，上面写道："谢谢你付出的辛劳，能得到你的帮助是我们的幸运。"这并不是热情洋溢的长篇大论，只是短短的两句话，但是邮件所传达的好意一直在激励我，没有几年至少也有几个月。每当所有事情都进展不顺，而我正在为制订出一项计划苦苦挣扎时，我就会想起那封邮件，想起自己所有的付出都得到了认可。因为这封邮件来自我所尊敬之人，言辞恳切，善意拳拳。

研究表明措辞至关重要。如果你的孩子缺乏自信，而你把他最近的一幅艺术创作贴到冰箱上，并热情洋溢地说这是你所见过的最好的一幅画，证据表明这是一种错误的做法。在他们并不自信的情况下，如果你说他们的作品是"完美的"或者"好极了"，而不是只说一个"好"字，孩子们很快会发现你说的是假话。[2]

另一项研究发现，当自尊心不强的孩子听到"你画得好极了"的赞扬时，他们几乎不会再做有挑战性的任务，而如果他们只是被称赞"画得不错"则更有可能去做具有挑战性的任务。一词之差，结果截然不同。[3] 这篇论文的作者，心理学家艾迪·布鲁默尔曼（Eddie Brummelman）建议父母们退一步，好好想想他们给孩子传递的信息。不要给孩子们设定太高的标准，使他们害怕在未来达不到标准。

同时，斯坦福大学卡罗尔·德韦克（Carole Dweck）长达 20 年的研究表明，学会赞扬孩子们所付出的努力或他们做事情的方法，而不是结果，会更有效，因为如果孩子们不断听到父母夸赞他们聪明，即使这是事实，也会弄得孩子们不敢冒险。[4] 德韦克甚至会在机场走到别的父母面前纠正他们赞扬孩子的方式。她的言论很有说服力，家长也似乎接受了她冒昧给出的建议。

我们再看一下德西的实验。他对学生们在唆麻拼图实验中的行为给出如下解释：人们需要有自主意识，钱会破坏这种自主意识，这样事情本身也就不值得去做了。

另一项研究似乎印证了这一结论。在以色列，每年都有几个捐赠日，中学生会挨家挨户地筹集善款。公众对这一天很关注，每家每户对这一切都很了解，因此善款筹集得很顺利。影响学生筹款额的主要因素是其自身的努力程度，比如他们是整天都在筹集，还是半个小时后就放弃了。经济学家尤里·格尼茨在这个领域进行了很多有趣的研究工作。其中之一是他将许多 16 岁的学生分成三组，然后告诉第一组学生慈善很重要，并且还要公布他们筹集的善款额；许诺第二组给他们发奖金，奖金额度为其所筹善款的 1%；第三组也被许诺奖金，但奖金提升至所筹善款的 10%。后两个组都被告知奖金来自其他基金，不会影响所筹善款的总额。

这些被许诺将会得到奖励的学生会在街上流连几个小时，尽力为慈善事业也为他们自己筹款吗？实验证明不会。最终没有报酬的学生所筹善款比那些有少量报酬的学生要多 35%。大额的奖金看来对第三组学生有点作用，但他们也没有那些没有报酬的学生筹得的善款多。这个实验给我们的启示是不要给善款筹集者钱，要依靠他们的善心。如果你想给他们钱的话，要注意给他们的钱不能太少了。正如格尼茨论文标题所写的那样——付足够的钱，或者干脆不付钱。[5]

学术界的争议

在本章一开始我就说心理学方面的研究学者在金钱对人的激励作用这一领域的研究工作已经在学术界引起争议。为什么呢？这是因为他们的研究结果和行为主义传统中的基础研究完全相反。

行为主义认为，如果我们的行为在金钱奖励下得以强化，我们会以较大的热情重复这一行为。最终我们甚至不需要奖励也能继续维持这一行为。动物训练师开始时用响片和食品进行奖励，但很快动物们只听到响片发出的声音就能按照训练的要求做动作了。

行为心理学之父斯金纳将其理论付诸实践，甚至运用到其研究中。现在，他的女儿朱莉·瓦尔加斯（Julie Vargas）住在他的房子里，那是一所建于 20 世纪 50 年代的位于马萨诸塞州剑桥学院的一栋灰色平房。她女儿领我走下木楼梯，来到地下室，她告诉我，书房依然保持她父亲 1990 年去世前的样子。书房的墙壁装有薄木板，房顶上贴着聚苯乙烯泡沫塑料片。属于 20 世纪中期现代装修风格。房内甚至有一台早期的电视机，机顶上有 V 形天线，就像兔子的耳朵一样，感觉很适合观看登月新闻。

像大冰箱那么大的一个黄色立方体睡舱靠在房间一角。在看到斯金纳为女儿打造的"育婴箱"（实际上是一个温控围栏，前面有窗户——没有传说的那么神乎其神，网上有关它给斯金纳女儿带来巨大伤害的传言纯属无稽之谈）之后，一家日本公司送给斯金纳这个睡舱，因为他们希望把它推入市场。舱里有一个垫子、一个枕头、一台电视机和一套硬质折叠式窗帘，你可以把窗帘拉下来，甚至锁住，这样你在这个保护舱里会很安全。在房间的另一边是一个大扶手椅，斯金纳坐在上面，借助旁边架子上垂下来的放大镜就能够看书。

他喜欢用录音机放磁带听，而且作为一名业余工程师，他给自己制作了一个类似遥控器的东西（上面有一根线，还有一个虚拟的控制杆），他坐在椅子上就能操控磁带的播放。

在这个房间里，时间似乎停止了。斯金纳看书用的放大镜放在桌子上，好像他刚刚走出屋子。他在这里不仅写下了他的理论，还坚持将理论应用到了实践当中。他认为就像实验室的小白鼠一样，人类也可以通过奖励养成做某事的习惯，而且通过适当的设计，环境可以对我们产生很大的影响。所以他一走进办公室，就要确保眼前的环境适合专心致志地工作。首先，他会打开桌子上方的条形照明灯，灯光很亮，他得戴一个绿色的护目镜。开灯的同时会自动开启一个计时器，使他能够知道自己工作了多长时间。但是为了避免总是看表，他将一片卡纸与钟面绞合在一起。纸片弹下时，计时开始。[6]

让我们再来看看与研究主题密切相关的内容吧。斯金纳的理论也使得"代币经济"（token economy）这一概念诞生。在代币经济中，只要某一机构中的人（通常是孩子）打扫房间，或是安静地吃午餐，或是吃光盘子里面的食物，他们就会得到一些代币。如果他们积攒了足够的代币，就可以得到奖励，奖励反过来会强化他们的良好行为。

如果斯金纳的观点正确的话，金钱这一人们普遍认可的奖励应该能够增强动力，而不是像德西所说的减弱动力。在试图解决关于动力增强或减弱的明显矛盾时，研究者们进行了四种元分析，他们综合研究世界各地最佳研究的数据，希望能够找到一个明确的答案。

有三种研究的结论和德西的大致相同：酬金的确会减弱内在

动力。但是朱迪·卡梅隆（Judy Cameron）和戴维·皮尔斯（W. David Pierce）进行的分析，得出了不同的结论：许诺完成任务后给予物质奖励，的确会使内在动力减弱，但这些研究成果有些夸大事实。他们还抱怨说研究人员常常对那些不是以他们喜欢的方式进行的实验太过挑剔，[7] 他们说结果就是阻止了对教师和商人使用物质奖励，即使在奖励会起到良好作用的情况下也不行。

当心理学家试图解决本领域的重大争议时，常常会发生如下情况：没有达成一致意见，甚至争吵不断。这次也不例外。在1994—2001年期间，心理学家杂志上出现了如下状况：提出论点，遭到驳斥，再遭驳斥。

例如，批评朱迪·卡梅隆和戴维·皮尔斯的人说这两人的分析中既有对有趣任务的研究，也有对无趣任务的研究，因此在后一种情况下，内在动力不受物质奖励的影响，也就不足为怪了，因为根本没有做任务的内在动力。他们最后总结说这些研究使元分析出现了偏差。

最终，似乎没有多大的疑问：在某些情况下，经济激励的确会减弱动力，但是正如上一章所述，并非任何时候都如此。例如，完成任务后给参与人员发放一大笔奖金并不会减弱动力，但纯粹用钱作为许诺去要求人们做一项任务就会减弱动力。当然，还要看是什么样的任务。

考虑一下这两项活动：午饭后清理桌子和花一下午时间画画。第一项活动本身没有什么乐趣，所以父母给孩子一颗星或一些零花钱，也许会起作用。奖励吸引孩子们去干枯燥的活，但不会毁了他们清理桌子的乐趣。原因很简单——清理桌子根本没有什么乐趣可言。然而说到画画，短期内奖励可能有效，但这种行为传递出的信息是错误的。因为贿赂他们画画，可能会削弱孩子的内在动力，使其失去对画画的兴趣。

在成年人中也会出现类似的问题。以大型聚会的宴席承办为例，也许你邀请到家里来的客人太多了，你觉得自己忙不过来，所以请朋友帮忙。请朋友帮忙，似乎给他们一小笔钱才公平——当然还有你那铭记在心的感激之情。

但是，请三思而后行。

研究表明，引入金钱会使朋友间的帮忙发生变化，人们会按照市场规则来看待这种互动。[8]你的朋友会把自己看作有偿的宴席承办人，很快在心里将你付的少量的钱与专业人员的费用相比较。或者想要搞清楚他们在厨房究竟花了多长时间帮助你，并且开始比照他们平时工作所挣的钱来确定需要花费的时间。结果，没给钱的时候，他们高高兴兴地做事，是真正地在帮朋友的忙，但是收了一小笔钱之后，他们的兴致就不怎么高了。

在这种情况下，给朋友买一些巧克力、书或者请他们吃一顿饭，以示感谢，要好得多。这样费用虽然低不少，但是，朋友会更珍惜。这就像你不会直接给男朋友或女朋友一张 10 元钞票，而可能会送他或她一束花，给他们一个惊喜。

同样，美国行为经济学家丹·艾瑞里告诫说：找朋友帮忙，最好和他们的本职工作无关。[9]例如，如果你想修排水管，找管道工朋友帮忙似乎是一个不错的主意。但问题是他们清楚地知道如果不是帮忙的话，干那个活应该收多少钱。这会使他们觉得和你做朋友给他带来了经济损失。

在这两种情况下，帮助朋友的满足感丧失了，因为人际交往已经变成了金钱交易。在工作中，这种交易很好，你付钱，享受服务——你和提供服务的专业人员可能再也不会见面。[10] 但是朋友就不同了，我们希望继续交往下去。有时你帮朋友，有时朋友帮你，你不会计较谁帮的忙大，谁帮的忙小，因为友谊你们都不需要这样做。假以时日，任何正常的友谊都会使这些帮助顺理成章，这才是友谊的真谛所在：一旦你想将之金钱化，引入收支概念，那就大错特错了。

这节结尾，我们再回头看看卡梅隆、皮尔斯和批评他们的人之间的争论吧。学术争议也不是什么新鲜事物，科学工作就是这样。一位学者发表了自己的研究成果，其他学者会检查其数据的收集和分析方式，详细察看其得出的结论。一段时间之后，一致意见就会（或不会）达成。然而在这一事例中，有趣的是各方感受的强烈程度。我认为，金钱就像爱情或宗教一样，能激发人们强烈的情感。金钱在我们的生活中扮演着如此重要的角色，甚至可以改变我们的行为。专家们认为自己已经揭示出金钱可以增强或减弱动力的一个方面，所以当别人说他们错了的时候很不高兴。

钱多压力大

我们已经看到金钱并不总是像我们所想的那样有激励作用。

事实上有些时候金钱会让人失去动力。但如果完成任务奖励的不是几英镑或几美元，而是足以改变一个人一生的一大笔钱，情况又会如何呢？当出现大额经济奖励时，人们一定会付出更大的努力把事情做得更好吗？

当然，对于一个普通的心理学家来说，难以对以上问题进行调查。小额奖励是可以负担得起的，但科研资金有限，研发奖金不能和乐透奖金相提并论。为解决这个问题，丹·艾瑞里于2002年在印度南部泰米尔纳德邦的一个乡村里进行了一项研究。[11]

研究人员让村民参与了多个游戏，以测试其记忆力、思考能力、创造力、身体灵活度等能力。其中一个游戏叫"西蒙"，因游戏中需要按照西蒙说的来做而得名。碰巧我爷爷很喜欢这个游戏，因此我比较了解。你可能也玩过这个游戏。游戏的操作台看起来就像一个塑料飞碟，像汽车方向盘那么大，顶部分为红黄蓝绿四个部分。灯随机先后亮起，每次闪烁都伴有不同音高的嗡鸣声。任务是要记住不同颜色的灯亮起的顺序，然后按下相关按钮，再现灯亮起的顺序。这听起来很简单，连续亮起的灯只有四五种颜色时的确很简单，但是当灯光颜色增加时，游戏就变得非常困难。这个游戏测试记忆力，事实上也测试耐心。

另一个游戏则需要村民将小球沿迷宫移动，其间不能让底座倾斜，还得让小球落入洞中。

根据在不同游戏中所达到的级别，村民将得到不同数额的奖金。有些村民得到的奖金数额很小，甚至就当地的标准来看也很小，但另一些村民赢得了一大笔钱，这笔钱相当于这些普通村民半年的花费。

谨记，对西方人来说，印度这些村民是穷人。只有一半的人有电视，只有一半的人有自行车，没有人有汽车。无疑他们想要玩好游戏的动力很大，但是这样的决心能让他们成功吗？

让实验人员吃惊的是，由于压力太大，特别是那些想赢大奖的人，他们越想成功反而就越容易"失败"。在大多数游戏中，奖金低的组和奖金中等的组得分没有很大的差别，但那些有机会赢得足够改变人生的大额奖金的组在所有游戏中得分都很低。引用运动中的术语，这似乎是"发挥失常"。

每个英国足球球迷都熟悉发挥失常这个概念。在训练中，英格兰身价数百万、球技高超的球员罚点球根本没有什么问题，然而，在"欧洲杯"赛或是"世界杯"赛上，当数百万人都在电视前观看，比赛的输赢取决于这几个点球时，他们常常把球踢出球门或是把球直接踢到守门员怀里。甚至，他们还会像贝克汉姆那样，在跑着去踢球的时候跌倒。从理论上讲，这些球员清楚地知道他们需要做什么，但是当时的压力使他们无法正常发挥。

来自挪威体育科学大学的教授盖尔·乔代特（Geir Jordet）对这一现象进行了详细研究。他仔细观看了重大赛事中大约400个点球的影像资料，最终发现，决定成功的最大因素在于球队之前的点球情况：如果球队之前的点球赢了，他们这次得分的概率有85%；如果之前的点球输了，那么这次得分的概率只有65%。[12] 球队的能力没有多大差别，这也就是说之前失败的记忆影响了他们，而非他们技不如人。

在足球比赛中，心理学家发现了一个问题：球员们总是相信点球得分主要在于运气和守门员的表现。心理学家认为结果不由球员自己控制。为了验证这种想法，心理学家建议在实际训练中使用一种独特的技术：点球者应该提前告诉守门员他将踢到哪里，左、右、中、高或低。令某些球员惊讶的是，即使这样的"通风报信"增加了守门员守住球门的可能性，点球者还是能使球绕过守门员，他们的确有一定的控制力。

记住这一点，在真正的比赛中对球员很有帮助，当然此时守门员不知道球踢向哪里，也不知道心理学家的建议和技巧。然而，最终无论是点球时球飞过球门横梁，还是印度泰米尔纳德邦的村民们搞砸了简单的游戏，都是压力在作怪。

关于人为什么会发挥失常，有多种理论。其中一种理论是，在压力大、风险大的情况下，我们由自动控制切换成有意识的思考模式。也就是我们想得太多了，这样做的结果就是把简单的事情复杂化，使本来能够轻易办到的事情变得难如登天。

在以下情况下也是如此：当驾车多年的你给一个新学员示范如何踩离合器和如何换挡的时候，发现车在路上时不时就熄火，走走停停。这种情况下你就是想得太多了，反而做不到了。

在下面一系列实验中也出现了相似的反应，实验参与者在玩一个名为"Roll-up"的益智弹球游戏，游戏中需要控制小球沿着两个金属杆之间的轨道滚动，滑落到特定的小洞之中。当许诺胜利后发奖时，参与者的表现就失常了。[13] 对金钱奖励的期望使得他们太过用心地去玩游戏。

第二种解释压力增大从而影响参赛者表现的理论是：游戏的参与者知道别人正在看着自己，因而分心了。在益智弹球游戏中，当参与者知道对手在看着他们的时候，发挥失常的情况明显增多。

在罚点球以及其他运动中，这当然是个重要因素。如果你也像我一样喜欢看网球比赛，那你一定见过温布尔登网球锦标赛上的情况。在练习场地上，顶级球员可以像机器人一般连续发球，但当他们在 15 000 人观看的中心球场时，挽救比赛的直接得分发球一下子变成输掉比赛的重大失误。赢得（或输掉）冠军和奖金的想法、人们的期待，都在施加着压力。

因此，科学家正在认真研究球员两次发球之间的情况。无论之前比赛中的落点宣判多么糟糕，无论你的发球多么无力以致未过网就弹了回来，也无论对手的击球多么让你恼怒，最重要的是下一球必须是一个全新的开始，你一定要沉着冷静、注意力集中。当然，从观众的角度来看，即使是世界顶级球员，在关键时刻的表现也难以预料，也正是这一点使得比赛如此令人激动。如果我们知道球员一定会在决胜点时发球得分，温网赛就不会这么有趣。作为观众，我们清楚风险有多大，当然球员也明白。因此第三个心理学理论出现了，它也许可以解释为什么对大奖的期望使我们自乱阵脚。

剑桥大学最近的实验展现出这一理论的基础。电脑游戏中，参与者在迷宫中追捕一个人造的灰点猎物。每当抓到灰点时，其中一组有机会得 50 便士，另一组可以赢得 5 英镑。又一次，有可能赢得大奖的人表现变差，那些最想得到钱的人（事先的问卷调查显示）反而得分最低。[14] 这项实验的不同之处在于参与者在做游戏的时候躺在脑部扫描仪中。脑部扫描仪显示，赢大奖的期望会引发中脑腹侧活动增加，大脑的这一区域与奖励有关。

乍一看，似乎没有什么可惊讶的，也没那么重要。听说有奖励，大脑中奖励神经通路被激发，事情不就应该是这样的吗？是应该这样，但结果是大脑中这一区域的活动增强，压制了大脑中另一区域的活动。而这"另一区域"正是负责我们工作记忆的区域，决定我们有意识地暂时存储信息和过程的能力，就像是大脑中的即时贴。我们再来看看那些印度村民，他们一心想着卢比，这意味着他们的脑海里没有空间来记忆游戏中的颜色顺序。

当然，并不是每个有可能获得大笔奖金的人或是想要夺冠的人都会发挥失常。正如英国一则笑话所言：足球就是两队各 11 人玩的游戏，最终德国队赢在点球上。德国球员虽然与英国球员面对的是同样的压力（也许如果英国队能够克服压力，也会获得大额奖金），但是他们似乎能够更好地面对压力。同样，在大满贯决赛中，和我支持的英国运动员安迪·穆雷（Andy Murray）相比，塞尔维亚的网球运动员诺瓦克·德约科维奇（Novak Djokovic）失败的可能性要小得多。

2014 年，在美国加利福尼亚州的伯克利市，埃斯特·阿尔茨（Esther Aarts）做了一个实验，实验参与者被许诺完成一项计算机任务后可以获得一大笔奖金。在这个实验中，我们也可以观察到实验参与者的行为有类似的变化。一些人就像我们在前面看到的那样发挥失常，而另一些人却依然保持冷静，并且获得了奖金。

而研究发现，这些表现上的差异都是由神经递质多巴胺造成的。[15]

利用一台正电子发射断层扫描仪（PET），阿尔茨和她的同事们检测了每一位参与者的多巴胺基线水平。如果一开始多巴胺的值很高，在承诺给他们发奖金之后，他们大脑中名为纹状体的区域会过度活跃。这就使得参与者不能很好地集中注意力，从而不能赢得高分。

其实任务本身很简单，电脑屏幕上会闪现出一个盒子，上面标着"左"或者"右"，然后参与者需要按下其中一个按钮来表明是哪一个，但是要尽可能快。为了加大难度，有时候盒子旁会有一个箭头，箭头所指方向与盒子所指方向相反。有一个标志会说明这个箭头是否相关，有时需要忽视箭头，有时却要关注箭头，所以快速回答每个问题并不容易，并且注意力需要高度集中。那些多巴胺系统特别活跃的玩家，注意力水平往往达不到要求。这向我们展现了在那些可以保持冷静的人和发挥失常的人的大脑中所发生的情况。

所以就像我们所看到的那样，由于各种各样的原因，金钱可以增加动力，但未必会增加成功的机会。然而，我们现在可以看到，金钱奖励有时反而会造成适得其反的后果。

挤出效应

瑞士以其举行的公民投票的次数而闻名。仅 2013 年一年，除了 9 次全国投票，瑞士各州还举行了 90 次公民投票。1993 年，瑞士中部的人们就核废料堆放场选址的问题进行了投票。投票的前一周，研究人员去居民家里进行了调查。他们想要看看金钱奖励会对人们的意见产生什么影响。

首先，他们问人们是否可以接受在他们住的地方建一个仓库来短期存放低、中级核废料。有一半接受调查的人表示可以，尽管有 34% 的人害怕这可能会造成一部分居民的死亡（这究竟展示了良好的公民意识，还是对于危险的极度漠视，就看你自己的想法了）。接下来，金钱也成为人们考量的因素。研究人员继续询问，如果政府每年给他们每人 2 000~6 000 美元的补助，他们是否会更乐意接受在他们居住的地方建造处理核废料的设施呢？这笔钱肯定会对人们的看法产生影响，但不是你以为的那种影响。这一次仅仅有四分之一的人同意在他们附近建核废料堆场。[16] 是的，这笔数目可观的补偿费（即使是在富有的瑞士）却成了一个巨大的阻力。

也许是这笔补偿费还不够多吧？我们早就知道，如果你想要支付这笔钱，就必须确保支付足够的数目。但是，这并不是问题所在。提高补偿费仅仅会招致更多的人反对。

所以，这到底是怎么一回事儿呢？为什么金钱诱惑反而降低了人们对核废料堆场的接受度？是核废料堆场使人们意识到了可能的危险吗？毕竟，政府只在核废料堆场有危险的情况下才会提供补偿。当局肯定隐瞒了什么不可告人的秘密。然而当研究人员向接受调查的人们指出这一点时，他们却声称不是因为这一点。那到底是因为什么呢？

研究人员得出的结论是：提供补偿把人们的公民意识从脑中"挤出去了"。

在不涉及补偿费的情况下，瑞士人民已经做好准备接受核设施，因为他们知道安全的能量供给对每个人来说都很重要。但是一旦给他们补偿的话，他们就会变得自私，只考虑自身的利益，从而不会基于更高的社会利益做决定，也就是说，把个人凌驾于集体之上。我们交流的范畴很重要，就拿圣诞节来说吧，当我们要装饰圣诞树时，每个人都会选择合作而不是竞争，家里面就会又温馨又明亮。但是下午大富翁游戏开始后，大家又开始相互竞争。突然之间，残酷无情变得可以接受了。

同样，挤出效应还可以用来解释为什么许诺付给以色列的学生报酬以后，再让他们去募捐，筹集到的善款反而减少了。报酬将他们脑中的利他主义挤出去了。一旦他们是为了自己去募捐，而不是为了做善事的话，他们投入的精力就会减少。

再说说罚款吧。在一个真正有公德心的社会里，这些想必是不需要的。我们会按时归还图书馆的图书，会遵守限速规则，并且会把垃圾倒在垃圾桶里，这仅仅是因为我们想要成为合格的公民。而罚款之所以会存在，是因为有时候我们做不到这些，而且需要一点外力推动我们做正确的事情。罚款还阻止了"投机取巧"的出现，如果每个人都把垃圾扔在大街上，或者在建筑物密集的地方以每小时 50 英里的速度跑来跑去，还认为如果只有自己这么做也没什么影响，他们就会制造混乱。总的来说，我们的罚款机制效果很好，这也是保留它的原因。然而，它的存在也会让一些工于心计的人钻空子。

我认识伦敦苏活区（Soho）的一个老板，他很乐意交违规停车的罚款。乐意交罚款？我仿佛能听到你不相信的尖叫声，是的，但这是他谋划的结果。他经常一看到交通管理员过来，就把他的车及时开离黄线区。但是，即使他没有及时把车开走，对他来说支付临时的罚款远比最近的地下停车场的费用低，而这个停车场甚至离他的店还有一段距离。事实上，这个老板把罚款重新归类，定位为服务费，而且是他很乐意支付的费用。当他从店里出来看到车的风挡玻璃上贴的违章停车的罚款单，一点儿也不生气。在他看来，用黄色塑料包裹的那张纸只不过是一页账单而已。

当然这种行为是自私的，前提是这个老板自认为他的行为不会带来任何危险或麻烦。但是如果所有人都像他这样做，他肯定就不会这样想了。这正是关键所在，但他不这么想，更可悲的是不止他一个人是这样的。

想想你是不是经常听见别人谈论违规停车处罚和超速罚款，就像它们是不正当的妨害一样："与司机交战的武器"，"老大哥"或者"小希特勒"般的地方政府机构的一部分。这些罚款原本是为了使公民的行为得体，现在却背离了初衷。在上述例子中，我们可以发现对于像苏活区的那个老板那样的人来说，时常出现的罚款单不再是因违反社会准则而受到的处罚，而是服务费用，这并不令人惊讶，却真的令人沮丧。

不幸的是，在以色列海法市的幼儿园，发生了同样的事情，而这已经成为研究行为经济学的一个经典案例。

海法市的幼儿园往往从早晨 7 点 30 分开到下午 4 点。换句话说，它们在每天的日常工作结束前就关门了。这也就意味着不论父母们怎么努力，都不可能尽早下班按时接孩子。

那么，这些幼儿园是怎么解决这一问题的呢？当然不是把孩子们赶到大街上。而是做了一个值班表，让每一位员工轮流值班，直到最后一个家长接走他的孩子。没有谁会乐意在休息时间工作，但他们把这个当作工作的一部分。

但是，如果有办法鼓励家长准时来接孩子会怎样呢？或者说，如果他们做不到按时接孩子就被罚款呢？ 1998 年，行为经济学家尤里·格尼茨和阿尔多·拉切奇尼就做了这个实验。海法市的 6 家幼儿园在布告栏上贴了一则告示，告诫父母从下周开始，如果接孩子迟到 10 分钟，每个家长将会被罚款 10 新谢克尔（约 3 美元）。

在那个时候，这比一个小时的保姆费便宜很多，但这意味着父母要为他们一直以来享受的免费服务付费了。这项罚款将会征收 12 周，然后加到每个家长每周的费用当中。出于研究目的的考虑，6 家幼儿园的家长出现的时间会被记录下来。同时为了对照，其他 4 家没有采取这一措施的幼儿园对家长们到幼儿园的时间也做了监测。

结果如何呢？想必你应该已经猜到了，在实行罚款制度的幼儿园，迟到家长的人数开始逐渐增多。几周后，被留下的员工会等好几个小时，而且要照看的孩子是之前的两倍。甚至在有些幼儿园，一周之内晚接走的孩子比孩子的总数还要多，这意味着要么每一位家长都至少迟到过一次，要么有些家长几乎天天迟到。[17]

金钱的影响在这个案例中表现得很明显。它扭曲了家长对于迟到的态度，从而得到了适得其反的结果。未实行罚款制度前，家长们会因为让员工在休息时间等候而感到愧疚。他是在帮他们的忙，而且他们也不想让员工等。

但是随着罚款制度的实行，情况发生了改变：从老师帮忙变成了付费服务，一种如果你需要就可以选择使用的服务。现在，只要你付钱，就可以理所当然地迟到。

毫不奇怪，12周之后，罚款制度被取消了。但家长们再也恢复不到之前的行为了。他们依然不能按时接孩子。相反，他们开始把这项课后服务视为他们与幼儿园之间合同的一部分，尽管罚款制度已经不施行了。这正好说明如果你不小心，金钱的介入会使自愿机制变质。因此考虑任何财政奖励或惩罚的长期后果是非常必要的。

- 为什么在朋友面前最好不要掏空你的钱包？
- 为什么贸然送价值不菲的礼物是一件不太礼貌的事情？
- 为什么大额奖金有时会产生适得其反的效果？

08

· 第 八 章 ·

给银行高管的贴士:
滥用金钱激励的例子

为什么高薪会有坏作用？

如果不考虑银行高管，任何关于金钱作为动力的理论都是不完整的。

在外界看来，只有高额的薪水和丰厚的奖金才有可能使银行高管一直工作下去。对伦敦金融城实施的任何的限制措施都会使他们跑到华尔街或苏黎世。然而，一个人（大多为男性）到底想要多少泰晤士河边的复式住宅，多少定制的西装，多少纯手工制作的鞋子，多少香槟以及带薪的假日？人们认为，这些银行高管都拥有，而且还不止这些。

我想去了解他们的情况，我们已经知道了大笔金钱可以调动穷人的积极性，但是，金钱是如何激励那些富人的呢？只有超过其个人存款的金钱才能激励银行高管吗？

伦敦圣保罗大教堂的前任教士贾尔斯·弗雷泽（Giles Fraser）讲述了一件引人深思的逸事。故事的主人公是他以前在伦敦金融城的邻居，是一位银行高管。弗雷泽发现，年轻的银行高管在下班之后会到酒吧里去，常常玩一种叫"全拿出来"的游戏，简单粗俗，只要一人高喊"全拿出来"，参加游戏的每个人就要把他们钱包里的现金都拿出来，钱最多的人则要把钱分给其他人。[1]

这个游戏展现出的是银行高管对待金钱的什么态度呢？有很

多种解释：首先，他们都很有钱，愿意拿出一大把钱玩游戏，图个开心。我们大多数人赚的钱根本没法跟他们比，也不敢把钱包里的钱都拿出来与朋友分享——这也是为什么玩"全拿出来"游戏的人不多，以至上不了 BBC 节目或健康服务节目。其次，这些人在炫耀，用粗俗的话来说，那就是翘尾巴："看，我们挣了这么多钱！"但是我认为游戏中还有一个属于伦敦金融城高收入人群文化的核心要素，虽然这些年轻的银行高管出得起这些钱，但是他们也不想出。所以，他们心里一定是这样想的：不管我钱包里有多少钱，在这个圈子里肯定有人比我更有钱。很可能就是这一想法使得银行高管（故事可能是虚构的，但很有趣）同意参加游戏，尽管他打算买一辆二手车，钱包里装了 5 000 英镑，但仍然认为还有人比他钱更多。

　　为什么银行高管已经很富裕，还渴望得到更多的钱呢？其中一个关键原因是他们认为其他人更有钱。在这个具有特定文化的圈子里，钱的多少显示出你社会地位的高低，衡量自身价值的唯一参考就是你的薪水和奖金的多少。一个在伦敦金融城工作的朋友告诉我，如果你每年的薪水是 30 万英镑，那没关系，但是如果你知道和你做着同样工作的人每年挣 40 万英镑，那么你就会觉得你受到了轻视。整个体系如此不睦，让人切实感到痛苦，特别是当交易员不能控制股票价格时，就像给护士发钱，钱的多少取决于病人是逝世了，还是依旧挣扎在死亡的边缘，这意味着其中涉及很多运气的成分。

　　我们已经看到在这样一种文化中，金钱的激励作用很有可能是以一种怪异且常常不太好的方式发挥的。当然，2008 年金融危机结束后，这个结论也就不足为奇了。

高薪是一方面，但是在这一章，我想着重讲一下奖金对人们的影响，奖金是被金融服务行业称为高级员工"补偿"组合的一大特点（随后我会再探讨这一词语背后的心理问题）。

小心"不良奖金怪圈"

如今，伦敦金融城的奖金发放体制是不透明的（表现在多个方面，下面我会谈到其中一个方面），员工不知道宣布奖金的确切时间，所以到了奖金季，他们就会紧张地等着老板召见，告知他们奖金的数额。按大多数人的标准，他们的奖金还是很高的，但是这并不代表他们会在当晚开一大瓶保罗杰香槟来庆祝。

大约 20 年前，在圣诞节的前几天，我的一个朋友前往金丝雀码头看望她男朋友，她男朋友在一家大型投资银行工作，他刚刚见了老板，知道了自己的奖金数额。他一见到我的这个朋友就忍不住落泪，于是她就问是不是发生了什么不好的事情，他回答道："是的。"因为他今年的奖金只有 18 000 英镑。

这个数字比我朋友一年不休息挣的钱还要多，毫不奇怪，这并没有引起她的同情。当然，并不是钱本身使他难过，他心里明白这个数字无论按什么奖金标准来说都不低，而且，比起不在银行工作的朋友，他的生活无疑好得多。使他难过的不是那 18 000 英镑的奖金，而是这个数字代表的意义——失败。

他怀疑其他同事比他的奖金多一倍，甚至是两倍、三倍。虽然他不需要额外的奖金，但是他非常需要奖金所代表的上司对他的认可。也许哭泣是幼稚的行为，但他好像忽然回到了童年，就像老师给其他同学打了"优"，他却得了一个"差"。

不考虑在道德层面如何评价发放高额奖金这件事，它们效果如何呢？也许我朋友的男朋友的同事值得拿"A"级的奖金，然而他却只能拿"D"级奖金。在他们那个世界（我们大多数人都不了解），也许根据他们为公司赚的钱，公司都给予了适当的奖励，很好地激励了他们，以期他们明年能够更加努力地工作。

此刻你可能想让我介绍一些能够解决这些问题的优秀学术研究，很可惜，我不能。你可能会认为既然金融服务行业拿出数十亿发放奖金，就应该有一家大银行或者机构会委托他人对奖金激励的有效性进行独立、严谨的研究。即使它们做了研究，也不会公开发表研究结果。所以我没有找到这样的研究，但是我们可以利用相关研究来推测奖金激励的有效性。让我们来看看前两章的研究，并将其应用到金融行业，看看我们是否能够得出初步结论。

首先，伦敦金融城大多数的工作，尤其是有丰厚奖金的高端工作，和吊在单杠上或摘水果不同——这些工作不是那么容易得到的。

公平地讲，人们都知道银行高管每天要工作很长时间，但是究竟是不是长时间的工作（或者说他们的努力）给他们带来了高额的利润，还不是很清楚。有人的确为老板赚了成百上千万美元，但是这可能是他们的技能使然，也可能像凯恩斯以来的批评家指出的那样，完全是靠运气。正如研究赌博心理的马克·格里菲斯（Mark Griffiths）这样的心理学家过去常常研究各种类型的赌博，比如，在游戏中下注（如轮盘赌），为未来事件下注赌博和买彩票，现在，有人在研究第四种赌博形式：股票投机。[2]

金融行业当然有许多种类的工作，一些类似于销售的工作，按成果付薪酬或付佣金，这是很合理的，因为个人投入的多少会直接关系到产出的多少。但是，有许多工作是团队合作完成的。很难确定（更不用说量化）个人对成功或失败的影响。再者，各种复杂的因素也会对成败有影响。在这种情况下，基础工资（在这一行普遍较高）应该够了，在大多数其他行业也如此。

如果公司效益不错的话，年底每个人可以得到一笔与工资相称的奖金（大多数公司都如此）。著名的雇员所有制企业约翰–路易斯就是这样的。公司认为所有职员，从首席执行官到收银员，都在为公司做贡献，而且他们公开公正地分享着一切。

然而，关键是，如果约翰–路易斯有一年收益不佳，那大家就都没有奖金了。有一件事情最令人费解、最不合常理（而且有损银行形象），那便是高收入群体即使是在银行巨额亏损的情况下似乎仍能得到大笔奖金。布里斯托大学的研究人员发现，不仅是金融业，其他一些行业也是如此：股票收益极高时，奖金和薪水也会涨；股票收益极低时，奖金和薪水却不会随之减少。[3]

不难理解，公众对此很不满。正如有关经济激励作用的证据所示，这并不合理。如果经过斯金纳的全盛时期和新行为主义之后，别的什么也没留下，那么奖励就应该用来强化良好的行为，而不是不良行为。

人们经常提到的一个解决办法就是不要给大银行的主管发

现金奖励，而是让他们参股。问题是，有大量研究（在有关节约那一章我会详细探讨）表明我们对未来的钱不如对现在的钱重视。所以得到股份而不是现金仍会让人觉得有所损失。[4]但好处是一旦"老板们"拥有了这些股份，由于禀赋效应的作用，他们会尽力确保股份不贬值。

在前面的章节中，我们发现当任务本身枯燥乏味时，经济奖励便会特别有效。而且如果没有诱因，很难让人们去做这类工作。这适用于金融服务业吗？我认为伦敦金融城的工作十分乏味，它却吸引了世界上许多优秀的毕业生。毫无疑问，高薪是原因之一，但仅仅是这个原因吗？不是，他们着迷于设计复杂的高杠杆率产品。不仅仅是为了赚钱，还有强烈的智力激励的因素，一些人乐在其中。

吸引他们的还有交易达成的那激动人心的一刻。我有一个富有的朋友，他并不是在金融行业工作，而是在出版行业工作。我曾问过他对出版工作的兴趣有多大。他很诚恳地告诉我说他并不是因为产品的质量而兴奋和陶醉，而是为了"达成交易"，甚至乐此不疲。虽然每笔交易都会让他赚很多钱，但是目前在他的职业生涯中，达成交易时的激动之情才是最重要的。我想类似的情况也发生在许多城市里的贸易商和金融奇才的身上。毕竟，在伦敦金融城，时常听到人们说他们30岁就退休，因为到那时他们已经赚够了钱。事实上，很少有人会真的这么做，或许是因为他们既喜欢赚钱，又喜欢这份工作。

倘若我是对的，那么在高端银行工作中，发放奖金便是错误的。正如我们从德西等人研究中所发现的那样，金钱激励有可能剥夺了银行高管内在的动力，甚至情况更糟，人们从事这项工作不再是因为喜欢，而只是为了赚钱。换言之，他们会感觉是外在动力促使他们从事这一职业。[5]这一问题，在诸如医护领域中会被特别关注，或许在银行业也同样重要。如果金钱意味着一切的话，那么奖金扣除或减少时，人们就会认为金钱损失了，员工的工作积极性还不如实行奖金制度之前高。

这一说法（或者稍微变一下：废除奖金制度，银行高管便会跑到国外去），正是奖金制度维护者的辩解之词。无疑这是个极具自利性的辩解，而且德西等人的研究工作的确表明金融业从一开始就不应该将奖金作为薪资待遇的一部分。

这一文化已然成形，连大额奖金也失去了作用。这有点像布鲁默尔曼、德韦克等人所发现的问题：父母过度赞扬孩子们的画作，会使效果减弱，或者适得其反。如果银行高管一直能得到"最高"奖金，那么奖金根本不能激励他们取得更大的成就。

研究表明，如果奖金已经成为薪酬待遇的一部分，那么就应该偶尔发放一大笔奖金，对不俗的业绩进行奖励。但那样的话，这些银行高管们又往往会走向过度自信。正如大多数人认为自己是水平超常的司机一样（但从概率统计来看这是不可能的），大部分人会高估自己对一个成功的项目所做的贡献。[6]因此像其他人一样，银行高管也会受到绩效薪酬的吸引，认为他们会脱颖而出。当别人对其贡献评价不高，最终奖金又低于其期望值时，他们便会失望沮丧。正如我朋友的男友那样，一份昂贵的礼物却造就了一项损失，而就像我前面所说，损失最令人厌恶。正如来自美国加州大学的研究人员伊恩·拉金（Ian Larkin）所指出的那样，职员们会将其奖金与同事的相比较（无论经理多么努力地保守秘密），这会使人们相互阻挠彼此的工作——从而很难形成良好的团队合作氛围。

把奖金纳入永久的薪资体系，剥夺了其应有的价值。奖金本应是一次真正意义上的表扬，反而成了"补偿"的一部分。就像对瑞士核废料堆场的补偿一样，这种做法很可怕，好像在说：我们知道你在这个讨厌的行业工作，我们会补偿你的，给你发一大笔钱。

这促使我们思考大额奖金的问题。以多数人的标准来看，银行高管的奖金分红的确是很大一笔钱。我们很早就明白大额奖金有时能够激励人们，小额奖金则不能。奖金只有金额达到能够改变一个人的生活水平时，才会有效。我朋友男友的奖金达 18 000 英镑，这能改变印度泰米尔纳德邦村民的生活，但对他来说显得太少了，只是花不了的钱又增加了一些，或者是多了一个他并不真正需要的假期。

因为情况经常如此，而且大多数时候银行高管的工作和"世界杯"足球决赛中的点球不同（尽管有些大的交易有时与点球有些相似），我认为发挥失常不是个大问题。但考虑到近几年来金融业业绩不好带来的灾难性后果——损失数万亿、企业倒闭、整个体系动荡不安，你肯定想知道大额奖金是否让一些银行高管多巴胺分泌过量，换句话说，大额奖金诱惑下，他们是否因大脑超负荷运转而无法专心工作。

最后，在将前两章所提到的研究成果应用到银行高管奖金发放这一情况时，挤出效应会怎样呢？这一行业如此看重金钱，会不会忽略了为什么做与做什么的问题呢？在某种意义上，的确如此。当然我并不是说提供金融服务就应该像献血一样，或者说我们的银行系统应交由志愿者来提供服务，就像英国皇家救生艇协会和山区救援队那样。如果银行高管没有薪资，银行业也就不会存在了。但是近来发现金融业如此执着于钱生钱，以至忘记了其职责就是为现有经济的发展保驾护航。

2009 年，当时的英国金融服务管理局主席阿代尔·特纳（Adair Turner）发表了一篇评论。由于是圈内人士发表的，该评论影响颇大。他说许多金融行业的活动"毫无社会价值"。[7]如果从那时起就实行高调的改革，当下的银行就会为经济发展提供更有价值、对社会更有益的服务，那么银行高管的声誉就应该有所提升，人们也会更加喜爱和尊敬他们。也许这种想法很天真，这样的尊敬能起到激励作用吗？银行高管只需要拿基础薪资，不需要再定期发放奖金，因为他们能够从工作中得到满足？这太理想化了，但这正是我们对护士、教师和社会工作者的期望。

我认为，把最好的心理研究成果应用到银行高管的奖金问题上，意味着我们需要对该体制进行彻底的改革。人力资源专业机构英国特许人事发展协会于 2015 年发布了一篇极好的报告，他们对该领域所有优秀研究进行了调查，并劝说企业应用这些成果，[8]但要想达到这一目的，身陷"不良奖金怪圈"中的人们必须意识到变革是必需的。为了我们大家好，我们只能希望有足够多的人意识到这一点。

- 为什么有人总梦想着腰缠万贯？
- 为什么我们渴望得到更多的钱？
- 为什么钱有多少都不够？
- 为什么钱越多却不一定会越幸福？

09

钱，钱，钱：
金钱与幸福的悖论

法国的普罗旺斯村庄有一个草地球场，球场对面矗立着一幢气派的桃色房子，海蓝色的百叶窗，铁门有些破旧。战争时期，作为进入红房村的桥头堡，这所房子曾是纳粹分子的大本营。

登上宽大的台阶，推开宽大的玻璃门就可以进入房子了。门的两边摆放着格特鲁德·杰基尔[①]（Gertrude Jekyll）式的陶罐，这些陶罐出自19世纪末萨里的康普顿陶器工作室，价值不菲，令人艳羡。显然，房屋的主人品位不凡，且十分富有。

见到迈克·里德，你会难以相信他已年过古稀。他身穿知名设计师设计的紧身牛仔衣，戴着银手镯，俨然一副摇滚明星的模样。在舞会上，你会看到他跳他那有名的扭臀舞。

迈克一向慷慨，无论在家里，还是在圣特罗佩斯的海滩俱乐部为朋友们买香槟时都是如此。迈克认为钱是用来享受的，为此他常常为被他称为守财奴的富豪感到遗憾。

他对我说："钱对于我来说的确非常重要，人们总说我张嘴闭嘴都是钱。"钱一直以来都是他生活的动力。自从创业后，他意识到除了自己任何人都不能依靠。

迈克1950年在柴郡毕业后，他父母想让他干一份稳定的工作，为他叔叔的保险公司工作。但是迈克另有打算。在1951年

---

① 格特鲁德·杰基尔：19世纪末20世纪初英国最负盛名的园艺师、作家。她在花园设计方面的影响力已经遍及整个世界。——编者注

寒冷的冬天，他为自己找了个卖灭火器的工作。他靠从中抽取佣金为生，那时他连一双御寒的靴子也买不起。他在雪天里从一个农场走到另一个农场，不停地奔波，脚趾都长了冻疮。但是他懂得了如何说服农场主买他的灭火器，并包揽了他们之后的灭火器供应业务，这项业务可以持续的时间甚至比他们的生命还要长。还不到一年，他的父母就"抱怨"他挣的钱竟然比医生还多。他走上了成功商人的道路，但是开始的时候也走了一些弯路。

就像很多男孩一样，他的梦想是在曼联球队踢足球。他在老特拉福德球场获得一次机会。但是他在球场很不走运，他没有成功。反而当他在城里的赌场用卖灭火器挣的钱赌博时交了好运。他玩 21 点游戏时，从一位足球运动员的手里赢了一辆敞篷莫里斯。

这一好运使他决定离开家。第二天，19 岁的迈克把衣服往车里一塞，就开车走了。从此，他再没有见过自己的父母。

到了伦敦，他又找了一份销售工作。这次是推销早期的电话答录机，他再一次做得风生水起。但他因心怀成名之梦而上了一所戏剧学校，还在一家剧院找到了一份工作。那时他对金钱的兴趣已经建立。"我热爱演戏，但是我还没有热爱到一直在剧院工作，过没有钱的生活。"

此后，他心无旁骛，一心赚钱。他决心挣更多的钱。

显而易见，他成功了。但他依然没有停止努力赚钱，依然在制订各种资产计划。他已经过了退休的年纪，有足够的钱过上舒适的生活，但他依然想要赚更多的钱。为什么？

守财奴与挥金如土的人

我们需要钱购买生活必需品。这一点我想大家都认同。但什么是生活必需品？对这一问题我们始终无法达成一致。有些东西你可能觉得是必需的，我却认为是无用的。由于各自的经济状况不同，我们可能对于什么是自己不可或缺的东西有不同的理解。

时过境迁，30年前，将复杂的计算机放入口袋简直不可想象。我们那时候可能会认为这样的计算机是一件奢侈品，只有超级富豪才可以把玩。现在世界上许多地方视智能手机为必备之物，在伦敦的贫民区坐公交车，你也可以看到每个人手里至少有一部手机。

同样，电视机在过去也只有富人才有。现在，即使极右评论家都承认看不上电视的人都是穷人。再比如外出就餐，从小到大父母很少带我去饭店吃饭，只有在特殊情况下，才会去饭店。现在只要人们能负担得起，就可以经常去，也不算什么了不起的事。

虽然整个社会的观念改变了，但我们对金钱的看法依然不同。怎样才算是贫穷，或是富裕？有多少钱才算足够或绰绰有余？人们的看法截然不同。形成这些不同看法的原因何在？特别是为什么一些人对金钱那么执着？

几十年来，心理学家已经按照金钱观的不同把我们分了类。[1]其中一种分类法由心理学家赫伯·戈德伯格（Herb Goldberg）和罗伯特·刘易斯（Robert Lewis）于20世纪70年代提出。他们做出了12种分类，分类基于他们自己的观察，不是像对个性的定性研究那样，而是基于从成百上千人的身上得来的数据的严格分析。尽管这种分类不讨人喜欢，但是很有趣。也许你会发现自己属于其中一类，或许，当你一类一类看下去时，你希望自己不属于其中任何一类。[2]

1. 自由买家——你厌恶受人限制和做自己不愿做的事情，而且视花钱为摆脱限制的方式。在酒吧你总是一巡一巡地买酒请客，因为你不想欠别人的情。

2. 自由斗士——你不喜欢受金钱约束，希望金钱能够平均分配。你可能会为自己来自富裕家庭而感到内疚，你可能希望金钱根本不存在。而且，用戈德伯格和刘易斯的话来说，你可能是一个"积极的改革家"，一个"忧国忧民的自由主义者"，又可能是一个"与社会格格不入的人"，或者一个"虚无主义者"。

3. 强迫性储蓄者——为了攒钱而攒钱，每次一领到钱就先存储一定数额，就好像在缴储蓄税。你不能真正享受一个假期，特别是不能带薪休假的时候，因为度假使你不仅比平时花得多，而且没钱可挣。

4. 自我否定者——如果把钱花在自己身上，就会感到内疚；住在房价低廉的地段；一进超市，先选打折商品；如果有额外收入，你会把钱花在别人身上而不是自己身上；你对未来很悲观，有闲钱也不敢花。

5. 强迫性打折商品购买者——除非是打折商品，否则你不会买。你可能花费大量时间寻找优惠券，选择最优惠的价格。你觉得所谓的购物成功，不是因为买了很多东西，而是因为省了很多钱。

6. 狂热的收藏者——你不收藏钱，而是喜欢收藏其他东西，近乎痴迷。一旦收藏了什么东西，你就不会放弃。你可能还争强好胜。

7. 买爱之人——你慷慨大方，喜欢用钱购买爱慕、关注，或者让人们喜欢你。你可能会为慈善事业捐大笔的钱，也可能会给服务员一大笔小费，你还可能用钱买孩子们的爱，从而惯坏了孩子。亲戚朋友可能怨你总是不给他们买单的机会。

8. 爱的兜售者——你待人和蔼可亲，使他人自我感觉良好，而实际上你正在出售自己的爱。为了保住工作，你取悦老板。你总是和比你有钱的朋友外出游玩，但当朋友有困难时，却毫不犹豫将其抛弃。

9. 爱的偷盗者——你声称关心自己的员工，但实际上却只是希望他们的工资一直维持在低水平。作为一个演员，你会假装热爱自己的观众，却在背后蔑视他们。你可能会用爱去偷盗对你有特殊价值的东西。

10. 操控者——你用金钱取得权力，但是为了获得更多的钱又剥削人们，有时甚至欺骗他们，但你并不为此而感到内疚。

11. 帝国建造者——你决心成为一个领导，不仅因为你认为当追随者很软弱，而且你不喜欢别人质疑你的决定，独立对你来说非常重要。如果有可能你会去寻找挣钱的捷径。

12. 教父——你为了让孩子们乖一点儿而去贿赂他们。只有别人听命于你，你才会对他们好。在饭店就餐时，你总能挑出毛病，你乐意花钱买别人的忠心。

迈克告诉我他之所以不停地赚钱是为了获得安全感，据此我们可以把他归到强制性储蓄者这一类。当然，迈克也花钱，也不全是为了安全感，我认为迈克还是一个自由买家。年轻时，他就决心挣足够的钱，没有人能使他改变想法。

迈克可能不同意我的归类。但是他会把我划归哪一类呢？也许是擅长购买打折商品那一类？因为我的确喜欢买打折商品，尤其是当人们夸赞我用很少的钱买来的衣服时。或者把我归入金钱傻偏这一类，这是最近金钱观新分类体系中的一类。[3]

这些分类体系的问题在于很难把人们围绕金钱所表现的行为概括出来，归为一类。可能一个比较好的方法是观察我们的性格和我们对金钱的行为有什么关系。例如，研究表明，在"责任主"一项上得分高的人，更可能有存款（在心理学上，责任心是五大人格特征之一。其余四大特征为开放性、情绪不稳定性、亲和性和外向性）。又或者像迈克那样的企业家，更有可能在稳定性和独立性上得高分。[4]在心理学上，还有一种控制点理论，控制点是指一种能够掌控周围世界的意识。企业家们往往都拥有所谓的内控点，认为他们能够改变自己的处境。然而，负债的人往往有一个外控点，认为外部事物很难控制。

不同影响因素之间的关系是很难梳理清楚的。比如，贫穷也许容易导致外控型性格[①]的形成。换句话说，穷人不太可能（也许有充分的理由）认为他们能够掌控生活，他们也容易欠债。那么，拥有外控型性格会使人因负债而走向贫困吗？又或者说是贫困导致了负债，从而形成了外控型性格吗？（我们将在下一章更加详细地探讨缺钱的问题。）

其他研究显示，拥有稳定的外向性格的人更开放更富裕，对金钱不在乎。尽管这种性格的人花钱大手大脚，但是他们觉得自己更能掌控金钱。在瑞典做的一项研究发现，情商高的人往往不会被金钱牵着鼻子走，也不会把金钱视为权力和身份的象征。例如，这些人擅长察言观色，他们在应对失败和挑战时也表现得很好。[5]

相反，这项研究还发现那些非常喜欢金钱的人很难适应社会环境。是因为人对他们来说毫无意义，他们才在金钱上寻求慰藉的吗？还是因为他们只对金钱感兴趣，从而远离了人群？像这些即时快照式的研究很难告诉我们谁先谁后。它们只能告诉我们

---

① 外控型性格：拥有此种性格的人，更多地认为事情的结果是由机遇、运气、社会背景、任务难度、他人及超越自己控制能力的外部力量等因素所决定的，容易听天由命由外界主宰；而相对的是拥有内控型性格的人，他们认为结果取决于内在的原因，如个人的努力程度、个性和自身能力，他们深信自己能够掌握自己的命运。——编者注

一般情况，不能预测特殊个体的行为，比如说迈克的行为。尽管迈克很喜欢钱，但毫无疑问他是个善于交际的人。同样，他也善于应对失败和挑战。他不把金钱视为权力和身份的象征，也不会被金钱牵着鼻子走。这些不同的观念都集于他一人之身。这些研究通过调查成千上万的人来揭示普遍存在的模式。比如，一个人受教育程度越高，一般来说，就越不会着迷于金钱。这并不奇怪，也许因为他们认为自己有能力赚取足够的金钱。这项研究还显示，一般来说，越年轻的人越不在乎金钱。相反，年龄越大的人越擅长做预算。[6] 当然，你可能会告诉我一些例外，比如，一些学生热衷于攒钱，领养老金的老年人却热衷于花钱。

在这个领域，没有人能够提出一种理论，可以对每个人的金钱观做出解释，解释它们源于哪里，为什么我们对于每天发生的事情的看法会有如此大的差异。但是，在我看来，伦敦大学学院的阿德里安·弗恩海姆进行的研究最全面也最有趣。他提出了金钱信仰、行为等级和简单的 16 项金钱态度量表，这些研究结果会告诉你，你更看重什么——将金钱作为获取权力的工具、获得安全感的工具，还是获得自由的工具。弗恩海姆的成果之所以有成效，最重要的一个原因就是，在英国广播公司发起的一项名为"大笔金钱测试"的调查中，10 万多人填写了调查表。[7]

调查显示，当人们年轻时，很可能会透支或被拒绝赊账，人们上了年纪后，更容易受破产的影响。同时那些认为金钱赋予他们权力的人，更有可能去冒车房被收回的风险。然而，认为金钱能够带来安全感的人却很少陷入经济困境。调查显示，男人常把金钱与安全感和自由联系起来；女人却更愿意承认她们花钱时很担忧，而且把购物当作掌控情感的方法。但是，这项调查显示男人与女人最大的差别在于女人在金钱上要慷慨得多。

或许，"大笔金钱测试"中最令人惊讶的发现是，总体上来说，人们对金钱的态度不是由收入决定的。人们是否有钱，对于人们是否把金钱视为安全、自由、爱情和权力的相关因素没有任何影响。所以，我们可以得出如下结论：我们的金钱观至少有一部分是天生的，也就是说，我们的金钱观在我们拥有经济能力之前就已经存在，而不是由金钱决定的。

就金钱观而言，还存在一个时间维度的问题。弗恩海姆发现，在未雨绸缪方面，我们的金钱观在过去差异较小。例如，年龄较大的人，尽管很善于做预算，他们还是比较容易担心未来的金钱状况，有钱人也是这样。尽管我们常常认为富人钱多，烦恼也多（而我们没有这些烦恼），但毫无疑问，收入越低的人，经济方面的焦虑就越多。

如果一对夫妻有相同的金钱观，他们是很幸运的。堪萨斯州立大学的研究人员对 4 500 对夫妻进行了长达 7 年的研究。他们发现，离婚最大的征兆不是关于孩子、家务或性生活的争吵，而是关于金钱的争吵。[8]

这类争吵的本质不同于关于其他话题的争吵。一方面，与家务、性生活或姻亲方面的争吵相比，关于金钱的争吵更激烈。也许在一段关系中，金钱可以代表许多不同的东西——权力、失望，甚至是不信任。然而，有趣的是，是否值得夫妻吵一架与金钱数额其实没有多大的关系，他们吵架并不是因为缺钱，无论收入或存款有多少，夫妻们都会为了金钱而争吵。

这一领域的研究人员认为，金钱在婚姻关系中能造成如此大的分歧，是因为男人和女人的金钱观不同。正如我们在上述"大笔金钱测试"中所看到的，的确有证据证明是这样的，比如，女人常用购物疗法。还记得我丈夫吧？是他在外出给我买生日礼物时，花了500英镑为他自己买了一件皮夹克。有一项研究表明，一般来说，男人比女人更加奢侈。[9]

另一项有关金钱观的研究表明，男人认为自己更有能力处理金钱方面的问题，并且愿意为金钱冒更大的风险。同时，与男人相比，女人更容易羡慕她们有钱的朋友，并且认为金钱是身份和权力的象征，车子也是。[10]

诸如此类的研究有很多，有的研究距今已有10多年了，我们应该如何看待这些研究，还很难说。总的来说，我并不认为男女之间金钱观的差异比不同个性之间的差异要显著。

我想知道金钱的特质是否能够解释其引发如此多的争吵的原因。我们需要和金钱长期打交道，所以很难把它忘记。无论是伴侣、母女，还是兄妹，两人之间常常会意见相左。或许有关金钱观，有一件事情是可以肯定的，那就是我们都有自己的金钱观，而且都认为自己是正确的，所以金钱会引起争吵，而这些争吵又很难平息。

当然，金钱观的个体差异并不是恒定不变的。境况的剧变，比如，中彩票、和一个百万富翁结婚又或者失业，都将不可避免地改变你的金钱观。金钱观不会像智力那样稳定，但又比工作满意度要稳定得多。[11]

现在，是时候谈论有关金钱的最大问题了——金钱会让人们快乐吗？

中彩票能否让人更开心？

1995 年，伊莱恩在和两个孩子看电视时发现她买的彩票上的 6 个数字出现在了屏幕上。她之前买彩票就很幸运，赢了一些钱，但这次她赢得了顶级大奖——引人注目的 2 704 666 英镑。

当然，赢得大奖她很激动。她的生活也改变了。一部分钱用来和丈夫一起做生意——先投资了一个度假村，然后是一家餐馆。这对夫妻知道他们老年时，不用为钱担心了，也不用担心怎么筹措女儿们的大学学费了。但那个大问题呢，金钱让伊莱恩更开心了吗？

当谈到这个问题时，伊莱恩坚持认为金钱不是最重要的。她回想起小时候，家里非常贫穷，她在靴子里垫着塑料片以防雨水弄湿她的脚；8 岁之后，每次放学后她都会把自己关在房间里，因为妈妈还在加班工作。当然，她很开心现在不用为钱而发愁。但她说，许多事物从大的方面来看，金钱的作用就显得很小。

在她中大奖之后，她的妈妈和哥哥去世了。伊莱恩说，如果能换来他们任何一个人一年的生命，她会很开心地放弃所有的奖金。事实上，她想回到以前的日子，回到小时候，她妈妈不得不在她的靴子里放上塑料片衬垫的时候。[12]

尽管伊莱恩失去亲人的厄运与她中彩票没有关系，但在其他情况下，中彩票也会带来悲剧。

1988 年，威廉·巴德·波斯特在宾夕法尼亚州获得 1 620 万美元的大奖，5 年后，他在《华盛顿邮报》上说，他赢得的是一场噩梦。[13] 他经历的挫折不胜枚举：法官裁决他必须把奖金的三分之一分给他之前的女房东；他结了 7 次婚，离了 6 次；他因为向一个收债人开枪而被送进监狱；他被宣布破产，之后他弟弟雇了一名职业杀手想要杀了他。威廉说他穷的时候很快乐，他把中奖彩票叫作"死亡彩票"。对他来说，在中大奖之前的生活比较简单。

对于 2006 年在佛罗里达赢了 3 100 万美元的亚伯拉罕·莎士比亚来说，最终的结果真的就是，他的号码也步入死亡彩票之列。先是他的同事为了得到一半奖金起诉了他，并声称亚伯拉罕从他的钱包里偷走了彩票，法院最终判决亚伯拉罕胜诉，不过很快他就厌烦了那些向他要钱的人。[14] 就在这时他遇到了多丽丝·迪迪·摩尔，她说她想写一本关于人们是怎样利用他的书。他们成了亲密的朋友，最终他让摩尔全权掌控了他的资产。但是最后证明摩尔也是一个利用他的人，不过她是其中利用得最少的一个。2010 年，亚伯拉罕的尸体在一块混凝土板下被发现，他身中两枪。后来摩尔因谋杀被判无期徒刑，现在正在监狱中服刑。

有时候，赢得彩票可能会导致公众的中伤。因为，不是每个赢得大奖的都是好人。比如，当人们得知彩票的中奖者是一位因强奸未遂而被判无期徒刑的罪犯时就非常愤慨，他是在不设防监狱开放的那天买的彩票。[15]

这些不幸的和"不应该"获奖的人都是特例。大多数抓住这巨大机会，赢得数百万奖金的人都是友善、正派的普通人。极少有中奖者会像你想象的那样，把钱以臭名昭著的"花，花，花"方式挥霍掉。事实上，很多人将大部分奖金存了起来。而且当真正消费时，他们会骄傲地展示他们在负责任地消费。一项有关瑞典彩票中奖者的研究发现人们对奖金很慎重，并且想表明奖金并没有改变他们的生活。[16]

这一切都很有趣，我仿佛听见你在惊呼，但中彩票是否能使人开心呢？

关于彩票中奖对快乐的影响，研究人员 1978 年进行了一项典型研究。他们采访了一些彩票中奖者，这些中奖者中的大部分表示当时完全惊呆了，也有一些人表示中奖谈不上幸运或不幸运。尽管中奖者比别人有更多的时间和金钱去过安逸的生活，但中奖后的一年内，他们发现自己并没有比其他人快乐多少。他们似乎并没有每天都沉浸在快乐中，依旧正常地吃早餐，看电视。也许这些事与得大奖时的激动相比太过微不足道，但当他们习惯了拥有这么多财富，这些钱就不能再给他们带来快乐了。

令人意外的是，这项研究发现，与表示中奖谈不上幸运或不幸运的人相比，那些表示当时完全惊呆了的人快乐水平相对较低，但二者差别不大，他们的总体快乐水平在平均水平之上。[17]

这个研究规模很小，并且后期没有对这些人进行跟踪调查。

即使这样，随后此类研究也证实，快乐水平是相对稳定的。或好或坏的事发生在我们身上，快乐的水平会有所波动，但不会像我们想的那么高。经过一个叫"享乐适应"的过程，我们就习惯了新的环境，不管环境是好还是坏都无关痛痒。只是，当我们的生活变糟时，比起生活变好，我们适应得慢一些。即使人们变得身无分文，日子久了他们也会习惯。[18]

尽管很少有人会拒绝一份大奖，但我们知道从长远来看，突然拥有一大笔财富并不会让我们比没有财富的过去更幸福。

有一个有趣的发现：那些一夜暴富的人不再从生活中那些细小的事情上获取快乐。比利时进行的一项研究的结果似乎与这一发现相吻合。

研究人员给每个学生一块巧克力，然后测出他们吃完巧克力的时间。学生们平均用了 45 秒。但如果让他们吃前先看钱的照片，他们品尝的时间降至仅仅 32 秒。[19]

研究人员总结道，一旦学生想到金钱，他们对品尝巧克力这种简单的快乐的兴趣便会减少。这是个奇特的发现。

这些心理学家还给人们一系列的情景去想象，比如去观赏壮观的瀑布，接着问他们在这情景中是如何反应的，并让他们从一列选项中做出选择。人们可以随意选择，但研究人员只对那些有关享受心理的选项感兴趣。先前的研究证明人们在品味一件事时有各种各样的方法：我们向别人讲述这件事，费尽心机地想停留在曾经经历的那一刻；我们向别人展现自己的愉悦；我们对这件事先是期盼，然后是回忆。

研究人员发现，人们享受简单愉悦经历的程度取决于他们有多少钱。那些收入高，有大量存款的人说他们比低收入的人从中得到的快乐要少。

这种现象被称作"经历延伸假说"（experience-stretching hypothesis）。这一理论是指如果一个人去米其林星级饭店，品尝过城里最好的餐点，那么他在当地餐馆品尝一份金枪鱼三明治的快乐就不会有多少了。

比利时团队的研究没有就此停下，他们做了进一步的研究。他们又一次询问受试者在看到瀑布或其他美景之后的感受，但这次在询问之前先给他们看了钱的图片。这次无论收入多少，受试者的表现趋同，正如有钱人表现的那样。

这证明有钱（甚至一想到钱）就会减少快乐。更准确地说，它会减少简单乐趣的愉悦度，因为一旦有钱（想象你有钱）会给你的日常生活带来较多奢侈挥霍的生活经历。

当然，有很多方法让有钱人依然能够享受简单的乐趣。为了品尝美食我曾在伦敦有名的常春藤饭店吃过一次饭，那是有钱人经常光顾的地方。这家饭店最受欢迎的菜肴是威尔士干酪土司和农舍派，不得不承认饭菜很精致，也很贵，但是贵有贵的道理。常春藤专为有钱人提供舒心的食物，满足其不同寻常的口味需求。因为我每天都可以为自己做威尔士干酪土司，所以那天我选择了多佛比目鱼。

在概率极小的情况下，如果你一下子进入了大富豪的世界，从这些研究中要汲取一点经验：要表现得像那些随着事业蒸蒸日上、收入稳定增长而逐渐好转的人一样（这样的人很多）。

所以，百万富翁家庭的新成员们，要沉住气，不要挥霍无度。不管怎么说，这都是一个明智的理财建议，更确切地讲，如果你将突然得到的钱循序渐进地花费在美好的事物之上，而不是直奔用钱能买到的最好的东西，那么你从现金中得到的快乐会持续得更久一些。[20] 要牢记这一发现：一般情况下，人们在赢得 25 美元后紧接着又赢得 50 美元要比一下子赢得 75 美元快乐得多。[21]

一个关于幸福的悖论

到目前为止，看起来金钱并不能使人更开心。但我们一直在关注的是那些突然富起来的人。那么，对于更常见的情况，人们在经历了数年甚至数十年，随着收入增长积累了一定的财富之后会怎样呢？

很明显，贫穷会使人不开心，随着贫穷带来的痛苦的减轻，毫无疑问，人们的生活满意度会提高。比如在肯尼亚做的一项实验中，实验人员随机选了一些穷人，并且分别给他们 400 或 1 500 美元。随着这份新财富的出现，他们的快乐水平和生活满意度的确提高了，而且压力和沮丧的程度也减轻了。但是值得注意的是，要想让金钱对一个人的生理机能产生影响，使心理和生理两方面都愉悦，就需要更多的钱了。实验中，研究人员在不同的时间内对他们的压力激素皮质醇水平进行了检测，发现那些得到 1 500 美元的人皮质醇水平明显下降。[22]

肯尼亚的实验表明，如果你穷困潦倒，那么有人送你一大笔钱，你会很开心。这和常识相符，因为金钱会驱除生活中的一些忧虑，可以买来快乐的体验，让你生活得更舒适，甚至变得更健康，更长寿。

多年来，伊斯特林悖论现象（以美国经济学家理查德·伊斯特林的名字命名）在这一领域具有很大影响。它基于以下事实：在一个特定的国家，有钱人一般比穷人开心，但如果在国家间进行比较，富裕的国家并不一定比贫穷的国家快乐。也就是说，收入增长肯定会使快乐值增高，但仅仅是达到某一水平。超过某一特定收入水平时（10 000~20 000美元，这一数据在不同研究中略有不同），快乐值便不再增高，因为人们达到了快乐饱和水平。他们所需要的都有了，也能负担得起一些消遣娱乐。额外的收入固然好，但不会让他们的健康和生活满意度有更多的变化。

如果你很富有，你也许能够在自己的生活中发现这一规律。你过去常去背包客栈，后来是含早餐的小旅店，然后是大酒店，再后来是相当好的大酒店。你过去常在慈善超市①买衣服，然后是在商业街上的服装店买衣服，现在去名牌服装店买衣服。当第一次买高价物品时，你会体验到一阵快乐。但是一段时间之后，你就习惯了这些好东西，它们所带来的快乐就会减少，然后在达到某一点后，便停滞不前了。当你在常春藤饭店进餐的时候，你

---

① 慈善超市：指接受、处理和销售市民捐赠的旧物品，并且用销售这些物品得到的善款为残疾人、失业者兴办各种福利工厂、职业培训机构和就业安置场所的公益超市。——编者注

不想吃多佛比目鱼了，而想要吃威尔士干酪土司和农舍派。你又开始去慈善商店买东西，并且去露营了（也许是私人复古范儿的豪华露营）。但无论如何，现在无论给你多少钱你都不会比没钱的时候得到一笔钱更开心了。

这一理论不错，但未必是完全正确的。

2013 年，来自密歇根大学的贝特西·史蒂文森（Betsy Stevenson）和贾斯汀·沃尔弗斯（Justin Wolfers）发表了一份分析报告，相比之前的研究，他们采样更多，花费的时间也更长。史蒂文森和沃尔弗斯发现，一般而言（当然总有个别例外），人们越富有就会越快乐。[23]

盖洛普（国际知名的民意调查机构）2007 年的民意测验提供了更多证据。测验表明，年收入超过 50 万美元的人全都说他们很幸福，年收入少于 1 万美元的人中，只有 35% 的人说他们很幸福。[24]

因此，可以下结论了：很不幸，对我们大部分人来说，越富有，越快乐。

且慢，还有一个问题。盖洛普民意测验中，只有 8 个人的年收入达到 50 万美元。而且我们还不确定高收入的作用会不会在达到某一点后逐渐减弱。因此，许多专家仍认为收益递减律在起作用，因此你越富有，一小笔钱的额外收入所带来的愉悦就越少。一些专家认为年收入超过 75 000 美元后额外的收入不会使人更高兴，另一些专家则坚持认为越富有，越幸福。

这一争论无疑还会持续下去。

物质主义的好与坏

尽管有多种研究，大多数人还是不能相信更多的钱不会让人更快乐。想一想用钱可以做到什么吧。大众倾向于认为收入与快乐关系很密切，甚至比贝特西·史蒂文森和她的同事所认为的还密切。

不列颠哥伦比亚大学的心理学家研究了400个美国人，请他们凭直觉来猜财富和快乐的关系。研究人员发现他们对年收入9万美元以上的人的幸福度的猜测相当准确，但他们低估了年收入5.5万美元以下的人的幸福度，即使他们当中三分之一的人挣得比这还少。[25]也就是说，在人们心目中，比较富裕的人一般而言要更快乐一些。这一点参与者们猜对了，但他们高估了有钱人和穷人之间的差别。

当研究人员让参与者评估自己的幸福度时，收入对人们的幸福度只起四分之一的作用。当研究人员让参与者想象一下在10个不同档次的收入下，自己的幸福度分别是多少，并将他们估计的结果与实际收入为以上10档的人的幸福度相对比时，研究者发现参与者过度夸大了他们挣钱少时不开心的感觉。

这可能是人们规避损失的一个例子。人们害怕自己赚得比现在少会导致严重后果，害怕他们不得不放弃已经习惯的一切，这当然很有道理。如果收入下降意味着离开家园，远离朋友和家人，他们的幸福度的确会下降。

同时，我们从这些结果可以发现一些重要的事情：如果我们倾向于过高地估计金钱和幸福的关系，我们就会热衷于追求错误的目标。也许我们应该放弃多赚钱的念头，因为这不会使我们更快乐，收入增加以后，也许反而会使我们远离现有的快乐。

然而并非所有人都持这一态度，似乎近30~40年，人们都越来越渴望变富，至少，在经济发达的国家是这样的。在1970年到1998年间，美国学生中认为"有钱极为重要"的人数增至74%。[26]

正如我们所见，这似乎和"物质主义"研究的结果不一致。物质主义是指一个人对物质和金钱非常渴望，从而忽略了其他东西，而正是这一点证明越重视金钱和物质的人越不幸福。然而，近年来许多研究表明，物质主义和幸福之间的关系并不是那么直接明了。很长一段时间以来，物质主义被认为是伴随一个人一生的个性特征，一旦是物质主义者，终身都会是物质主义者。

比如，按照贝尔克物质主义的量表评估，凡是得分高的人都占有欲强，忌妒吝啬。但这个表有个缺陷，就是没有将人们想要拥有金钱和物质财富的原因考虑进去。例如，迈克·里德正是出于对安全感和自由的追求，才对金钱有着无限的渴望，不停地去赚钱。

近年来，很多物质主义理论都考虑到了个人所处的环境。如果迈克起初生活不是那么艰难，他是不是就不会那么重视赚钱了？

物质主义这个词从道德上来讲具有负面色彩。我们当中的大多数人不愿意承认自己是物质主义者。我们为消费社会而担忧，觉得尽管它使现代经济得以运转，但会促使我们买一些不需要的东西，这对这个星球当然是有害的，但也许并不是所有的物质主义都是坏的。

在这里我要介绍一下心理学家米哈里·契克森米哈赖（Mihaly Csikszentmihalyi）。他因提出"心流"的概念而出名。心流是指当你完全沉浸于绘画和园艺之类的作品时，你会觉得非常快乐，从而忽视了时间的流逝。[27] 契克森米哈赖认为有两种物质主义，比较好的一种，叫作"工具性物质主义"，是指使用物质财富实现个人价值和目标；比较差的一种叫作"终极性物质主义"，是指使用物质财富提高自己的社会地位，引起他人的忌妒。

尽管美国和新加坡的研究已经发现秉持物质主义价值观的人一般都不太快乐，他们对生活不容易满足，而且容易焦虑，这可能完全取决于想要得到钱的动机。对于企业家和商科学生进行的一项调查（研究人员假设他们非常想赚钱）表明，如果他们赚钱的目的是稳固自己的地位或得到特权，物质主义就会令其幸福值降低；但如果他们赚钱是为了获得安全感或是养家，物质主义就不会对他们的幸福有任何影响。[28]

萨塞克斯大学的心理学家赫尔加·迪特玛（Helga Dittmar）将冰岛人和英国人对待金钱的态度进行了比较，并且对他们想要变得富裕的 6 个动机进行了测评。她发现，如果一个人的主要动机是"克服自我怀疑"，那么无论贫富，两个国家的人的幸福值都比较低；把金钱视为成功标志的人在两国的幸福值都比较高；在冰岛以赚钱为傲的人会比较幸福，而在英国则相反。[29]

最有趣的是迪特玛发现研究结果还不确定。如果穷人说他们赚钱是为了幸福，他们的幸福值反而不高。或许现在看来这没有什么可惊讶的，因为他们还没有得到他们渴望得到的钱。但两国那些高收入的人说他们追逐金钱是为了幸福，他们的幸福值的确较高。所以，可以说他们是白辛苦一场，因为我们知道，再多的钱也只能使我们比以前快乐一点儿，也许他们知道自己在做什么。他们现在很快乐，或许他们的钱会使他们更快乐一点儿，那为什么不再多赚点呢？

但是我们对物质主义和孤独之间的关系感到很困惑。通过对 2 500 人长达 6 年的跟踪调查，荷兰蒂尔堡大学的里克·皮埃特斯（Rik Pieters）教授能够证明不只是物质主义者会孤独（他们也许忙于赚钱，没时间社交，也许对他人不够信任），非物质主义者也会孤独，比如在离婚之后。人越孤独，物质主义倾向越明显。[30] 通过离婚，人们很容易看到为什么会是这样的，随婚姻破裂而来的是什么。或许是经济状况不佳使人们关注金钱，但是，孤独的人会转而追求物质，以期填充其孤独。

但是，对物质的追求并非一无是处。这是由物质主义的本性决定的。在这项研究中，研究人员使用调查问卷对不同事件和地点的情况进行了调查，这使他们能够观测到事件发生的顺序，以便于求证对每个人来说是孤独导致物质主义，还是物质主义导致孤独。有趣的是，物质主义在人们年轻或年老时表现得较为明显，而在 48 岁时最不明显。有时物质主义也有好处。如果人们能够从财富和消费中得到快乐，享受这份单纯的快乐，在调查问卷上写上"我很喜欢奢华的生活",或是"我很喜欢非实用的东西",这种态度经常会减少孤独。

但其他人处在一种孤独和物质主义的恶性循环中。单身的人更可能求助于物质财富,对他们来说,金钱仿佛毒品一般可以为他们增添快乐。在调查问卷中,他们会认同"买得起的东西越多,就越快乐"。但是,可悲的是买新东西并没有帮助。从这项研究中得到的经验是,结交新朋友会减轻孤独,但借购物寻求快乐毫无用处。

这并不意味着金钱不能买到快乐,这要看具体情况。迈克·里德得到了他渴望得到的安全感和幸福,毫无疑问他现在很快乐。他给自己立下了赚钱的目标,他成功了。但如果他成为曼彻斯特联合球队的球员,他可能会一样幸福(实际上他更愿意成为一个球员,而不是百万富翁)。或许成功但不会赚大钱的运动员生涯也会给他带来同样的快乐。但关于这一点,他和我们都不会知道。在我看来他现在很幸福,但是我知道(你也会知道),人们钱不多时也会快乐。或许我们最终可以得出结论:钱多了,人们可能会更快乐,但不能保证一定快乐。

- 为什么贫穷会使你的智商降低，以至在理财上做出糟糕的决定？
- 为什么他人不会对贫穷的你抱有太多的同情？

10

金钱焦虑
会使人思维贫乏

也许你会忌妒在法国南部过着富足生活的人。也许你还忌妒那些因为彩票中奖而一夜暴富的人。心理学测试和脑部扫描的结果显示，这种心理反应很常见，这样的结论对你来说已经不足为奇。可是，让人觉得难以接受的是，这些测试和扫描还揭示了我们对穷人的厌恶。没错，不是理解，也不是同情，而是厌恶。这是一项重大发现，该发现表明穷人在很多方面处于非常不利的地位。有的方面很明显，有的方面很出人意料，但是，这一切对穷人来讲都不公平。

对穷人的轻视

为什么我们有时候会对他人产生敌意？针对偏见的传统研究表明，差异是一个重要因素。也就是说，如果别人跟我们不一样的话，我们往往讨厌他们，不信任他们。而且，对于其他群体，我们特别关注的是其他群体和我们的不同之处，而在自己群体内最关注的则是共同点。但是"刻板印象内容模型"把这一过程推进了一步。按照这一模型，要确定我们对一个人会做出何种情感反应，只需要两步：第一步就是判断对方是敌是友，也就是看看他们是否热情友好；第二步就是判断他们是否有能力。综合两个方面的判断就可以确定自己的情感态度。因此，由于我们觉得年老体弱的人可能不再拥有能力，也绝对不会给我们造成威胁，所以我们对他们最强烈的情感就是同情。

说到金钱，很多人都会觉得富人很有本事，但是不够热情友好，所以人们普遍会对他们心生忌妒。而穷人既不够友好也没有本事，所以我们会对他们产生厌恶之情。的确，这种强烈的厌恶之情甚至让一些极端的人觉得穷人都不是完整意义上的人。

说到这里，我可以感受到你有多不赞同了。其实我对穷人并不这样看待，事实上恰好相反。我并不厌恶穷人，我只是客观地想告诉你一些研究结果，只不过结果令人极为惊讶。

最令人信服的证据就是普林斯顿大学的神经学家拉萨纳·哈里斯（Lasana Harris）和苏珊·菲斯克（Susan Fiske）在 2006 年进行的脑部扫描。[1] 研究人员给扫描仪中的志愿者看不同社会群体的人的彩色照片。其中一些人显然很富有，例如身着高档西服的商人，而另一些人则显然不止是穷人，可以说是一贫如洗的流浪者。

当志愿者看到流浪者的照片时，三分之二的人承认他们的第一反应就是厌恶，这种现象本身很有趣，又令人很烦恼。但是，哈里斯和菲斯克更感兴趣的是大脑的活动。脑部扫描显示，当志愿者看富人的照片时，大脑内侧前额叶皮质被激活。之前的研究表明当人们看见另外一个人的时候，大脑这个部位就会活跃起来，而看到无生命物体时则不会有这种反应，脑部扫描与这一研究结果正好相符。简单地讲，内侧前额叶皮质给我们传递出如下信息："这是我们的同类！"于是我们就觉得眼前是一个跟我们一样的人，不是割草机、鸽子，或者其他的东西。

但是看到流浪者的照片时，内侧前额叶皮质却没有发出上述信息。的确如此，志愿者的大脑并没有把步履蹒跚、头发蓬乱、衣衫褴褛的穷人归为人类。相反，大脑中与厌恶情绪有关的部位被激活了，这个流浪者被非人化了。

看到这个研究，也许你和我一样会联想到跟大屠杀相关的大量阴森恐怖的文献资料。你会问自己，为什么这么多纳粹分子会对犹太人（和其他人）做出惨绝人寰的事情？不管犹太人再怎么"不堪"，他们终归和我们一样都是人，可是纳粹分子为什么就看不到这一点呢？这项研究也许会解答部分问题。

对穷人的厌恶令人战栗，因为厌恶是一种极其强烈的情感，甚至被人刻意利用。作家普里莫·利瓦依（Primo Levi）谈到他在大屠杀时期被送往集中营的漫长旅途时说，纳粹士兵只是让他们带上钱财和贵重物品，却根本没有提到要他们带马桶之类的用品，以便在漫长的火车旅途中使用。所以，到达繁忙的奥地利火车站时，这些囚犯一被放出来就忍不住当着候车乘客的面排便了，也就没有什么可惊讶的了。纳粹分子只是使出了一点小小的伎俩就立刻让人觉得犹太人很恶心，没有人样，这使得他们骇人听闻的悲惨遭遇似乎不是那么不可接受了。[2]

现在回过头来看看我们对待穷人的态度。这种态度不至于叫人战栗，但是人们表现出来的铁石心肠，还是那么令人不安。

在英国进行的公众态度研究表明，一开始，很多人认为贫穷是穷人自己的错。从某些方面来讲，人们对于贫困的态度似乎变得冷酷了。著名慈善机构约瑟夫·朗特里基金会（以英国19世纪伟大的社会活动家和慈善家的名字命名）开展的调查显示，虽然当时经济低迷，很多人都认为贫穷会影响所有人，但仍有69%的人赞同"实际上每个人只要愿意，都有足够的机会过上幸福的生活。归根到底还是在于个人，以及你受到了多大的激励"。[3] 与此同时，在另一项关于社会态度的权威研究中，研究人员发现在1994年至2010年期间，认为懒惰和缺乏意志力造成贫穷的受访者从15%上升到了23%，而认为是社会制度不公平造成贫穷的受访者则从29%下降到了21%。[4]（顺便说一下，大多数人认为贫穷会一直存在，有三分之一以上的人认为贫穷是"不可避免的"。）

人们对穷人还不够同情。约瑟夫·朗特里基金会的研究人员让英国两个城市贫困区的人进行小组讨论的时候，出现了一个共同的现象：每个小组里的人都会讲到他们知道有的家庭买不起足够的粮食，却拥有新款的手机或者电视机。[5] 正如下一章所讲，我们所有人都坚定地认为在一定的经济条件下人们必须合理消费，而当穷人嘴上说买不起必需品却还要进行高端消费时，我们感到特别恼火。

总而言之，这些研究表明有相当数量的人（甚至还会更多）认为只要振作起来，就可以摆脱贫困。这些人既包括从来不为钱发愁的富人，也包括或许对穷人多一些同情的不太富裕的人。

这样的态度会一直存在，也许我们不该对此感到吃惊，因为其他研究已经表明5岁的小孩都已经学会对穷人持有消极态度，这种态度会贯穿他们整个孩提时代。这种现象在中产阶层的孩子中尤为明显，而经济条件稍差的家庭的孩子的态度则比较微妙。[6]

在一项研究中，研究人员给5~14岁的美国儿童看了两张照片，一张是亟须修葺的破败房子，另一张是漂亮的郊区房子，房子前面有一块修剪整齐的草坪。研究人员让这些孩子想象这两座房子里面会住什么样的人，各有什么样的特点，他们想跟哪一家的孩子交朋友。

首先，为了重塑大家对美好人性的信心，我很高兴告诉大家如下情况：绝大多数参与研究的儿童，不管他们自身的背景如何，普遍把两所房子里的人想象得很好。[7]但是到了具体细节，孩子们的态度就有所不同，这在很大程度上是阶层差异所致。

例如，当一些贫困儿童谈到中产阶层家庭干净整洁的生活时，大约五分之一的贫困儿童说他们认为这些人势利、粗鲁、欺凌弱小。"他们生活富裕，幸福美满，可是穷人却倒在雪地里。"一个孩子这样说。

看到破败的房子，一些中产阶层的孩子说他们认为里面住的那家人懒惰、肮脏、吝啬，甚至想象那家人正在做着"砸窗户"之类的事情。相反，低收入家庭的孩子则更具有同情心。一个孩子说："如果他们不富裕，衣服不整洁，就会有人嘲笑他们，但是我会尽力跟他们做朋友。"然而也有一些贫穷的孩子对破败房子里的人持消极态度。当然，他们意识到社会对穷人的看法十分苛刻。比如，在假想场景中，一些贫穷的孩子说自己更喜欢跟贫穷的孩子交朋友，其中一个原因就是（他们觉得）贫穷的孩子之间更容易相互理解和接受。

孩子们在人生这么早的时期就形成了对穷人的消极看法，这非常令人担忧，因为这会使人们对穷人的偏见更加根深蒂固。有研究表明，6~7岁的孩子认为穷人家的小孩在学校的表现肯定是很差的。孩子们告诉研究人员大多数富有的学生会实现他们的梦想，只有不到25%的贫困儿童可以实现梦想。[8]由于机会少，实际结果可能和孩子们的预言很接近。但是如果贫穷的孩子接受了这样的观点，那是很危险的，这会成为他们的心理暗示，这在心理学中被称为"刻板印象"。有一组表现不佳是由于有人一直向他们灌输消极的观念。所以，来自贫穷家庭的孩子感觉他们的人生机遇是由上天决定的，他们甚至没有想过哪些是值得尝试的。

另外一些研究表明，对于穷人，成人脑中还存留着自孩提时代就有的较为消极的看法。人们认为收入低的人更有可能变得懒惰、肮脏、毫无动力、心情不悦、容易愤怒以及愚笨、麻木。[9]

在20世纪90年代俄克拉何马州进行的一项研究发现，一般情况下，医科学生接待的穷苦病人要比富有病人多，而他们和病人待的时间越长，对穷人的态度就会越消极。据说到第4年学习结束时，他们不愿意再为那些付不起医疗费的病人提供医疗服务，他们更倾向于用消极的眼光看待穷人。[10]这项研究是早些年进行的，希望看在病人的分儿上，这种情况已经有所改变。

一些人因穷人贫穷而责备他们，原因之一就是他们坚信

"这世界是公正的"。[11] 这一信念是指，总的来说，这个世界是公平的，一般情况下，我们在生活中能够得到我们应该得到的。持有这样一种世界观可以让人心安，也能给人一种能够掌控一切的感觉。但其缺点也是显而易见的，它会使人们有如下看法：人之所以不幸，是由其自身造成的，所以穷人的贫穷是因为他们在学校没有好好学习，或工作不够努力，或不负责任、挥霍无度。[12] 的确，1992 年有关人们对无家可归者的态度的研究发现，对无家可归的人，有人表示同情，有人表示愤怒，也有人表示厌恶，态度越是敌对的人，越有可能深信这个世界是公正的。[13]

但是我们对于富人的态度又是怎样的呢？如果一个人不喜欢穷人，是不是就意味着他喜欢富人呢？答案是不一定。耶鲁大学的苏珊·霍维兹（Suzanne Horwitz）的一项最新研究证明，这些态度之间没有关联。所以如果你不喜欢穷人，那你也不一定会喜欢富人，反之亦然。[14] 心理学研究通过调查会发现，人们嘴上说不喜欢富人，但是霍维兹通过在研究中使用内隐联想测验① 得出的结果却正好相反。这一方法旨在深入了解人们的真实想法。它常用于测试种族情感。

在实验中，人们坐在电脑前，屏幕上会闪现出单词，其任务就是将这些单词按好坏分类，每过一个词都要按"下一个"键。例如，"极好的"这个词就被归到"好的"一类。但是实验人员

---

① 内隐联想测验：是指以反应时为指标，通过一种计算机化的分类任务来测量两类词（概念词与属性词）之间的自动化联系的紧密程度，继而对个体的内隐态度等内隐社会认知进行测量。——编者注

还把单词按贫富做了分类。在这里,"高收入"被归为"富的"一类。

但更巧妙的是,人们要尽快地回答,电脑会记录他们回答问题所用的时间。如果人们将"好的"词和"富的"词归类时点击的是同一个键,而且速度较快,这就说明他们认为这两个词之间有一定的联系。这个测试很难作假,而且通过测试能够深入了解参加测试人员对一个话题真实的看法。

心理学家发现,不论他们说什么,中产阶层的潜意识中是支持富人的,但是他们也未必反对中产阶层(本研究不包括低收入群体的态度)。然而,如果两辆车相撞,一辆是昂贵的捷豹,另一辆是旧丰田车,那些在之前测试中支持富人的人们纷纷倾向于对豪车司机比较宽容。换句话说,我们可能会无意识地羡慕富人,这可能会使我们对待富人的态度比对穷人的态度要好,也就是无意识地歧视穷人。这对于穷人来说并不是最糟糕的,更糟糕的是,世界并不公平,一旦他们处于那样的情况,就很难逃离。原因之一是贫穷会迫使人做出糟糕的抉择,而这些抉择会让别人给他们贴上不负责任的标签。

对金钱的担忧会使智力下降?

每年收获前的日子,对印度泰米尔纳德邦的甘蔗种植户来说,都是青黄不接的季节。每年的这个时候,他们通常别无选择,只得借贷或典当物品来支付账单。2004 年,又是在这种最艰难的时期，一组心理学家让 500 名蔗农做了一系列认知测试。几个月之后，在收获了甘蔗、拿到了钱后，心理学家让这些蔗农又做了一次测试。

这些蔗农的日常饮食和生活方式在长达 4 个月的研究中基本不变，变的是他们对金钱的担忧。研究发现对金钱的担忧会影响农民的认知能力。[15] 在收获之前没有钱时，他们的智商（IQ）分数比有了钱之后低 9~10 分。这就足够将他们的智商归到另一类——从智力超常到智力一般或从智力一般到"呆笨"。

这一研究表明一些事情似乎显而易见，但实际上却非常重要：缺钱时，挣钱就成为当务之急。哈佛大学的心理学家塞德希尔·穆莱纳森是研究贫穷对认知的影响的主要学者，而且是蔗农实验的研究人员之一。他说：为金钱担忧的人，大脑中很少有容量去关注其他事物。[16] 他的研究表明容量的减少会导致智力的显著下降。众所周知，如果一个人被迫一整晚不睡，第二天就很难正常思考。在穆莱纳森的研究中，缺钱对思维的影响是整晚不睡对思维的影响的 80%。

另一项研究也显示对金钱的担忧会使心智能力受到严重影响。这一测试是在美国新泽西州的一个购物中心进行的。

参与测试的人要假设一种情况，即他们修车需要支付 1 500 美元，或这笔费用的十分之一，也就是 150 美元。

参与者脑中有了这些账单后，要进行两项测试。第一项测试是一种智力测试，常用于心理学研究，被称为"瑞文推理能力测试"，它测试参与者的逻辑思维能力和问题解决能力。会让你看一系列以白色为背景的黑色图形，但图形之间有空缺。你的任务就是选一个你认为合适的图案填进去使其符合逻辑。第二项测试中，电脑屏幕上会有指令以一定速度闪现出来，这些指示会告诉你以最快的速度按下键盘上的某个键。预测出下一个会出现什么是不可能的，所以这项测试能测出一个人的思考能力和反应速度。

这个实验发现了什么呢？首先，人们在这两项测试中的表现显然不同。尽管我们感兴趣的是富人和穷人不同的表现，但是要知道，他们已经牢牢记住了两个汽车维修价格中的一个。不论富人记住的是 1 500 美元，还是 150 美元的维修汽车账单，他们的得分都一样优异，而不太富裕的参与者在面对高额账单的时候，他们的得分非常差。[17] 要知道，这并不是真实的账单，而只是假想的账单。即使没有真实的花费，对金钱的担忧对人们的认知能力影响也很大。

我们都有过度关注的问题，不是关注钱，就是关注其他事情。想象一个孤独的人在手机上看别人发的照片，看到似乎每个人都与他们的朋友玩得很开心；或者一个尝试戒烟的人一打开电视便看到老电影里的主角点上香烟；或者一个刚刚流产的女人，似乎频频听到朋友怀孕的消息。在这些情况中，事实上其他人并非每天晚上都与朋友外出，电影中的人也不是总在抽烟，周围的朋友也不是都刚刚怀孕，而是拥有这些特征的人对你来说突然变得突出和醒目，他们备受关注而其他人却没有。

金钱也是如此。没有的时候，你对它很着迷，时时刻刻都在想着它。糟糕的是，塞德希尔·穆莱纳森和他在普林斯顿大学的合作者埃尔达·莎菲尔（Eldar Shafir）的研究表明，你越为钱发愁担忧，就越不能做出摆脱贫穷的正确决定。

发薪日贷款及隧道效应

每年，有 1 200 万美国人取得发薪日贷款[①]，其中 54% 的人难以偿还。[18] 事实上，美国消费者金融保护局已经发现一半的发薪日贷款被延期 10 次以上，这既加重了利息，又为借款人增添了苦难。信贷公司也受到了越来越多的批评和管制，而那些因此受惠的人也受到了责难。

其他人会问，这些人怎么会如此糊涂？难道他们不清楚，那些既得的无担保贷款必然会包含令还款难上加难的高利息？难道他们不清楚，发薪日贷款的信贷公司是如何从中获利并规避损失的吗？

事实是，提供这些贷款的公司并不是纯粹依靠人们的愚蠢，而更像是深谙借债人的心理，尤其是当借债人的收入很低而且不稳定的时候，短期贷款看起来是一种比较可靠的债务。理性的经济状态下，我们想尽可能晚支付当前的消费。事实上，有充足的证据证明大多数人根本不喜欢欠债，他们规避债务。即使在免息和长远来看也无法省钱的情况下，人们也愿意尽早偿还债务。[19]

---

① 发薪日贷款：一般指一至两周的短期贷款，借款人承诺在自己发薪水后即偿还贷款，如果到期无法偿还贷款本金和利息，可以提出延期。——编者注

人们陷入债务困境通常是由于某些无法预见的事，或仅仅是忘了按时还款。那么，既然负债的感觉让人们如此不安，为什么他们还要申请发薪日贷款呢？

美国皮尤研究中心（美国一家独立的民间调查机构）的发薪日贷款报告指出，正是对债务既担心又熟悉的感觉使得美国贫困人口使用发薪日贷款。他们因为这样那样的原因需要现金，但是又不想长期举债。鉴于收入无保障，他们认为需要定期还款的安排太轻率了，因为他们可能还不上款。他们只需要短期负债而得到暂渡难关的钱，到了发薪的日子，就可以偿还了。他们就是这么自圆其说的。在多数情况下，他们从未打算让贷款延期，也不想被高利息困扰。

这些发现与其他证据相吻合，表明越贫困的人花钱时越倾向于规避风险。

这不难理解，显然也合情合理。问题是，在某一方面合理的事，不一定在另一方面也说得通。比如，即使在最坏的情况有可能发生，其后果无法承担时，贫困的人也不投保。

我收听广播剧《阿彻一家》（*The Archers*）很多年了，该剧讲述的是格伦迪一家人的情况。这家人被描绘成不负责任的一家人。他们决定不为所租农舍内的东西投保，因为不想支付负担不起的保费。这是明智的决定吗？当剧中虚构的安布里奇村庄中的安姆河冲垮堤坝、淹没包括格伦迪家在内的很多房屋时，当初不投保的决定就显得不那么明智了。

回到现实世界，我们都知道，如今的网络虽然不是生存必需品也是非常有用的。假设你没有工作，你可能会为要不要买一台电脑进行网上活动而考虑再三。这样的决定乍看起来似乎很谨慎，毕竟要支付这笔款项，需要贷款或刷信用卡。但是，不利的一点是，你正在错过所有网上发布的招聘广告，而且无法填写在线申请表。所以不买电脑不上网可能意味着你会失业更久。如果你没多少钱，必须准确测算各种消费决定（或放弃消费的决定）所带来的风险和回报率，当然这并不容易。但决策失败可能会加重贫困。

这里有一个快速测试。写出美国所有的州名，你最短需要多长时间？也许一些提示可以帮助你想出来？我先给你列出俄亥俄州和阿拉斯加州。

这对你有帮助吗？很可能没有。研究指出，相比让人们独自列出 50 个州，先提示两个州反而给他们增加了难度。[20] 这一心理学过程被称为"提取抑制"（retrieval inhibition）。

道理是这样的，在被提示两个州的情况下，你需要做的是立即忘掉它们，去想其他的州。但是，你的思维已无法摆脱俄亥俄州和阿拉斯加州，你发现难以集中精力想出康涅狄格州、新罕布什尔州和南达科他州，以及其他州。

说到现实世界中对金钱的担忧，类似的事情发生了。让我们回到发薪日贷款这一话题。求助于贷款的人似乎处于一种被心理学家称作"隧道效应"的效应中，思维的聚焦范围变窄。对人们来说，最重要的是如何尽快拿到钱去应急，交了电费而恢复供电，修好车去上班。提取抑制在这里表现为使人们变得视野狭窄，只关注当前，无法关注长远。在这种情况下，人们就不会考虑能否偿还发薪日贷款了。[21]

如果隧道效应在相当程度上影响那些为钱忧虑的人，那么就应该说他们不该为自己偶尔陷入的困境负责，他们更像是大脑活动方式的受害者。一些人认为，不是贫穷导致错误决策，而是恰恰相反。坦率地讲，就像并不那么仁慈的人一样，穷人也比较容易做出愚蠢的决定。

那么哪种说法是对的呢？这是一个涉及道德和政治因素的问题。比如，政府应当优先帮助人们脱离贫困，还是加大教育投资？福利事业是在帮助人们自助还是会让人们产生依赖？银行应该提供低息贷款给穷人，还是迫使他们靠自己现有的条件努力经营生活？

脑力贫困陷阱

心理学家阿努·沙（Anuj Shah）决定研究这个问题。在他的研究项目中，参与者既不是穷人，也不是笨蛋，而是普林斯顿大学（世界上最负盛名的大学之一）的学生们。然而在这项实验中，阿努·沙创设了一种虚拟情境，在该情境中匮乏会影响参与者的思维。

阿努·沙让学生们做了一个类似于美国智力问答电视节目《家庭问答》（Family Feud）的游戏。在游戏中，首先告诉参赛者披头士乐队热门单曲的种类，然后由他们猜出 100 名公众给出的最常见的答案。

某个年龄段的英国读者也许会意识到，这项游戏类似于《家庭财富》（*Family Fortunes*）这一最受欢迎的传统电视节目。节目主持人喜剧演员鲍勃·蒙克豪斯（Bob Monkhouse）总是说："您说的是《黄色潜水艇》这首歌，不过我们的调查显示……"观众需要等待，看看选定的这首歌是否也是大众的选择，如果不是，就会响起特别的电子咋舌声。

在阿努·沙的这个游戏版本中，一组学生用来作答的时间宽裕，他们有较长的时间给出尽可能多的答案。而另一组时间比较少，实验人员对他们的时间有较为严格的限制。最初，将时间分配的差别考虑在内，两组的表现差不多。此时，似乎时间不充分的一组意识到时间紧迫，注意力更加集中。

但随后时间少的一组得知：如果需要的话，他们可以"借"些时间。当然这是有代价的。这笔"贷款"伴随着"高利息"：在某一轮中每"借"一秒，将在总时间里扣除两秒。

那么时间紧张的一组有何反应呢？回想他们在前几轮里的表现，他们和时间宽裕的那组一样出色，因此人们以为他们不需要再加时间。即使这样，他们开始借时间。似乎"时间不够"的意识非常强烈，使他们根本无法考虑其他事情。于是，短期思维战胜了长期思维，对他们来说现在增加几秒非常重要，哪怕之后会失掉两倍的时间。然而他们短时间内的表现并没有提高。总之，他们做出了错误的决定。[22]

这项研究说明了什么？似乎在时间匮乏的情况下，思维受压力影响，让我们做出了错误的决定。更确切地说，是产生了不合常理的短期主义想法。阿努·沙的研究中有一组学生，智力水平并不低，是他们所处的环境使他们的行为与长远利益相悖。

这里我不想过度推断，但是这一发现确实表明，正是由于缺钱，穷人才会做出错误决定，而不是错误决定导致缺钱。在这种情况下，将贫穷归咎于穷人自己则大错特错。就对待金钱的态度而言，已有研究表明低收入人群并非无能之人，但有时所做的决定却会让他们负债累累。[23] 毫无疑问，"思维贫乏"确实存在，而想要摆脱它，就需要经济援助。比如，允许穷人从信用合作社借贷小额款项，对他们来说，这样既快捷又划算。这种服务为穷人提供资金，解其燃眉之急，同时给他们留下心理空间，以免陷入科学家约翰内斯·豪斯霍费尔（Johannes Haushofer）所说的"神经生物学贫困陷阱"，下面我们将讲到这一点。

豪斯霍费尔提出假设：由于金钱的匮乏和生存的困难，人们的应激激素皮质醇水平会升高，进而影响他们的思维。有研究发现低收入家庭皮质醇水平较高，这则证实了豪斯霍费尔的观点。

其他因素也可能会引起皮质醇水平升高。比如，疾病会引起失业，进而导致家庭贫困。要得出确切的结论，我们必须弄清楚是皮质醇水平提高在先，还是贫困在先。但奇怪的是，低收入家庭中，即使是蹒跚学步的孩子，其皮质醇水平也常常很高。[24] 此类研究还处在初期阶段，确实有几项研究与豪斯霍费尔的假说相悖，但大多数是一致的。

贫穷与大脑

神经科学的研究似乎证明了这一结论。位于前额后的前额叶皮质，在大脑中主要负责抑制鲁莽冲动行为，促使我们耐心等待未来更大的回报，而不是选择即时满足。

假如你可以今天得到 10 英镑或一周后得到 11 英镑，此时你的思考过程是这样的：考虑到总数差别不大，或许现在收下 10 英镑是理智的。毕竟，接下来一周什么都可能发生，数额稍大的 11 英镑也可能会失去。但如果这两笔钱的数目分别是 10 英镑和 20 英镑，结果会怎样呢？在这种情况下，等待则更理智。这就是前额叶皮质功能正常的大脑会反馈给你的信息。

你可能会觉得，这听起来像我在第三章所讨论过的心理过程。租自行车时省下 15 英镑我们大都很高兴，但是买汽车时省下这笔钱就会觉得无足轻重。这种心理过程被称作"相对思维"。就总体花费而言，节省这笔钱值得吗？

与相对思维不同，这种关于等待的心理过程被称作"时间贴现"。多少钱才值得去等？关于相对思维，经济学家做了成百上千次实验，结果又如何呢？人们可以接受的条件因人而异。但影响富人和穷人做出不同决定的关键因素常常是：你等得起吗？对于富人来说，答案往往是肯定的。他们有的是钱，现在不需要 10 英镑，他们可以等那 11 英镑，也会等那 20 英镑。相反，穷人也许迫切需要那 10 英镑，因此决定不再等着拿数额较大的钱。

现在回想一下第三章的内容，那些印第安村民为了省下 50 美元，愿意多走 45 分钟去买家用电器，从中可以看出，在不同情况下穷人的反应不尽相同。这到底是怎么一回事儿呢？穷人在知道商品原价的情况下，能理智地考虑实际节约的金钱，但是在面对现在拿数额较小的钱还是以后拿数额较大的钱的选择时却不够理智，心理学家对此是如何解释的呢？

解释这一谜团的一条线索源于一种叫作"经颅磁刺激"的技术，即在头部放一个大线圈，发射磁脉冲，影响大脑特定区域的电流流动。这听起来像在找死，但其实很安全，它对大脑的影响很大。

与我们密切相关的是：这种刺激用于抑制前额叶皮质的活动时，相较于等待未来较大的回报，人们更愿意考虑当下的情况。在实验室外，什么才会起到这样的效果呢？那就是长期的压力。[25]

当然，不只是穷人承受这样的压力，但他们更有可能面临这样的压力。每天挣扎着解决温饱问题的压力也许能够解释为什么穷人有时会选择高利率短期贷款这种破坏性的补救措施吧。

正如前文所述，这一领域还需进行大量的研究，理清因果关系往往很难。但我们在逐渐发现一些有力的证据的同时，也渐渐感到不安。例如，研究表明经济贫困会阻碍儿童大脑发育。在美国圣路易斯，每年都会给 3~6 岁儿童的脑部扫描一次，结果发现穷困家庭的儿童，他们大脑的灰质和白质的量较少，海马体和杏仁核也较小。令人欣慰的是，那些备受父母疼爱的孩子的情况会有所改善，[26] 而那些父母教养方式不当的孩子情况又会如何呢？我们不敢想象。

假如更多研究表明经济贫困会加剧思维贫乏，必然会有人热烈支持提高人们收入的社会计划。正如法国经济学家托马斯·皮凯蒂（Thomas Piketty）所说，这将代表近期政治思维的流变导致经济不平等的出现。[27]

- 为什么在泰坦尼克号上有钱人会抢着坐救生船？
- 为什么忌妒有时候是坏事但有时候又不是？
- 为什么我们会为了钱而撒谎（只要钱足够多）？
- 为什么有些人不能坚持捐钱？

11

· 第十一章 ·

金钱之恶

要提防那些笨拙的人，这听起来可能有点不近人情。我自己就是一个笨拙的人，但是，我之所以这么说，是因为在一些心理实验中通常会设置掉钱包、铅笔和纸的环节。我住在布莱顿的时候，发现开放大学暑期学校的心理学课程已经开始，因为无论我在城里的哪个地方，都会遇到在我面前掉东西的人。

作为心理学专业的学生，我知道这是怎么回事。我注意到附近有人拿着写字板走来走去。他们在那里观察：在什么情况下人们会帮忙把掉的东西捡起来。

什么类型的人往往最乐于助人呢？也许那些认为金钱是万恶之源的人会感到一丝得意，因为一些研究发现，一个人越是"向钱看"，他帮助笨拙的实验者的可能性就越小。

自私自利还是自给自足？

在 2006 年，一组学生参加了位于明尼阿波利斯市明尼苏达大学由著名心理学家凯瑟琳·沃斯主持的一项实验。参加心理实验的学生有很多，据官方说他们都有些怪异。具体来说，他们都受过教育，来自工业化、富足和民主的西方国家。

首先，研究人员要求学生们从所给的词中选出 4 个词造句。一些学生拿到的是一组中性词，他们把"cold（冷的）、it（它）、

outside（外面）、is（是）"组成"It is cold outside（外面冷）"。另一些学生拿到是与钱有关的一组词，他们把"high（高的）、a（一个）、salary（工资）、paying（支付）"组成"a high paying salary（高工资）"。

这无疑会引起学生们对金钱的思考，不过这些思考是潜意识的。

在接下来发生的事情中，研究人员让其中一个学生假装不知道如何选词造句从而寻求帮助。哪些学生会给他帮助呢？当然，他们刚刚完成的造句本质上没什么不同，他们决定是否帮助他应该是取决于一些深层次的原因。最终实验表明，拿到和钱有关的词语的学生帮助他们有困惑的同学的时间比另一组少二分之一。不管他们还有什么样的性格特点，刚才一直想着高工资以及类似的词语使他们变得更自私了。[1]

研究的另一部分，就是让学生玩著名的大富翁桌面游戏。游戏是这样安排的：一些学生最后剩下很多钱，而其他的学生则只剩下很少的一点儿钱，此时，笨拙的人又一次登场，让铅笔掉得满地都是。是的，研究人员又一次发现那些在游戏中剩下很多钱（当然不是真钱）的学生不大愿意帮助人。

这一研究是心理学"启动效应"的一个实例。启动效应是指当我们看到一些图形或是词语时，会无意识地关注一个主题，这些图形或词语会对我们产生很大的影响。最著名的启动效应实验发现志愿者在完成一个与老年有关的单词字谜后，走向电梯的速度都慢了下来。换句话说，有关老年的想法将他的大脑占据得满满的，以至于他开始像老年人一样慢慢走路。[2]

这类研究常常很有趣。我在自己的无线广播节目中已经讨论过很多次了，因为它们很受欢迎。我们似乎很喜欢自己受到无意识影响的想法，尤其是当它可能会使我们变得比以前邪恶一点儿的时候。当我们想到我们不能完全控制自己的行为时，很多人似乎会感到不安。

启动效应的观点在心理学界引起了一些分歧。这是因为重做最有名的研究并不是总能成功。比如，当其他心理学家试图重复沃斯的金钱研究时，使用的方法虽然完全相同，得到的结论却并不相同。[3]

研究人员让参与者观看屏幕上面值 100 美元的钞票时，询问他们对自由市场体制的看法。在原先的研究中，看到大面值钞票的人要比其他人更有可能体现出其资本主义信仰，但这次研究证明了重做实验非常困难。客观起见，沃斯在其新发表的论文中对那些评论家做了回应，提出了研究所用样本是否真正具有可比性的问题。[4] 在这次重做的实验中，参与的学生都是来自在经济学界闻名的芝加哥大学，沃斯怀疑一开始就持赞成自由市场体制立场的学生要比原研究多，因此才会得出如下结论：金钱相关的启动效应表现不太明显。有关启动效应的争论已持续好多年了。

在此我必须补充一点，尽管近几年在心理学方面有个别研究弄虚作假，但是作假并不是我们要讨论的问题。也没有人会说最早进行研究的心理学家做了什么卑劣不道德的事情。最初的研究结果只是在特定时间、特定的群组参与的情况下得出的结论，在其他情况下不可能重现，这也许会使其价值降低。

但这并不意味着仅仅提及金钱或看到金钱就可能会影响我们的态度或者行为的说法毫无意义。因为虽然一些重复研究与原先的研究结果相矛盾，但是也有另一些研究证实了原先的研究结果。沃斯的金钱启动研究方法在全世界广为使用。在18个国家有超过165项研究使用了这种方法。举个例子，那些因排列组合与金钱相关词语而想到钱的实验参与者后来会被问及许多假设性问题。比如，假设你是一个办公室助理，在复印资料时，想起家里的打印机没纸了，你有多大可能会把一沓纸放进自己的包里？

在这项研究中，那些看过与金钱相关的词语的人，比那些没有看过的人更有可能说他们会偷拿办公室的纸和干其他一些不道德的事情。[5]但是记住一点，目前还只是询问人们在这些假设的环境下会如何应对。他们在现实生活中真的会这样做吗？为了找到真相，研究人员想出了一种方法。

参与者受邀玩一款可以赢得真钱的电脑游戏，一段时间之后，有一种非常容易的作弊方法，能够帮助他们赢得更多的钱。受金钱启动效应影响的人更有可能屈服于这种诱惑。研究人员假设是金钱启动效应使得人们进入一种商业心境，在这种心境下，人们决策时关注的是是否对自己有益，而非是否合乎道德。这当然是个不错的解释，但许多商业人士对这一结果颇有怨言，因为他们认为电脑游戏中的作弊行为与商业头脑密切相关。

金钱启动效应并不总使人们行为不端。凯瑟琳·沃斯在其最初的研究中发现，尽管金钱启动使得人们显得更加自私自利，但也使得他们更加自足独立（一个更值得关注的特征），并且这也可以解释为什么他们不太乐于助人。举例来说，当参与者面对可以解决的难题时，那些受金钱启动效应影响的人没有放弃，也没有寻求帮助，他们平均花费 16 分钟独自完成。同样，在沃斯的研究中，研究人员让学生们分别使用水中游鱼或者漂浮在水上的金钱这两个屏保，在随后的任务中，前者选择单独工作的概率是后者选择单独工作的概率的三倍。

这一切会把我们引向哪里呢？也许我们可以说一心想着钱确实能使人一心一意做事。毕竟，在赚钱的时候，我们往往不得不考虑切身利益。然而这并不意味着我们一旦获得了金钱就不再慷慨（在第十二章中，我会解释的）。尽管如此，还是有一些证据表明人们越有钱越吝啬。

财富和孩子优先（或者说为什么在泰坦尼克号上财富可以救你）

在生活中，我们都可能遇到过这样的事：当在酒吧要买一巡酒时，有钱的朋友总是小心翼翼地掏出鼓鼓的钱包。我的一个亲戚和我讲了这样一个故事，一对有钱的夫妇邀请她和其他朋友去他们河边的大房子参加一个 40 岁生日的聚会，之后却向她们收取食品和饮料的费用（价格很高）。"当然了，正是由于这么吝啬，他们才富起来"，人们如此解释这种行为。

另外，富人既有声名狼藉身价千万的守财奴，也有许多极为慷慨的慈善家。但是有钱使得人们自私吝啬的看法一直都存在，那么何以为证呢？

有人会说："像我这样的人应该时不时地多休息一会儿。"也许你认可这种说法，想着好运气总归是一件好事，为什么你就不应该交好运呢；如果你觉得你并没有那么幸运，也许更会认可这一说法。但是，如果你健康快乐和富有，情况又如何呢？

在这本书中，我只关注经济上的财富，而非其他方面的财富，当这个问题用于衡量权利时，并不是那些钱最少的人（人们认为他们运气最差）而是最有钱的人认可这一说法。[6]

还有人说（我非常喜欢这一说法）："如果我在泰坦尼克号上，我应该第一批进入救生艇。"当然，我们无法知道在灾难来临时自己会怎么做。在恐慌中，为了生存我们可能也会推开他人。但可以肯定的是，当被问及这一问题时，没有人会回答说他们无论如何都有权利第一批离开即将沉没的泰坦尼克号。然而一项研究还表明，有此想法的人，富人比穷人多。这是不是令人不爽呢？

泰坦尼克号研究是美国心理学家保罗·皮夫（Paul Piff）做的 50 多项研究中的一项。这里必须说一下，在大多数研究中，富人的结果并不好。也许是为了回答富人是否更加吝啬这一核心问题，皮夫组织了一批不同收入的参与者，有的年收入 2 万美元，有的少一点，有的更少。所有的参与者都得到了 10 美元。他们可以选择一分不捐、全捐出去，或者只捐一部分。皮夫发现穷人更加慷慨。年收入平均少于 25 000 美元的人，比年收入 15 万 ~20 万美元的人多捐 44%。

在另一项研究中，皮夫要求参与者选择不同大小的圆圈来代表他们自己和其他人。结果是，越富有的人越有可能选择大圈。富有的人也更有可能认为他们无所不能，从不出错，并且在拍照前他们还要在镜子前检查一下自己的仪容。[7]

吝啬、自私、傲慢、自负，到目前为止富人就是这样。

但是记住一点，这些人在参加皮夫的实验之前就已经很富有了。所以，也许并不是财富决定其行为，而是他们的行为助其变富。也就是说，他们如此令人厌恶并不是金钱所致，因为他们令人厌恶在先，而这也正是他们如此富有的原因。

如果是这样，那么钱并不是原因，而一切罪恶的根源是邪恶。要证明这一点，可以把钱给那些没钱的人，看看他们会不会出现富人的特点。为了弄清楚这一点，保罗·皮夫又一次借助了大富翁游戏。

重要的是，参与者并非在现实生活中处于不同财富等级的人，而是在每一场游戏中通过抛硬币分配一个成为富人，另一个成为穷人。情况如何呢？一开始，赢家得到了赛车，而失败者只好凑合着用旧车。更重要的是，赢家开始用两倍的钱玩游戏，从而得到两次掷骰子的机会，当然，他们两次都赢了的话，就能得到 400 美元而不是 200 美元。这是要看运气的。

不出所料，有优势的玩家开始在游戏中获胜。但是，皮夫对此不感兴趣，他通过一个秘密的单面镜观察整个过程，他想看的是这些"富人"的行为表现。结果是，这些"富人"的表现用一个词就可以概括——令人讨厌。例如，当他们在板上操纵着赛车追求更大的财富时，常常会发出得意扬扬的呼叫声，十分嚣张。他们甚至从为游戏双方准备的椒盐饼干碗中多拿饼干。

比赛结束后，研究人员问这些"富人"为什么他们认为自己能赢。你猜他们怎么说，他们谈到自己付出的努力和做出的明智决定，但是没有一个人提到他们从一开始就具有的"富人"优势。[8] 这让我想起在第九章提到的 1978 年对彩票中奖者进行的经典研究的结果，尽管在比赛中使用"彩票"这个词，会让你觉得这是随机事件，但是几乎三分之二的人认为，他们从某种程度上讲赢得理所当然。[9]

这又是一个惊人的发现，皮夫从中得出的结论是，虽然有竞争力的人往往很自私，但是他们很善于赚钱。研究也表明，有钱，即使是暂时的，甚至一切都只是一个游戏，也可以改变一个人的行为，金钱使其变得傲慢自大。

来自荷兰的忠告：富人通常比穷人更吝啬？

假如你在旧金山湾区，阳光明媚的一天，你可能会看到有人躲在十字路口人行横道旁的灌木丛后面。当然，作为本书的读者，你会立刻意识到这些人并没有什么恶意，他们都是些正在进行心理实验的研究人员，这一次，他们不再故意掉东西然后看看谁会帮忙捡起，而是在十字路口观察驾车者的行为。这项实验也是保罗·皮夫主持的。

在加州，和许多地方一样，如果行人要过十字路口，汽车都应该停下来让路。这是道路交通规则之一，除去安全要求和法律强制的因素，更多的人是出于礼貌的考虑。而现在我几乎无须告诉你皮夫的研究人员观察到了什么。是的，你也许能猜到，几乎所有驾驶廉价车的人都会停下来让行人先过马路，而只有一半高档汽车的驾驶者会先让行人过马路。[10]

我要补充的是，这项研究中观察的汽车总数并不多，但在某种程度上证明富有使人吝啬自私的证据不是来自某一项研究，而是来自多项研究。当然也不排除有一些证据可能表明富有会使人慷慨无私。也就是说，并不是所有的研究都表明富人都是吝啬的，只不过总体来看，富人比穷人要吝啬一些。

如果一项研究抽样人数足够多，并且可以排除例外的情况，这项研究将很有意义。以上述实验为例，毕竟，开着豪车在十字路口没有停下来让路的人可能不是有钱的商人，而是疯狂逃窜的偷车贼。或者如海德堡大学的斯特凡·特劳特曼（Stefan Trautmann）对皮夫研究的观察所得（他使用的是非常学术化的表达）："社会地位低的人有可能过度消费昂贵的有形商品。"这句话可以理解为，穷人有时候可能拥有他们"买不起"的车。[11]

为了避免类似问题的出现，特劳特曼引用了在荷兰进行的一项权威调查。在这项调查中，抽样中的 9 000 位受访者一年要接受 4 次调查，调查人员通过详细询问他们的财产、收入、工作类型和工作安全性等问题对他们的社会和经济地位进行评估。

特劳特曼发现，社会经济地位高的人似乎比较独立，较少与他人交往。他还发现，富有的人似乎更能容忍逃税行为，不太富有的人则对诈骗行为更宽容，这表明也许钱多了并不能使一个人道德更高尚，但是一个人的道德水平在某种程度上受经济条件的影响。尽管如此，调查报告里的数据只能帮助特劳特曼得出关于态度的结论，而不能得出关于行为的结论。

所以，接下来他让调查中一些有代表性的人玩了一个金融信托游戏。在观察这一小群人的真实行为时，特劳特曼发现，和穷人一样，富人一般不会背叛他们的队友。这当然不代表他现在有确凿的证据能够证明富人和穷人一样慷慨大方、乐于助人（或者各啬自私），而是在这项特殊的研究中，没有发现可度量的差别。

和之前一样，我们要谨慎。和在生活的其他方面一样，在心理学中，没有一件事情是简单的。以一种方式研究，你可以得出一种结论，但换用另一种方式研究，你也许又会发现结论完全不同。

独裁者和最后通牒

在荷兰进行的另一项调查中，研究人员邀请了 633 位百万富翁参与一系列游戏。研究人员给他们每人 100 欧元，然后把他们分为两组进行游戏。一组富翁玩"独裁者"游戏，之所以叫独裁者游戏，是因为庄家独自掌控着游戏，其他玩家没有任何发言权，独裁者可以自由决定拿出多少钱分给其他人。另一组玩"最后通牒"游戏，在游戏中庄家会发出"要么接受，要么放弃"的最后通牒，其他玩家有权决定是否接受庄家的赠予。在这项研究中，这些"其他玩家"年收入不足 12 500 欧元，与富翁的收入有巨大的差距。

在第一个游戏中，这些百万富翁最终被证明是仁慈的独裁者，他们平均每人拿出 71 欧元，还有近 50% 的人将 100 欧元都分给了别人，最终调查数据表明，这些富豪比一般的玩家要慷慨三倍。[12]

那些玩最后通牒游戏的百万富翁呢？要记住这个游戏与之前的有很大的区别，因为潜在的接受者在这件事上有选择权，他们可以选择拒绝一次性的赠予。或许你会认为这是不可思议的，但是几十年来的研究表明如果接受者觉得被给予的太少，就不会接受。事实上，如果别人给他们的少于他们所拥有的总数的 20%，一半的人会拒绝。不相信吗？毕竟，给予者和接受者在这种情况下会持有某种公平的观念。最后通牒游戏中大部分的庄家都相当慷慨，也许在一定程度上起作用的是，如果被接受者拒绝，他们自己就什么也得不到。结果证明，在这次游戏中，他们每人平均给予别人 64 欧元，而且近 30% 的人将 100 欧元全部分给了比他们穷得多的人。也许由于第二组开始考虑交易而不是直接捐赠，他们变得不如第一组那么慷慨了。

顺便说一下，下一章我们会详细地讲讲慈善捐赠的问题，有一点需要注意的是，荷兰的这项研究为慈善资金筹集人提供了一点启示：当向富人募集资金时，最好是请求直接捐赠，而不是暗示他们这是某种投资。因为如果筹集人选择后者，慷慨的捐赠者就有可能变得像商人一样精于算计，而不会只从善良的本性出发捐款，结果可能就是筹集的善款减少了。

结束这一节之前，让我们来看看能从这些令人着迷，但同时又有点令人生气、自相矛盾的研究中，得到些什么。即使在最后通牒游戏中，百万富翁也比一般人要慷慨。我们只能说，有钱使人更加独立（我们之前可以看到这对于迈克·里德来说是多么重要）。为此，一些富人决定更加慷慨，毕竟他们能够负担得起，而且和我们这些普通人一样，他们也能够从捐款中感受到自身的价值和给他人带来的温暖。但是，正如我们在上文所看到的，虽然一些研究的可靠性还有疑问，但确有例证表明，有些富人可能还不如我们普通人慷慨。

坐飞机头等舱：穷人对富人的忌妒从何而来？

每年我都会坐飞机去国外出几次差，但是每次我都坐经济舱。在廉价航班上，我从来没在快速登机和选座位上花过钱。我从没想过有一天我会走进飞机，左转进入头等舱。

最近我坐上了头等舱。加利福尼亚的一家科技公司邀请我去给他们的员工做演讲，并且给我安排了伦敦到旧金山的头等舱。

当我走到头等舱检票口时（当然，我不用排长长的队），服务员用一种很是怀疑的眼光看着我，这或许是因为我全身散发着明显不属于头等舱的气息，也有可能是我的公文包看起来很廉价。尽管如此，整个登机过程还是很顺利，从这一点上来看这位工作人员——实际上整个航班的工作人员——都可以算得上极为友好，十分热心。我穿过门厅，感觉就像进入了一个神奇的世界。

登机前第一站是候机厅，里面浅灰色和紫红色的椅子都极为舒适。当时是早上8点，但候机厅里的氛围就像顶级酒店内的午夜酒吧一样。在等同伴本尼迪克特时，我一边轻轻地翻看着高端杂志，一边观察着来往的旅客。或许这里面有一两个和我一样的穷人，无意中闯入这个上流社会，他们不是特别有钱，机票是别人给买的，抑或是为了坐高级一点的舱位就缩短了旅途。对于这些人来说，这可能是破天荒的一次，但对于那些富人来说这很平常，因为坐头等舱就是他们惯用的出行方式。

在飞机上的时候，我不禁对身边的人好奇不已：他们是生来就很有钱，还是靠自己努力挣下了钱？这些人是不是在所涉领域举足轻重，闻名遐迩？会不会有一些人的钱是靠非法手段或不道德方式获取的？当时我很想赶写一份调查问卷，分发出去。

研究表明，我们对于谁配不配拥有金钱，以及他们的金钱是否取之有道，有很强烈的好奇心，一个富人无论是否合法致富都可能被我们厌恶。在一项研究中，研究人员观察了人们看到一组照片之后脸部肌肉的运动情况。当照片中是一位老妇人，且参加实验的人员得知她被经过的出租车溅得全身湿透之后，人们的面部表情很悲伤。当照片中是西装革履、看起来很富裕的商人全身被溅湿时，虽然人们不愿承认自己幸灾乐祸，但是他们脸部的肌肉运动出卖了他们，他们情不自禁地笑了。[13] 任何财富的占有都会激起这种幸灾乐祸的情绪（除了我前文提到的羡慕），如果财富是继承的或以其他方式不劳而获的，人们的看法会更消极。

市场营销学家罗素·贝尔克在他有关钱财神圣不可亵渎的作品中提及，世界各地都有童话告诫人们厄运会降临在发不义之财的人身上。[14]发了不义之财的人肯定都是坏人，这种观念似乎早已深深植根于人类文化之中。正如我们在第九章中所提及的，这种情感甚至会延伸到"像我们一样的人"，也就是那些中彩票的普通人。我们认为，如果一个人很善良、会理财，好运就会降临在他们头上；那些懒惰、挥霍无度的人就一定会遭遇厄运。

我们再看看飞机上的情况，坐在我后面的好像是一位模特。她双腿修长，穿上乘务员最初拿给我们的黑色睡衣（很古怪）后，她竭力让自己看起来很优雅（这衣服让我觉得自己仿佛穿上了高档囚服）。快到旧金山的时候，这位女士去了趟洗手间（如果你知道头等舱的洗手间和经济舱的一样又狭窄又糟糕，只不过多了一瓶假花，你可能会很高兴），出来时她已经完全打扮好了，看起来非常漂亮，也许她已经准备好去见狗仔队或在机场等她的人。

我们这些不富裕的人经常会用"那些富人肯定会半夜睡不着"的想法安慰自己，但是我的头等舱之旅让我稍微了解到为什么大多数富人都不会有这种感觉。当我下了飞机（空乘一直在感谢我乘坐这趟航班），拿了行李箱（空乘第一时间赶到行李传送带，丝毫没有耽误），虽然之前我觉得自己没那么重要，但如此优厚的待遇让我开始相信自己很重要，并且开始觉得自己有资格享受这样的待遇，从而减少了负罪感。习惯了优厚待遇的你一定会想，是的，我很特别，我确实应该这样生活。

这些"理所当然"激怒了我们，并引起穷人对于富人最常见的反应——忌妒。这也解释了为什么我们看到一个身着高档西服的男士全身湿透会很开心。然而这种忌妒有时会很强烈，甚至诱使我们去做一些很极端的事情。

忌妒之火——有时好，有时坏

或许关于忌妒最有名的研究之一是英国华威大学的丹尼尔·齐佐和安德鲁·奥斯瓦尔德进行的研究。[15] 他们进行了一项实验，实验中志愿者们都机会均等地去赢一笔钱，但有人赢得了 11 英镑，有人却只赢得 6 英镑，这就产生了"富人"和"穷人"。

于是那些"穷人"怨言不断，这是可以理解的，因为这笔钱的分发是随机的，而且钱拿得多并不代表付出得更多，于是，不公平的财富分配招致了忌妒。

然而，在这个实验中"穷人"有反击的机会：如果他们愿意，可以花一部分钱让那些"富人"失去其手里的现金！

最终，三分之二的"穷人"选择了这次机会，也就是说，即使他们在金钱上有很大程度的损失，他们也为能看到胜利者痛苦的表情而满足。

我想我们可以认同这样的观点：这种行为使我们得到某种邪恶的满足感，但这并不令人钦佩。如果当我们看到比我们有钱的人时，想做的就是设法毁掉那些钱，那么我们生活的社会就不会富有成效。这是金钱驾驭大脑的一个典型例子。

但是忌妒并不总是这样的，它有时很邪恶，有时又很催人上进。

当我去有钱的朋友家里拜访时，我得承认，我很忌妒。他们的地下室都有一个小电影放映室，谁不想要一个呢？但我并没想要烧毁他们的房子，相反，我很羡慕让他们富裕起来的开拓精神，而且这也使我更加努力地工作，希望通过努力也获得他们那样的成就。

正是这种对富人的羡慕使忌妒变成一种积极的情绪，里克·皮埃特斯（第九章我们讨论了他在荷兰对物质主义和孤独进行的研究）将其称为"善意的忌妒"，这种忌妒是好的，它能激发灵感，促使人们追求成功。[16]

皮埃特斯将这种忌妒与另一种相区分，将另一种称为"恶意的忌妒"。这个词似乎可以很好地概括华威大学实验中人们表现出来的毁灭性的忌妒。但是事实上，皮埃特斯用这个词指的是大家通常理解的忌妒，也就是"由他人比自己富有或境遇好引起的憎恨或不满的情绪"（这是《牛津简明英语词典》给出的定义）。我们可以看出，这种忌妒一般不会使人萌生想要破坏他人财物的想法，至少不会真的这样去做。但是，忌妒会导致或重或轻的轻视。

在对忌妒的研究中，皮埃特斯让学生看苹果手机的彩色照片，阅读苹果手机的说明书。然后他让学生们想象他们正与有苹果手机的人一同工作，要求一半的学生想象羡慕有苹果手机的同事的感觉，要求另一半学生想象忌妒那些同事的感觉。[17]

接下来，研究人员让两组学生评价一下他们有多喜欢苹果手机，并说出他们愿意出多少力和花多少钱获取一部苹果手机。主要结果如下：善意忌妒组（想象自己羡慕有苹果手机的同事的学生）中的人愿意付一大笔钱，甚至比恶意忌妒组（想象忌妒拥有苹果手机的同事的学生）多付 50% 的钱买一部苹果手机。实验表明，即使在想象的情景中，如果我们羡慕别人拥有我们所没有的东西，我们会更想获得并且为之努力（实验中学生们愿意为手机付出的钱，可以用来衡量我们为获取想要的东西所做出的努力）。在这种情况下，《牛津简明英语词典》所描述的"由他人比自己富有或境遇好引起的憎恨或不满的情绪"可以转化为行动的动力。

但有一点要注意，当我们所艳羡的东西相对容易获得时，善意的忌妒似乎才会起作用。皮埃特斯举了一个例子：我们看到邻居的剪草机比我们的好，于是心生忌妒，也想有一个，因为只是个剪草机而已（况且邻居可能比我们富裕不了多少），所以我们决定也买一个。这有点像是互相攀比的心理，邻居的房子、车子都比我们的好，但邻居也只是普通人而已。但如果我们非要和卡戴珊家族 [①] 的人攀比的话就太不明智了。

面对超级富豪时，我们总是把忌妒心化作对他们的蔑视，并且嘲笑他们虽然有这么多钱，却毫无品位。这就是《Hello！》和《OK！》杂志办得好的原因。我们喜欢"受邀进入某位名人或英超球员可爱的家"，因为我们认为他们家里一定有夸张的金色水龙头和白色真皮沙发。这样我们就能光明正大地诋毁他们的品位，同时还能对自己平凡温馨的家感到心满意足。

皮埃特斯接下来的实验也发现人们有这种反应。这一次参与

---

① 　卡戴珊家族：美国纽约知名的名媛家族，在美国体育圈和娱乐圈享有很高的声望和地位。——编者注

者能选择买苹果手机或黑莓手机。那些具有"恶意的忌妒"心理的人不打算为得到苹果手机和那些具有"善意的忌妒"心理的人付一样多的钱，相反，他们更愿意要黑莓手机（也愿意多付钱）。他们似乎是想用一种完全不同的手机使自己有别于那些有苹果手机的同事（他们对那些同事很忌妒，但是他们不羡慕，反而很轻视），他们确信自己的手机要比同事的好。

忌妒最终被证明是一种复杂的情绪，而且就这项研究来看，是一种需要仔细研究的复杂情绪。但是就我们的目的而言，我们得出的重要结论是，忌妒通常有消极作用，但在一些特定情况下，忌妒也会有积极的作用，促使我们奋进。

对金钱犯罪的扭曲崇拜

像忌妒一样，我们一般不赞成撒谎，当然也有例外情况。在朋友女儿的婚礼上，一看到她头上的那顶帽子你就在想：这到底是什么东西，真是难看死了。但她走过来并告诉你这顶帽子花了100英镑时，你却说帽子很好看。你虽然说谎了，但这是为了保全朋友的面子。再就是为了正义而撒谎，比如你告诉坏人他们要追的人朝反方向跑了。

还有一种情况，就是一旦涉及钱，我们对说谎的态度就更为宽容了（钱越多越是这样）。这一发现可能让你大为震惊，但这确实是金钱扰乱大脑的一种方式。

多项心理学研究表明，当人们与他们认为不干净的人或物接触后，会花较长的时间洗手。我们可以称之为"麦克白夫人综合征"①（the Lady Macbeth syndrome），因为人们似乎本能地想清除自己与罪恶的关系。

这一通过观察人们行为得出的结论广受认可，一些心理学家甚至认为这比直接询问更能说明一个人对一些事和人的厌恶程度。当然了，这种方式也避免了人们只告诉研究人员他们想听到的，而不告诉研究人员尴尬的实情，这一问题已经困扰了研究金钱观念的心理学家很多年。

有一组心理学家在中国进行了一组调查，我们马上就会讲到调查结果。但是为了解释他们所做的事情，我们最好先来看看20世纪50年代利昂·费斯廷格（Leon Festinger）进行的一个经典心理学实验。费斯廷格让参与者完成一项无聊的任务，但是要他们告诉下一组成员这个任务非常有趣。换句话说，他们得说谎，而他们能因此获得1美元或20美元的报酬。

这个实验表明他们正在经历一种认知失调，即他们由于必须同时接受两种无法调和的观点而感到非常不适。于是，他们急切地想要摆脱这种失调，因此在实验过后的评价环节中，他们努力说服自己相信费斯廷格给他们的任务也不是那么无趣。然而，这一现象在拿钱少的人那里表现得明显，在拿钱多的人那里则不明

---

① 麦克白夫人综合征：麦克白夫人是莎士比亚四大悲剧之一《麦克白》中的人物，作为主人公麦克白的妻子，她残忍、恶毒，完全展现了人性罪恶的一面，并直接导致了麦克白的悲剧。后来经常被用来指帮凶这类人。此处的"麦克白夫人综合征"指某人做了帮凶却想将自己撇清。——编者注

显。[18] 在拿钱多的人看来，他们说谎完全是为了得到那笔钱，那种失调的感觉并没有那么强烈，因此他们在评价这项研究时仍然坚称任务非常无聊。

在你对这一切有所了解之后，我们来看在中国进行的实验。

这个中国研究人员进行的实验可以说是费斯廷格实验的翻版，只是这次受贿撒谎的不是参与者而是实验助手。同样，说谎得到的钱有时多，有时少。更关键的是，参与者会见证这些谎言，有的参与者看到助手拿了很多钱，有的看到助手只拿了一点钱。

当参与者认为第一轮实验已经结束离开实验室时，他们和每个助手都握了手。这一次"洗手"才是最终要研究的重点。接着所有参与者都得按要求仔细洗手，因为实验人员告诉他们接下来要接触精密仪器。

这也许听起来并不复杂，但其中有一些玄机。研究人员能通过人们洗手时间的长短判断他们对说谎在道德上有多么排斥。

实验结果非常有意思：与收了一点儿钱（一元钱，当时约合12便士）就说谎的实验助手握手后，人们洗手的时间最长（平均为9秒），研究人员认为这表明人们都不喜欢为这么一点儿钱就说谎的人。相比之下，与收很多钱的助手握手的人洗手的时间要短一些（平均为7秒），这说明人们似乎对他的行为并不是那么反感（因此觉得握手对他们的玷污小一些），毕竟他们拿到的钱很多。[19]

看完这些实验，你一定会觉得心理学家都在搞一些稀奇古怪的事情，而这些事情看似也不能让人信服。但是这些心理学家仍然坚持认为，只要给的钱足够多，我们就会宽容不良行为。也许中国的研究人员接下来做的这个实验能让你心服口服。

这一次是让人们看一组图片，图片展示的是一个人如果想要第一个拿到地上掉的钱，就必须把别人推倒。地上有时是一大笔钱，有时只有一点儿钱。这次实验最终显示，人们普遍认为为了大钱做这件事比为了小钱做这件事更能让人接受。而让推倒别人这件事变得能够让人接受的临界点是 300 元（当时约合 30 英镑）。

研究人员是怎么发现的呢？这次他们直接访问了实验参与者，并从他们的回答中得出了上面的结论。

这个实验结果似乎挑战了我们的一般认知，但是想想下面这个真实的例子，这个结论似乎就显得合理了许多：我们经常在新闻上看到一些"毒骡"（帮毒贩偷运毒品的人），冒险携带海洛因或可卡因过机场安检，如果运毒成功的话，他们可以得到一大笔钱，获取暴利的当然是贩毒集团，而承担运输风险的就是那些毒骡。现在考虑一下这个问题：以下两个人你比较尊重哪一个，是收费 50 美元的毒骡 A，还是收费 5 000 美元的毒骡 B？你一定会说是第二个人。不是出于对他的羡慕，而是因为你觉得既然要冒那么大的风险，至少要多拿点钱才值得，为了区区 50 美元就做这样的事情简直太愚蠢了。同样，我们往往对成功盗取银行几百万的罪犯有一种扭曲的崇拜感，却对只抢了几百英镑的持枪抢劫犯嗤之以鼻。

为筹善款而说谎可以被原谅吗？

也许上一节的内容让你觉得很不舒服，接下来我要讲的研究可能会让你感觉好一些。研究表明，如果骗子将靠欺骗得到的钱给了别人，而不是装进了自己的口袋里，这种欺骗行为也会得到人们的认可。

这项研究是在英国巴斯大学进行的。[20] 研究人员要求学生们在一个倒扣过来的一次性咖啡杯下掷骰子，然后通过杯子底部一个预留的小孔看里面的数字，并告诉研究人员他们看到的数字是多少。如果数字是 1，英国癌症慈善机构就能获得 10 便士的捐款；如果是 2，该机构就能获得 20 便士，以此类推。

我已经介绍了这个实验，所以结果不会太出人意料：大约有四分之一的人说他们掷出了 6，其中有学生为了增加慈善捐款而说了谎。

当然了，也许你在想为什么只有四分之一？为什么不是所有人都说自己看到了数字 6，这样一来筹到的捐款不就更多了吗？原因是学生们有多次掷骰子的机会，在这种情况下，他们想让自己的谎话看起来更真实一些，所以他们只是增加了一些看到 6 的次数，另外还说自己看到几次 3 和 4。

还有一点值得注意，有两组学生参加这个实验。第一组是学经济学的学生，第二组是学心理学的学生。我一开始没提到这一点，是因为两组学生在为慈善团体筹钱时并没有多大的差别。但在第二个实验中，当学生们说谎不是为了慈善事业，而是为了私利时，他们的表现反差很大。毫不夸张地说，学心理学的学生比学经济学的学生表现要好得多。

在这个实验中，实验人员给了学生们 3 个数字，并要求他们想象这是他们刚掷骰子得到的数字，然后要求他们把其中最小的数字告诉研究人员，而这一个数字就是他们能拿到的钱数。

当然了，学生们实际拿到的数字可能是 1、2、3，如果他们如实回答能得到 1 英镑。他们也可能说谎，但也不至于说得到的数字是 6、6、6，那就做得太过了。但假如他们拿到的数字是 3、2、5，这种情况下如果他们说最小数字是 5，他们就能得到 5 英镑，而不是 2 英镑。

也许这只是一个小小的谎言，但再小也是谎言。那么这次实验结果又如何呢？实验结束后，学生们坦白了自己的情况。结果表明为了得到更多的钱，学经济学的学生比学心理学的学生更容易说谎。

有趣的是，这一实验与其他一些表明经济学的学生在赚钱方面比其他人更加冷酷无情的实验不谋而合。例如，有一项研究表明经济学专业的学生比其他专业的学生为慈善事业捐的钱少，同时，一分没捐的学生中，经济学专业的学生是艺术或心理学专业的学生的两倍。在 20 世纪 50 年代的一个经典的合作测试——囚徒困境① 之类的测试中，经济学专业的学生和他人合作的可能性不大。

---

① 囚徒困境的前提是这样的：你和你的朋友因有抢劫银行的嫌疑而被逮捕入狱，你被关在一个单独的牢房里，你可以选择坦白、供出你的朋友或死守自己的清白。如果你们两个都不认罪，你们都要面临 1 年的刑期；如果两个人都坦白，两个人都获刑 8 年；如果一个人指控另一个，被指控的人获刑 20 年，另一个无罪释放。——编者注

从个人角度来看，最理智的决定应该是先坦白，这样就能避免 20 年的刑期。但是如果你事先和朋友商量好，两个人都保持沉默，都坐一年牢，你们还能继续做朋友，这看似才是更好的结局。所以，这完全取决于你们是否相互信任。如今这个实验通常在电脑屏幕上进行，监狱的部分甚至都不会提起，合作或背叛的结果变为积分或金钱奖励，结果表明，经济学专业的学生不太愿意合作。此外，在 1981 年的一项关于公平重要性的研究中，三分之一的经济学学生拒绝回答问题，或给出的答案模糊不清，无法采用。[21]

也许这一结果在意料之中，毕竟经济学专业的学生一直以来接受的教育就是在这个世界中，人们作为理性的经济参与者，要寻求利益最大化。但是他们平时所学的强调自我利益的经济学模型能解释他们自私的行为吗？还是他们学习经济学是因为他们想赚钱？

为了找到这些问题的答案，有一项研究比较了不同专业的学生大学期间的表现。结果表明其他专业的学生在毕业时比刚来学校时要慷慨，而经济学专业的学生慷慨程度与初入校园时基本一致，并且低于其他专业的学生。[22]

所有的经济学家都这么自私而且爱钱吗？当然不是。近年来关于经济学的研究不同程度上都受到了心理学的影响，这些研究认为将经济学与冷酷无情、过于理性以及自私自利联系起来根本与现实不符。就像人们有时候会选择与他人合作或对别人慷慨大方，人们实际上也会做出错误的经济决策。

1978 年，心理学家赫伯·戈德伯格和罗伯特·刘易斯出版了一本关于个性和金钱的书。书中列举了一整页人们对金钱持有的不合理看法，[23] 例如：如果月底钱有剩余的话，人们会觉得很难受；当人们知道自己每次买东西都被占便宜时就会感到非常生气；人们坚定地认为钱能解决所有问题。令我惊讶的是，当我看到清单时，有好几条我都符合。但令人欣慰的是，最近行为经济学领域越来越多的研究表明，我们所有人都会陷入一种"非理性的金钱观"。

接下来，我们的研究对象就是那些在花钱方面经常做出奇怪决定的人。

为什么赌博会上瘾？

赌博不在于钱，大部分赌徒都会这样告诉你，前病态赌徒保罗·巴克也是这样告诉我的。在 2003 年到 2011 年期间，他通过 93 个不同的账户输掉了 130 万英镑。为了偿还这些债务，他开始从公司拿钱。他告诉我，如果他可以找到一个装满奶油蛋糕的卡车的话，他早就赌蛋糕去了。又或者他如果知道哪里可以找到装满 6 英寸钉子的桶，他就去赌钉子。但是他能拿到的只有钱，所以赌钱很快就占据了他全部的生活。

在保罗这样的人看来，钱比任何其他事情都更让他们担心。不管他们是赌博、赚钱或者消费，钱都已经不只是一种货币符号或者达到目的的手段，它已经变成了一种障碍。毫不奇怪，购物成瘾的人通常都自卑，并且把金钱视为社会地位和权力的象征。一项在美国菲尼克斯、图森、丹佛、科罗拉多和底特律等几座城市中对购物成瘾的人进行的研究表明，他们在视金钱为安全保障方面不如其他人，但是他们更看重金钱所带来的权力和地位。同样他们更有可能将金钱作为解决问题的方法和与其他人进行攀比的手段。诚如你所料，他们可能比其他人更觉得钱不够花。[24] 与金钱相关的病症很少有正式的诊断标准，但赌博得到了研究人员的广泛关注。

保罗从小对赌博没有任何兴趣，18 岁在英国利兹大学上学的时候，他在赛马场赌注登记处投下了第一笔赌注。他以买独赢的形式将 5 英镑投到了一匹马上，结果这匹马以 33∶1 的赔率赢得了比赛，20 年过后，他依然记得当时胜利的感觉，这与金钱无关。

那和什么有关呢？是赌博的快感吗？早在 17 世纪，哲学家布莱士·帕斯卡（Blaise Pascal）坚持认为奖励是赌博的主要吸引力。"如果赌博得不到任何东西，"他写道，"他不会为此感到兴奋，而会感到无聊。"[25] 大约 350 年后，一些心理学家在实验室中进行了尝试，实验结果与帕斯卡的观点相吻合：如果测量这些人的心率，真正下注的赌博比那些不下注的，会使人们的心跳速度更快。[26]

但是，如果让人们在赌博和确定的事物之间选择，赌徒们会如何选择呢？美国弗吉尼亚州的研究人员让人们做了一个游戏，人们可以选择，确定有两美元奖金或有 50% 的机会获得两美元奖金。答案听起来很明显。如果你想要钱，可以选择前者。如果你喜欢有悬念的事情，你可以选择无法预知输赢的惊喜。事先人们都说会选择确定的事情，但是当让他们真正开始玩游戏，并连续玩了 40 次左右后，一切都变了。很多并非赌徒的人开始选择令人兴奋的选项，大概是想活跃心理学实验的气氛。但是，对于赌徒来说，他们会选择赌博的快感吗？答案是否定的，他们选择了确定的事物。[27]

这个实验表明对于赌徒来说，经济奖励的确会起到激励作用。当他们发现最后获胜的始终是赌场，而自己债台高筑时，他们除了盯着手里的真金白银外，别无选择。

随着赌博越来越上瘾，赌徒赢钱的快感逐渐减弱，赌博不再是一种乐趣，但它能给人一种莫名其妙的安全感。保罗上大学的时候，没有时间和金钱去赌博，但一完成学业，在零售行业得到一份工作后，他就开始每天赌博了。

他说，他赌博从来都不是为了得到一辆豪华轿车或一座岛屿。他喜欢赌博时的安全感，仿佛他只活在自己的小天地里。每当他觉得工作不顺心的时候，赌博就会让他平静下来。

2001 年，他成为一名金融顾问，工资增加了两倍，他很快从一个问题性赌徒变成了强迫性赌徒，迅速发展到病态赌徒。在他的工作中，他每天都在和股票与证券打交道。有人会说，赌博也许能让他把工作做得更好。但相反，他的工作助长了赌博的狂热。上班时，在股票和证券市场上，击败庄家会令他肾上腺素飙升；下班之后，他就要拿 300~900 英镑去赌博。

他的妻子和三个孩子一上床睡觉，他就会继续在网上赌博。正如他所说的："赌博成了我生活的中心，它完全占据了我的大脑，我心里总是想着下一次投注该投在哪里。"

在英国，约有 1% 的人染上赌瘾。研究人员试图找出这些有赌瘾的人是否有共同的性格特征，后来他们发现，到达病态赌徒阶段的人都比较冲动，也更加痴迷于金钱，他们一旦输掉了几十万英镑，就会对金钱以外的任何东西都不感兴趣，一心想着把输掉的钱再赢回来。[28] 这是金钱作为药物和工具的终极例子。病态赌徒的脑子里总想着下一次赌注。即使只是路过一家投注站，他们的大脑也会做出反应，就像注射器对吸毒者的作用一样。然而，钱也是工具，他们需要沉迷于金钱，才能找到足够的金钱继续赌博。

我们需要知道的是，赌博和冲动哪一个先出现。大多数研究都是短期的，只有个别长期的研究，其中有一项是在新西兰进行的研究。1972 年和 1973 年期间，在南岛达尼丁市，有 1 000 多名婴儿出生，研究人员对他们进行了跟踪调查，无论他们在世界上任何地方生活，都要定期飞回达尼丁市，接受面试、体检、验血，并配合调查。[29] 当我们开始研究赌博的时候，当初那些婴儿已经长大成人，他们当中有些人退出了，但 91% 的人仍然在参与研究。这是一个非常高的参与率，他们为我们提供了一个非同寻常的代表性样本，而且这些年轻人比其他研究的参与者更乐意说实话。

在他们 18 岁的时候，研究人员为每一个年轻人做了一次性格评估。三年后，也就是 1993 年，研究人员对他们进行了一次深入访谈，看他们是否赌博。第二年新西兰第一个赌场开始营业，有 8 000 多台老虎机和大量的赛马及赛狗比赛，实际上当时新西兰的赌博机会要比美国多。

研究发现，那些在 21 岁经常赌博的人，在 18 岁时比那些不怎么赌博的人更容易冒险和冲动。他们时常焦虑，非常易怒，还经常挑衅他人，并且觉得自己是受害人。这表明个性因素会引起赌博问题。当然也有可能他们 18 岁时已经有了赌博问题，而这些个性因素由于赌博才显现出来，但是考虑到有不少其他研究发现冲动是一个显性因素，所以这似乎不大可能。其他研究人员已经在实验室研究过冲动这一因素，当时是让人们选择现在拿 5 英镑，还是等 13 天拿 35 英镑，赌徒往往会选择即刻拿钱。[30] 他们还发现，当人们心情特别坏或者特别好的时候，更有可能冲动行事。

在你下注后等待结果的时候，你的皮质醇水平会升高，心率会加快。[31] 如果你是赌博新手，每次下注的兴奋会强化赌博行为，从而诱使你一次又一次地下注。

但是，如果你成为一个问题赌徒，一切就都变了。

对于保罗来说，他赌的次数越多，赌博带给他的快感也就越少："从 2009 年到 2011 年，根本就没有什么快乐可言。我经常在半夜两点醒来，下楼去拿出 1 万、2 万或者 3 万英镑在巴西的足球赛或者澳大利亚的赛马比赛上下注。然后在 5 点钟起床去看我赢了没有，虽然我并不关心输赢。"

赢了也无济于事。他从未想过用赢的钱去付账单。反而会将赢的钱藏进汽车的备用轮胎里。赢钱也没有使他感觉良好，因为他能够想到的只是什么时候把赢的钱再拿去赌。

"我记得在一个星期六的上午，我赢了一场赛马比赛。我把3 000英镑变成15 000英镑，但是脑子里整天想着这钱还在我的账户上。我的妻子一上床睡觉，我就会上电脑玩轮盘赌。玩了一个小时零十五分钟后，我已经由赢转输，输了39 000英镑。"这时候他感觉好多了。"当没钱可赌的时候，我有一种很放松的感觉。"

一些赌博研究项目会把理财策略作为治疗的一部分教给赌徒，但是澳大利亚的一项研究发现，赌徒的理财知识并不比其他任何人的少。实际上，就像其他赌徒一样，保罗非常清楚最终赢的总是赌场。但是在赌徒的思维方式上有一个关键的不同点，那就是他们可能拥有某些方面的金融常识，但他们经常会做出不合逻辑的决定。保罗承认他自己也是这样的。

一些有关这一专题最有趣的研究证实了这一点。如果老虎机显示的是两个橘子和一个草莓，你可能认为这是个损失，因为你需要三个图案一样才能赢。但是问题赌徒会认为差一点就赢了，两个一样几乎就等于三个一样，所以他们差一点就赢了。就像如果他们下注的马跑了第二名或第三名，他们会认为这是他们快要赢了的信号，而不承认赌输了。

即使是老鼠，在面对研究人员所称的"老鼠赌博机"的时候也会做同样的事情。研究人员给老鼠用了一种叫作喹吡罗的药物后，老鼠会对奖励着迷，它们的表现就像那些认为自己差点儿赢了的人一样。[32]

我们对输赢的一种不正确看法竟然在统计界有自己的名字——赌徒谬误（gambler's fallacy）。不是赌徒的你也会深受赌徒谬误之害。

以轮盘赌为例，如果上一次是黑色赢，75% 的人下一次会把赌注下在红色上。这些人认为红色胜出的概率更大一些。轮盘的下一次转动和上一次根本没有什么关系，所以黑色胜出的概率和红色的相同。但是我们发现这令人难以置信，尤其是令赌徒难以相信。而且，任何跟选择扯上关系的事情都会使他们更加自信。因此，如果赌徒选择了自己手上彩票的数字，他们会更加确信彩票中奖的概率要大于随机选出这些数字的概率。[33]

在所有的研究中，对赌徒大脑的研究是最吸引人的。有一个神经学测试被称为"艾奥瓦赌博任务"（Iowa Cambling Task），给人们4副牌并让他们从任何一副中挑出一些牌。有的牌会让人输钱，有的牌会让人赢钱。牌 A 和牌 B 被设置为赢得多，但是输得更多，因此慢慢地你人会输钱。牌 C 和牌 D 被设置为赢得相对少，但是输得就更少了，慢慢地你就会赢钱。渐渐地，人们开始知道了自己喜欢哪一副牌，并且经过上百次的尝试之后，大部分人最喜欢牌 C 和牌 D。但是大脑腹内侧前额叶皮质（vmPFC）受过伤的病人仍然会选择牌 A 和牌 B，尽管输得很多。[34]

赌徒也跟这些病人一样。心理学家告诉我观察人们做这些是多么不同寻常，输得越来越多的时候，他们显然应该换一副牌。但是脑部扫描显示他们与腹内侧前额叶皮质受损患者有共同点，那就是他们大脑这一区域的活跃度比其他人的要低。我们已经知道那些前额叶功能低下的人很难预见结果或延迟满足。然而，在过度解读这些研究之前，我们要记住，一些研究规模很小，只有 7 个人参加。可能问题赌徒大脑中的奖励系统不够活跃吧？他们能够对此做出补偿吗？换句话说，他们需要冒更大的风险来获得更小的兴奋。

越冲动的人，越容易受推理错误的影响，这也就解释了冲动和赌博问题的关系。英国唯一一家国家医疗服务体系指导机构对有赌博问题的人进行了专门的研究，研究发现赌徒比其他任何一个人都迷信，比如携带幸运符，或者将损失解释为运气不好。[35]

对保罗来说，他爱上赌博是为了逃避现实。他知道赌博使他堕落，但是他停不下来。

2011 年，保罗读了一篇关于病态赌徒的思维方式和行为表现的文章后，他意识到自己与文章描述的完全相符。他花了 6 天的时间在网上搜索可以评估他是否为一个病态赌徒的工具。在每一项测试中，他都接近最高指标。显然他的问题很严重，严重到让他觉得自己只有一个选择，那就是结束生命。他试图自杀，但在昏迷了 4 个多小时后又活过来了，他意识到自己必须找到一个解决方法。他最终走进位于伦敦苏活区一条小街上的"国家问题赌博诊所"。

这个诊所一年治疗 1 000 多名患者，精神科顾问医生亨丽埃塔·勃登-琼斯说有时候他们把家都赌没了，通常等到配偶了解到他们的问题时，已经太迟了。对于多数人来说，赌博就存在于他们的家庭之中。有些孩子替父亲去投注，有些孩子在他们的父亲投注时被丢在大街上好几个小时。但并不是每一个人小时候都拥有与赌博相关的经历。有些人遭受过虐待或者欺辱，或者和一个病得很重的兄弟一起长大。对于这些人来说，赌博或许能够让他们逃避现实。

在长达 8 周的认知行为治疗的小组会议上，患者根据自身实际情况选择有效的戒赌方法，并且用一些危害较小的东西代替赌博。每一个赌徒都将有助于戒赌的东西列了个清单。他们随身带着这张单子，当他们想要赌博的时候，就拿出来提醒自己为什么不要赌博。

保罗被告知要避免接触与赌博有关的东西。他不能带钱，必须远离电脑，而且不能观看大型体育赛事。要做到这些并不容易。他体重增加，脸上长了皮疹，而且经常发现自己在颤抖。

人的行为能够迅速改变，勃登－琼斯医生说关键在于消除赌博的诱惑和发现正确的代替活动这两者之间的结合。他们长期把所有的钱都花在赌博上，所以花一点儿钱吃一顿可口的饭菜，或者听听音乐，可以起到真正的激励作用。

治疗 4 个月后，保罗开始觉得好像他能够掌控自己的生活了。三年后，他仍旧没有赌一分钱。他告诉我他现在连赌博的念头都没了。如今，他经营一家咨询公司，专门介入工作场所，防止赌博问题出现。他说有时候有人问他，在不犯赌瘾的前提下，能否偶尔赌上一把？他告诉我他永远不会知道，因为他永远不会再去尝试。

Pis

- · 为什么捐赠（甚至是纳税）会增加我们的幸福感？
- · 为什么我们并不总是喜欢慷慨的百万富翁？
- · 为什么慈善活动中漂亮小孩少一些的话，成功的概率会更大？

12

· 第十二章 ·

金钱之善

我们已经看到金钱是如何给我们带来坏的影响，或导致我们做错事情的，但是我想说的是，金钱并不总是有害的，什么事情都不是绝对的，金钱之所以存在是因为它是有用的，并且——如果大脑能够驾驭金钱——它还会帮助我们做有益的事情，让我们过上好生活。

尤其值得一提的是，在我们对有意义的事业进行支持时，钱是一种积极有效的力量。这是一种典型的双赢模式，我们为做有意义的事而感到温暖的同时也帮助了别人。

一天早上，走在加拿大温哥华大街上的人们，受邀参加一项实验。那些同意参加实验的人会收到一个装有 5 美元或 20 美元钞票的信封，封信里还装有书面指令。一半的人被告知要把钱花在他们自己身上，另一半人则被告知要用这些钱为某些人买一份礼物，或者把钱捐给慈善机构。按照要求，这两组人在下午 5 点之前必须花完这些钱。

当天晚上，研究人员和所有的参与者进行了面谈。第一组的人说他们为自己买了各种各样的东西——寿司、耳环、咖啡等。第二组的人或为年龄比较小的亲戚买了玩具，或为朋友买了食物，或把钱给了街头上无家可归的人。之后研究人员让这些人评价自己的心情。

最终研究人员发现，信封里钱的总数和他们快乐的程度没有关系，并且买的什么东西也并不重要。重要的是他们把钱花在了谁身上。把钱花在别人身上的人要比把钱花在自己身上的人快乐得多。[1]

这项实验是由心理学家伊丽莎白·邓恩（Elizabeth Dunn）设计的，她对生活在美国的人也进行了抽样调查，最后发现就他们的收入来看，最幸福的人是把收入最大比例地花在别人身上的那些人。

有趣的是，当邓恩自己的学生被问到把 20 美元花在自己身上和把 20 美元花在别人身上，哪一种情况更令人快乐时，他们认为大部分人都是自私的。当然不是所有的人都会从给予中获得快乐。神经科学方面的研究显示，一些人的大脑腹侧纹状体区域（大脑奖励系统的一部分）会活跃起来，只不过一些人是在存钱的时候，另一些却在给别人钱的时候。[2]

也许当你想到这一实验时不会觉得很惊讶，因为我们不需要扫描仪告诉我们金钱观因人而异。但有趣的是扫描仪探测出的大脑活动可以精准地反映出人们的各种观念，研究人员利用这一点来判定研究对象是"利他主义者"，还是"利己主义者"，前者从根本意义上来讲比较慷慨，而后者则比较自私。

当我对一位朋友提及这一研究时，他半开玩笑地说："也许政府应该用脑部扫描仪来鉴别利己主义者，以打击偷税漏税行为。"这在理论上是可行的，但是听起来有点儿像乔治·奥威尔[①]

① 乔治·奥威尔：英国著名小说家，代表作有《1984》《动物庄园》，两部作品皆为反极权主义的世界经典名著，《1984》更是被公认为 20 世纪影响最大的英语小说之一。——编者注

（George Orwell）描述的社会。经济学教授威廉·哈珀（William Harbaugh），论文作者之一，认为进行这样一个实验需要"一台价值 300 万美元的扫描仪，一定量的液氮，以及几周电脑运行的时间"。扫描所有市民的大脑，找出偷税漏税的人，需要花费几亿美元，消耗大量的液氮，还需要几年的时间来分析数据，而且在这之前你还得说服人们接受脑部扫描。

所以那些吝啬的人至少暂时无须担心在官方数据库里他们作为"利己主义者"被记录在案。毕竟被贴上一个自私自利的标签并不是一件值得庆幸的事情，相比之下，"利他主义者"这个标签带有一种崇高的光环。

但是大多数利他主义者并不是完全无私的。正如我们已经看到的，人们之所以捐款，至少部分原因是这能给他们带来快乐。如果别人认为他们慷慨，这种愉悦感还会大大增加。

看我，多么慷慨

我曾生活在伦敦西北部基尔本的三轮车剧院附近。同其他独立剧院一样，三轮车剧院的运营需要人们的支持，因此剧院设置了不同等级的会员资格，鼓励人们捐款。捐款活动的支持者享有优先预订权，还有机会在后台同导演和演员交流。然而大部分的捐款都是单纯的慈善行为。最低一级的会员被称为"先驱者"，他们每年至少应捐 125 英镑。接下来是"创新者"（至少 500 英镑）和"拓荒者"（至少 1 250 英镑），最后是"董事圈"（至少

3 000 英镑）。

有一点我必须坦诚，虽然我喜欢这个地方，但我不是这个剧院的会员，所以我不希望以任何一种方式贬低剧院所有会员的慷慨，无论他是"先驱者""创新者""拓荒者"，还是"董事圈"的一员。但不得不说，他们的名字能出现在三轮车剧院的网站上，无疑是最吸引人的一点。当然，研究发现捐赠者十分喜欢以这种方式公开捐助，博得名声。但是，这也表明一旦捐赠者决定他们加入哪一级，就绝不会多捐钱。[3] 所以，我敢说大多数三轮车剧院"拓荒者"成员就捐赠 1 250 英镑。如果能承担将近 2 500 英镑，他们也不愿意捐赠这么多还待在"拓荒者"这一级，而是会再多捐赠 500 英镑升到"董事圈"这一级。

说到这儿，我想给筹资经理提几点建议：尽管不同等级的会员有一定的人数限制，但还是应该尽可能多吸收会员，尤其是低等级会员。这将鼓励人们从口袋里多掏出一点钱来，升高一个级别。因此三轮车剧院也许要再加"探险者"一级，一年至少需要捐赠 250 英镑。这样可以吸引"先驱者"们再升一级。

你想要别人认可你的慷慨没有什么错，如果你要为慈善事业捐款，为什么别人不应该知道呢？每当有人要我在一些捐赠网站上资助一位跑马拉松的朋友，我会在写下"你比我强"之类的鼓励性话语的同时，留下自己的姓名，我要让他们、让全世界都知道我做了善事。不止是我这么做，当我随意点进一个捐赠网站的页面时，我发现有两项慈善活动捐赠额最高，分别是资助白血病和淋巴瘤研究的。这两项慈善活动中，分别有 94% 和 88% 的捐款人留下了姓名，只有很少一部分人匿名捐赠。

对于慈善机构本身而言，将人们的捐赠公之于众的好处显而易见。用法语说就是"Pour encourager les autres"（以一带百）。你的好朋友参加了为乳腺癌研究募捐而组织的铁人三项运动，你认为捐赠 15 英镑就足够慷慨。但是当你看到你们共同的朋友捐赠了 30 英镑，你会怎样看待自己只捐赠了朋友的一半？来自伦敦大学学院的研究人员分析了 2 500 页的网上捐赠信息后，确实发现在一笔高于平均水平的捐赠之后，捐赠者平均多捐 10 英镑。[4] 如果筹款人是一位漂亮的女士，高于平均水平的捐款人是一位男士的话，后面的男士会平均多捐 38 英镑。所以我们就得到一个启发：如果你想要在网上筹资，而且你是一位女性，最好的方法是一开始就让一位男性朋友捐赠较大数额的一笔钱。然后捐赠就会源源不断地涌入。吸引力又是怎么一回事呢？关于这一点，你别无选择，而且你也没有必要选择。研究人员让人们就照片的吸引力打分，影响他们打分的最大因素就是这个人是否在微笑。微笑吧，慈善机构会感激你。

同样，如果慈善竞拍开始时，有两三个人在竞争，他们不是为了赢，而是为了展示其财富和慷慨，那么拍卖就会达到最佳效果。我曾在西班牙一幢别墅的慈善晚宴上见识过这样的事情。整个拍卖过程持续了一周，竞拍价格持续攀升，我们都感到有些疲倦。当我们受够了两个身着晚礼服的富有男孩儿相互竞争，看看谁最后夺魁的时候，慈善募资人员满心欢喜地坐在那里"观战"。

这些似乎都非常常见，不需要心理研究来证实。尽管如此，有学者还是做了研究。

有一项研究是在日本进行的。实验参与者被告知他会不断得到一小笔钱（相当于 3 欧元），每次他们都得决定是否要捐赠这笔钱。慈善项目很多，共有 78 个，从联合国儿童基金会到日本海龟协会，再到日本脊髓研究基金会，因此每个人都有适当的捐赠项目。

慈善机构的名称投影在脑部扫描仪的屏幕上。一些实验参与者能够通过屏幕看到他们自己正在被观察，另一些则看不到被观察。

事实上，为了实验能更好地进行，第一组实验参与者为一条周密的计策所蒙蔽。参与者在实验开始之前看到的有两把椅子的房间和视频链接不见了，他们在扫描仪屏幕上看到的是提前拍摄好的两个人的视频。这两个人看起来正认真地看着他们做决策。他们没有任何表情，只是动了动，眨了眨眼。他们是在做评判？

那实验结果如何呢？

所有的参与者平均捐赠了不足一半的钱，但是当他们知道自己正在被观察着，则更有可能捐赠。[5]

有趣的是，参与者的脑部活动显示，公开捐赠和在没人观察的时候将钱收为己有一样令人感觉良好。受到关注时，人们的行为就会大不相同。

被玷污的利他主义

我们也许认为不大张旗鼓地做善事更值得赞赏，但是我们通常对公开捐助的行为还是相当容忍的。不过如果有人想要通过慈善机构获取私利就另当别论了，这在心理学上被称为"被玷污的利他主义效应"，它能使一个人在一夜之间"从英雄变为狗熊"。

来自耶鲁大学的乔治·纽曼（George Newman）和黛兰·凯恩（Dalyian Cain）讲述了一个美国筹资者丹尼尔·帕洛特（Daniel Pallotta）的故事。[6]他的公司在9年间为慈善机构募集了3亿美元，用于艾滋病和乳腺癌研究。说到这儿，你也许会觉得他应该得到赞扬。确实开始的几年他得到了赞扬，但是后来他借助于慈善事业牟取利润、运营公司的事实逐渐浮出水面，而且他给自己开高薪，每年整整40万美元。他的个人形象瞬间倒塌，公司也垮了。

这个故事表明尽管服务业在现代经济中占很大份额，人们依然想让慈善机构在志愿的基础上运行。这也就是为什么我们往往对那些带着钱罐去参加罂粟花募捐活动的老兵非常钦佩，也会对那些每签一个通过借记方式捐款的人都会收取佣金的年轻慈善募捐人士感到厌恶。所以，在人们看来，前者是一种无私的行为，而后者则更像一种强势的销售行为。

慈善机构虽然不受欢迎，但还是坚持不懈地募捐，因为以这样的方式筹到的善款远远多于街边募集和以其他方式筹到的善款。事实上，我们并不期望慈善机构的工作人员义务工作不拿一分钱，也不期望能源公司和文具商免费提供服务，我们只是把对于利他主义和金钱的看法奇特地交融在一起了。

假设连锁店的老板想要招徕更多的顾客，把他的生意做得更大，那么他是应该向慈善机构捐赠 100 万英镑来博人眼球呢，还是花费同等数额的钱打广告呢？哪种做法更道德呢？耶鲁大学的学生们回答了这一问题，他们认为打广告比做慈善更好，因为在这种情况下这位老板做慈善的动机不单纯，他们觉得慈善行为不应该被商人利用。

这是一个重要发现，但研究的第二阶段更为有趣。调查人员另加了一句话："他把钱投在广告上也可以提升公司的形象，但是如果这样就不会有一分钱流入慈善机构。"这次学生们改变了想法，不再将这种利他主义看作是被玷污的了。[7] 我们从中又一次看到了关于金钱的道德判断如何奇妙地达到了平衡。

当我们觉得自己是出于好意做某些事情，而朋友却要提供报酬时，我们就会感到不安（见第七章）。世界各地"自发的"慈善机构都和政府签订条约提供重要服务，这并不稀奇。大型慈善机构还会雇用一些具有工商管理硕士学位的人担任主管，年薪高达 6 位数，他们雷厉风行，不讲情面，使慈善机构像企业一样高效运营。慈善活动、公共服务和商业行为的界限越来越模糊，越来越多的机构，诸如社会企业和非营利企业等，难以归类。

一旦金钱被视为一种互动，我们的态度就会改变。在英国曾经掀起了一场合法的运动，反对企业免费雇用实习生，因为那意味着年轻人只有依赖他们富有的父母才能获得有价值的工作经验。

公司如果雇用了无薪实习生，就会面临剥削劳动力的指责。然而当成百上千的所谓"奥运会缔造者"免费为2012年伦敦奥运会工作时，没有任何人指责这是一种剥削。某一种情况下细微的差异，也可能改变我们对金钱与道德之间关系的看法。如果一个年轻的志愿者在国外无偿为慈善机构服务，甚至为所享有的优待付费，人们认为这是公平的。但是国内的慈善机构雇用无薪实习生则会受到指责。

在这种社会状况下，我认为国际发展、医学研究、支援团等与慈善组织相关的领域，其中心任务就是要绝对保证工作运行透明，并相信公众会理解他们需要专业化的管理、给员工发放工资、支付市场汇率等，但是他们应该让人们清楚这并不是在营利，从捐赠者那里筹集到的钱依旧被尽可能地用于一线慈善活动。

怎样才能更享受纳税

正如在前面所讲的那样，我们当中很多人因为做善事而感到快乐，尤其是当我们的善举得到公众认可时。但是，纳税的时候我们是否会同样感到快乐呢？

你一定觉得我是在胡扯，但请停下来想一下。我们缴纳的税款能够用来资助我们最看重的事情，比如医院、学校、警察局、公园和敬老院等设施的修建。当然，还远不止这些。如果没有公共税款的话，一些设施就必须依靠慈善机构来资助了（就像在许多年以前或在现在的某些国家一样），否则这些设施根本不存在。

为什么我们会因为给慈善机构捐款而感到快乐，却厌恶纳税呢？

　　也许我们不会。请耐心听我在这里说一说。在俄勒冈大学进行的一项实验中，研究人员发给一个小组中每个成员 100 美元，然后强制他们拿出一定比例的钱纳税，来资助当地一家食品行，同时允许他们保存剩下的钱。与之不同的是，另外一组的每个成员可以自行选择是否愿意为食品行捐款，如果愿意的话，想捐多少就捐多少。研究发现，如果是自愿捐款，人们的满意度就会提高 10%。[8]

　　这证明人们喜欢自愿捐赠，而不愿被迫纳税，是这样吗？答案似乎是肯定的。但是在这些人的大脑中，研究人员发现了一个有趣的现象。是的，在该实验中他们对志愿者的大脑进行了扫描，并且检测了他们的大脑活动，得出的结论非常令人吃惊：扫描仪显示自愿为食品行捐款的人会感受到给予的快乐（通过大脑腹侧纹状体的活动得知），而那些除了纳税别无选择的人也有同样的快乐。

　　我们的大脑似乎揭示出一些我们不愿承认的事情——实际上我们是很乐意纳税的。这项研究是在美国进行的，在美国的文化中，税必须维持在低水平状态，因为赋税是消极的，而做慈善是积极的。

　　就个人而言，我觉得这是一项鼓舞人心的发现，但是世界各地的政府在为这则新闻欢呼之前，要记住这个实验的一个前提：人们必须很清楚钱的确切去向。他们知道钱花在了食品行上，换句话说，这是一种抵押纳税，财政部长可能不太喜欢这样。人们如果知道钱只是归到了税收总账上，反应可能会不同。

尽管如此，我还是想知道政府是否会考虑在让纳税人填写枯燥烦琐的纳税申报单时，顺便发一个小册子说明一下上一年税收的去向，就像英国慈善机构和当地的委员会做的那样。否则的话，他们可能会说"我们的钱有可能被政府浪费了"。这也可能取决于你是利他主义者还是利己主义者。

缴大量的税需要被重新定义为成功而不是惩罚吗？一般情况下，你纳税越多，人们认为你越成功，认为你在积极为国家做贡献。

让我们大度一些吧——有时候富人也很慷慨

在上一章中我们看到保罗·皮夫及其他人做的一些研究。其结果表明富人往往是利己主义者。也就是说，一个人越富有，往往就越吝啬、越自私。但是，即使一般而言这是正确的（就像我们将要看到的，这没有办法证实），也并不意味着所有富有的人都是吝啬的。

金融家沃伦·巴菲特 2006 年声称要将 99% 的资产捐赠给慈善事业。这一声明引起了大众的广泛关注。从那时起，他就成功地鼓动其他富豪们捐赠了。

当然，我们从最慷慨的超级富豪那里了解的普通富人的情况，并不比从那些极为贪婪、吝啬的富人那里了解得多。如果每个人的工资都是随着时间慢慢增长的话，我们期待他们会渐渐地越来越慷慨。但是，这在现实中会发生吗？

这取决于你对"富有"的理解。一项有关捐赠的经典研究显示，慈善投资在总收入中所占的比例，在最穷和最富有的人群中较高，而在处于中间水平的人群中较低。如果这一结论用图来表示的话，你会看到一条 U 形曲线。[9]

最近，波士顿学院的研究已经对上述曲线提出了异议。研究者指出这些数据有一定的偏差，因为调查的对象不包括没有做过慈善捐助的人——尤其是那些特别穷的人。这意味着那些低收入的人并不像人们想象中的那样慷慨——可能这也不足为怪，因为他们慷慨不起。

波士顿学院的研究最让人吃惊的是，在其他收入水平的人群中，人们的捐赠水平竟是如此相似。他们的研究结果表明，收入在 1 万美元到 30 万美元之间的人（占美国总人口的 98%），收入中用于捐赠的比例都维持在 2.3% 左右。当然，这并不能表明98% 的美国人捐赠占收入的比例都是完全一样的。在这个收入范围内存在着一定的变化——从几乎什么都不捐到捐赠远远超过收入的 2.3%。但即使是这样，平均算来，在低、中、高收入人群之间变化却非常小，远非 U 形曲线，而是一条较为平直的线。这似乎是某些文化规范在起作用，像是美国以 2.3% 的统一税率对所有收入水平的人强加了一种慈善税。

因此，在这些研究中我们发现，那些被称为"普通富豪"的人并没有表现出特别的慷慨。当然，如果你年收入约为 30 万美元，你肯定比年收入为 3 万美元的人捐赠得多——你可能每年会捐赠 7 000 美元，而非 700 美元。但是收入水平那么高，大笔的钱自然很容易就能拿出来。如果捐赠只达到基本线的话，节余的现金就会更多。

但是，那些收入最高的人，即占总人口 2% 的年收入超过 30 万美元的人情况又如何呢？当然，在这个收入范围的人，不用说，捐的必定多——平均占其收入的 4.4%。所以作为一个群体，那些超级富豪在慈善捐赠中自以为是慷慨的。但是，有一个巴菲特，就有一个吝啬鬼，前者是把平均水平提到最高，后者是把平均水平拖至最低。[10]

总之，波士顿学院的研究似乎显示，富人既不比我们慷慨，也不比我们吝啬——除了在最顶端的那些人，那些著名的慈善家可能会使富豪被看作一个比任何人都慷慨的群体。

当然，总会有研究得出不同的结果，例如 2014 年的《慈善纪事报》①（The Chronicle of Philanthropy）收集的数据。这些数据似乎表明，在美国的经济危机之后，不是低水平收入和中等水平收入的人，而是富人不再捐赠那么高比例的善款了。[11]

下面一个研究把我们带回到第十一章提到的那个令人费解的实验。2010 年 6 月，一些研究人员在伦敦的大街上到处走动，把信丢在人行道上。他们在 20 个不同的地方丢下了 15 封信，每一封信都有邮票，信上也写有地址和收信人姓名，每个地址听起来都像是真实的住址。那么有多少信可以被邮寄出去，又是哪些

---

① 《慈善纪事报》：一家总部位于华盛顿特区的双周刊，一年 18 期，主要报道与慈善相关的新闻。——编者注

人会把它们投进邮箱呢?

在这个研究中,富人似乎都展示出了他们慷慨的一面。因为掉在富裕地段(例如繁华的温布尔登)的信封有 87% 被捡起来放到了邮箱里,相比之下,在贫困的地区,例如莱姆豪斯和沙德威尔,只有 37% 的信被送回信箱。[12]

特别的利他主义

关于捐赠的另一个方面就是我们所讲的"特别的利他主义行为",即富人展示他们慷慨的一面。这种行为给捐赠者带来的回报微不足道——因为他们的名字不为人知,没有人为他们的捐赠鼓掌,也没有人会做同样的事情来回报他们。

例如,把肾脏捐献给一个陌生人。你必须忍受痛苦,需要时间恢复,需要进行无数的医学心理测试,这一切都是无偿的。而且你还不知道接受你帮助的人是谁,也许你们永远都不会见面。虽然在美国的一项调查显示一半以上的人愿意将自己的肾脏捐赠给陌生人,但是真正去做的人却非常少。事实上,在 1999 年到 2010 年期间,美国这种捐赠不足 1 000 次,而在有些州几乎一次也没有,例如特拉华州和密西西比州。相反,在美国犹他州却有 76 次。

为什么州与州之间会有如此大的差异呢?来自乔治城大学的克利斯汀·布雷西尔 – 霍维茨(Kristin Brethel-Haurwitz)和阿比盖尔·马什(Abigail Marsh)试图找到这个问题的答案。[13] 他们考虑了各种因素，包括宗教信仰，这些可能会帮助他们解释为什么虔诚的摩门教徒居于首位，但是相关性最强的因素却是收入中位数。简单地讲就是收入水平越高的州，肾脏捐献者也越多。

这当然并不能说明富有的人比贫穷的人更愿意捐献自己的肾脏，然而，这表明利他主义与人们的富裕程度相关。富裕本身并不是关键因素，福利才是最关键的。也就是说，收入水平越高的州，福利水平也越高，正是这个因素让人们以更为利他的方式行事。

如果想要降低等待肾脏资源病人的死亡率，美国需要提高各州的收入中位数，这样也会提高福利水平，从而增加利他行为。研究表明，如果美国人都有收入，并且福利水平与犹他州持平，一年可能会增加 900 个捐献者——这几乎和这十几年以来每年的总数一样。

捐献肾脏，对于捐献者来说是相对安全的，但如果死亡确实有可能发生又会怎样呢？在这种情况下，人们应该怎么做？他们的财富这时能改变什么吗？

来自加利福尼亚大学伯克利分校的米切尔·霍夫曼（Mitchell Hoffman）做了一项宏大的研究，试图解答这一问题，他用复杂的方法来判断，毕竟这种情况非常复杂。[14]

第二次世界大战期间，成千上万的欧洲人把犹太人藏在家里，以拯救他们的性命，尽管这些欧洲人知道一旦被发现他们自己将会面临死刑。这就是利他主义的一种最特别的形式。他们都不能向其他人诉说自己的勇敢，更不用说因此而获得赞誉了。事实上，或许他们的朋友和邻居都不赞成他们的做法。霍夫曼想知道到底谁会做这样的事。

首先，霍夫曼分析了一系列对施救者和旁观者进行的访问。在访问中这些人被问到他们是否认为自己很富裕。他还调查了由以色列国家大屠杀博物馆编制的"犹太大屠杀国际义人"名单（"Yad Vashem Righteous among the Nations" List），名单中收录了那些非犹太人甘愿用自己的生命、自由和工作去冒险拯救那些被驱逐到死亡集中营面临死亡威胁的犹太人。

接着霍夫曼采用各种方法，来降低其他因素对研究结果造成误导的风险，并纵观20个被拯救的犹太人数量最多的国家，对它们的平均收入做了比较。他发现在意大利和荷兰这样拥有较高国内生产总值，且国民收入处于中上水平的国家中，拯救犹太人的国民，比摩尔多瓦和罗马尼亚这些较贫穷的国家多。收入每增加10%，获救的犹太人数量就会增加20%。

你可能会认为，也许那些国家各不相同的政治局势会影响人们决定到底把犹太人藏在自己家中，还是赶走他们。霍夫曼认为，在波兰这样的国家中，国民生活在高压统治下，他们会因为拥有收音机或者违反宵禁令这样的小事而被枪决。在家中藏匿犹太人的处罚不仅仅是自己被判死刑，家人也会被判处死刑。所以，只有少数人敢拯救犹太人也就不足为奇了。

但是当霍夫曼排除波兰重新计算时，结果还是一样。当然，你可能会认为，钱越多，救人的机会就越多。因此，霍夫曼将每个人家里的房间数量纳入考量（或许这方便救人），做了重新计算，结果还是一样。

当然，对于这些发现，尤其是对那些极为敏感的话题，小心谨慎一些也许是十分明智的，即便如此，霍夫曼的模型确实显示出，富裕的国家拯救的犹太人更多，而在这些国家中，较富裕的国民也会更慷慨。这也就表明"富人总是会更自私"的普遍认识并不总是正确的。值得庆幸的是，来自所有社会经济体的人都能够怀有慷慨之心和自我牺牲的精神，就像他们同样会有可怕的自私和邪恶心理一样。

什么更能吸引人们捐款

无论钱是从富人还是穷人那里得到的，慈善机构总是在想方设法吸引更多的捐款。为此，慈善机构专门雇人做募捐宣传，它们制作的宣传资料或者强调慈善工作的重要性，或者激发我们的向善之心。那么，问题来了，在吸引人们捐赠更多钱财时，到底什么样的语言最为有效？

在布列塔尼的 14 家面包店进行的一项简单的实验，为我们提供了一些线索。这项实验是由尼古拉·盖冈博士进行的。这位心理学家还做过一项研究，发现用心形的盘子盛菜单给客人，或者轻触顾客手臂，侍者就会得到较多的小费。这次与小费无关，而与慈善捐赠有关。每家面包店都陈列着苹果挞、巧克力松饼和牛角面包，柜台上还放着募捐用的小罐。每个小罐上都贴有标签，上面都写着有关西非多哥的一家慈善机构所进行的人道主义工作的信息。但只有一个词是不一样的：三分之一的小罐上写着"捐赠＝爱"，三分之一的小罐上写着"捐赠＝帮助"，剩下的三分之一（控制组）只简单地写着"捐赠"二字。

我们不知道那个"爱"字是否吸引了更多的人捐赠，或同样数量的人捐赠的钱更多，不管怎么说，贴有"爱"字标签的小罐获得的捐赠是贴有"帮助"标签的小罐的两倍。[15]

研究人员推测"爱"字能够激发同情、团结和支持的感情，因此启动效应再次发挥作用，并使人们更具有利他精神。我认为"爱"字作为一个感情化、个性化的词语，其作用远不止于此。它使我们想到我们想要守护的亲人，总之，它确实创造了奇迹。研究人员通过对比得出以下结论："帮助"一词不仅多余，而且这一工具性词语似乎对人们有所要求，并剥夺了人们的自由，迫使人们捐赠。事实上，"捐赠"一词在法语中也用来命令其他人做有影响之事，例如"donnez-moi mon billet"的意思就是把车票给我，其中就有一种命令的感觉。

总之，在慈善募捐活动中，"爱"似乎是个强有力的词语。毕竟我们一般不认识捐赠要帮助的人，怎么可能爱他呢？但是慈善机构依然非常大方地使用这个词。

慈善机构也可以借助其他的心理研究，这些研究的结果和我们预期的不同。飓风过后进行的慈善募捐中，按理说，有什么能比照片上一家人站在被摧毁的房屋外，绝望地等待着救援的到来，一个大孩子抱着一个在对着你微笑的大眼睛婴儿更有说服力呢？谁又能无动于衷呢？

然而结果却是很多人无动于衷。很多研究指出了这类惯用的照片所存在的问题。首先，如果我们看到这些人是积极的自救者，而不是被动的接受者，我们捐赠的可能性会更大。因此，一部描述一家人重建家园的短片，尽管制作得不太精良，也会让我们更有可能为他们捐钱。即使人们一无所有，我们也不愿意看到他们只是站在一边儿等待援助。

但是漂亮儿童在灾难之中绽放的笑容就一定会吸引我们为其捐赠吗？不一定。

阿尔伯塔大学的研究人员让人们浏览几个虚构的网站，网站上列出了几个选项，供计划赞助一个在自然灾害中失去亲人的孩子的人选择。在其中的一些网站上，照片上的孩子很漂亮，在另一些网站上，照片上的孩子长相一般。[16]

如果网站声称这个孩子由于一场灾难失去了父母和家园，那么这个孩子漂亮与否并不起什么作用。一般情况下，人们对漂亮的孩子并不总是能够感同身受，而且还会认为他不是很需要帮助。人们认为漂亮的孩子尽管还很小，但是一定很聪明，很受欢迎，更加能够帮助自己。这时长相普通的孩子的优势在于他们看起来更无助。这使得研究人员提出如下建议：如果慈善机构想要筹集到尽可能多的钱，灯光不要太好，应该慎重地使用不吸引人的灯光，确保孩子看起来不那么漂亮。

慈善机构的募捐宣传通常集中在个人故事上，因为如果人们认同某个人，就会想象这个人有多么需要帮助，这种情况下他们更愿意捐钱。但最近的研究表明，在一些情况下，慈善机构将注意力放在一些组织机构上进展会顺利一些。[17]人们听过太多个人故事，这些故事开始失去其效果。宣传个人的话也要鼓励捐赠者关注那些有特殊需求的人，然而慈善组织真正需要的是能够找到长期合作者，定期获得捐助。

作为普通人，我们并不擅长判断一场灾难过后会有多少需求。捐赠往往随着死亡之人数而非生还人数变化。因此，相对于一场造成 1 000 人死亡，有 10 000 人需要食物和避难所的地震，人们更愿意为一场造成 10 000 人死亡，只有 1 000 人生还且需要帮助的地震捐款。[18]

倘若有机会找出指责受害人的理由，比如乱砍滥伐导致泥石流，个人故事的效果会适得其反。为什么个人故事在某些情况下效果良好？其中另有心理层面的原因。

解释水平理论认为我们的想法取决于事件在心理上与我们的远近关系。各领域都是这样。因此，在谈到时间感知时，比如对于明天将要发生的事和 6 个月后要发生的事来说，我们会认为前者比较具体而后者比较抽象。[19]同类事情的发生还取决于我们与他人之间社会距离的远近。因此如果你是个农民，对另一个农民的经历要比对一个医生的经历感受更加真切，这些因素都会影响你向一个特定慈善机构捐款的可能性。

在以色列，心理学家招募了 300 名志愿者，并告诉他们一家为公路车祸生还者服务的康复中心正在削减开支。心理学家告诉他们，如果他们选择向慈善机构捐款，他们的钱将用在以下四种用途中的一种：一是他们的钱会帮助一位在一起重大交通事故中受伤，且日常活动需要帮助的妇女；二是他们的钱会用来帮助一位伤情相似的男人；三是他们的钱将用来帮助康复中心的男人；四是他们的钱将用来帮助康复中心的女人。研究人员在告诉志愿者时，有时会特别提到某个人的情况，有时只是笼统地说一下；有时提到的受害人与捐助者性别相同，有时则不同。就这样，实验人员通过给志愿者提供各种不同的选择来确定在不同的环境中，个人故事吸引捐款的效果。

结果显示，捐赠者并不总是将目光放在个人故事上。就女性的反应来看，她们为了帮助某位受伤的妇女，平均捐赠 36 美元，但只会为普通女伤者捐赠 16 美元。但对于男性来说情况恰好相反。他们对于那些没有特别认同的个体的想法比较抽象，因此他们会为普通男伤者捐赠 39 美元，为特定男伤者捐赠 19 美元。[20]

慈善机构应该认识到，如果潜在的捐赠者能够认同要他们捐赠的对象，那么个人故事就会奏效。倘若事情并非如此，那么最好诉诸比较抽象的概念，比如改变世界或者维护社会公平。

顺便提一下，关于男性和女性不同的捐赠模式，近年来英国慈善救助基金会进行的世界年度调查表明，高收入国家中，尽管女性的平均收入低于男性，但她们捐赠的却比男性多；但是在低收入国家中，男性捐赠的比女性多。

因此，当涉及捐赠的时候，我们的行为总是很复杂。但是显然，如果慈善机构想要募集更多的善款，有一些规律还是可以好好地利用的。

- 为什么人们常说德国人可以帮你节省更多的钱?
- 我们能从奥德修斯那里学到什么省钱的招数?
- 存钱罐是如何帮助人们抗击疟疾的?

13

· 第十三章 ·

"俭以致富"

CHAPTER
THIRTEEN

"俭以致富"①听起来像是古老的谚语，其实是我胡诌的，然而道理一点儿也不假。在大众眼中，一个"富有的"（thrive）人（即财富在不断增加的人），经常被视为敢于冒险的人，而"节俭"（thrift）一词通常与缩减开支和生活节俭有关。而这两个词由于某种原因，属于同根词。大多数富人（说得更确切点就是一直保持富有状态的人）都将自己的成功部分归因于谨慎的金融管理、大胆的创业精神和敢于冒险的投机买卖。

即使我们这些小人物也能意识到，想要不受苦，不仅需要知道如何挣足够的钱和合理花费，还要知道如何储存足够的钱以备将来之需，并懂得如何投资和节约用钱。而在这方面，大脑对掌控金钱显得尤为重要。

可能许多人都发现节俭是件非常困难的事，当然我也这么认为。但可笑的是，在我们"宏伟"的规划中，如果我们为之努力的东西没有那么重要的话，节省起来反而会更容易一些，比如为筹备婚礼、度假或买鲁特琴而存钱，这当然需要短期牺牲，但我们努力的回报通常几个月后就能得到，其间我们还可以一直沉浸在目标即将实现的快乐中。相比之下，为了不可预见的情况，比如为养老和预防疾病而长期存钱，相对来说要困难得多。虽然我

---

① 原文为"Those who thrive exercise thrift."——编者注

们知道这是一种明智而且非常重要的做法，但是这很容易半途而废，因为我们存钱的目的仿佛离我们很遥远，甚至有可能永远都不会发生，而且其中也没有多大的乐趣可言。更何况，我们身边充满了诱惑。

在发达的经济体中，出现了各种各样帮助我们节省钱财的手段和计划，令我们眼花缭乱。但为了充分利用这些方法，我们要承认：或许适用于一类人的计划对另一类人根本不起作用。在这一方面，心理学研究的一些成果特别有用。一项心理学研究表明，尽管有时我们似乎在花钱时做出了不理性的决定，但从长远来看，那些决定有可能是非常明智的。原因在于我们知道自己是易犯错误的人，而非理性的演员，有时我们需要采取一些方法把自己从糟糕的心境中解放出来。

从哪里入手呢？投资顾问经常鼓励我们将积蓄分散开来，因为这样做有不可辩驳的理由：分散风险。如果我们投资的基金失败了，这肯定是坏消息。但是如果我们的全部积蓄都投进去了，那肯定就更糟糕了。但这种情况仅适用于富人和投机商。大多数人不需要担心这个问题，因为像在欧洲，当储蓄达到一定数量时，如果发生危机，银行负责担保。所以现在还不能确定将积蓄分散在不同地方是否总是明智的，即使你很富有。

认知心理学的实验表明，当我们必须处理大量信息，而实际情况又不够明朗时，我们很容易做出错误的判断。尤其是，我们往往会做出对自己有利的判断（但这并不总是好事）。

以运动员为例，让短跑选手估计他们的跑步速度，通常他们的估计很准确。但让他们猜测不那么确切而又充满变数的事情时，比如估计他们的心理韧性时，他们很有可能高估自己的能力。[1]

同样，就开车的某项技能来说，例如侧方位停车，人们在评判时比较容易。[2]但在评判自己开车的总体水平时，就不太准确，我们很可能都认为自己是个不错的司机。

在吃饭上也存在这样的倾向。我为你上了一盘菜，然后问你吃了多少，这很容易回答。但如果你在派对或招待会上，一盘盘的菜肴被端上桌，情况又会如何呢？在这种情况下，你不太可能知道自己吃了多少，甚至还会错误地认为自己并没有吃多少。

出现这种情况的原因在于当事情难以估测时，我们习惯往好的方面想。

现在回到金钱这个问题上。为了审慎理财，我们把储蓄分散在不同的账户。但因为有养老金计划、个人储蓄账户、家庭储蓄账户，还有一些溢价债券，我们很难搞清楚自己总共有多少钱，因此我们往往会估测，而且常常高估。可怕的是，我们还会以这一（错误）信息为由，心安理得地花着本应该存起来的钱。

有一系列的实验能够证明这一点。

实验人员给其中一组学生每人分配了三个个人账户，给另一组学生每人一个个人账户，在整个实验过程中他们可以通过电脑查看自己的账户情况。接着给他们分配各种任务，如解答数学问题，将动物名称的变位词复原，将标语与商标匹配，以及通过美国各个州的轮廓图猜州名。如果他们能够完成所有任务，就将赚得 100 美元，无论他们赚到多少钱，都可以以自己喜欢的方式，将钱存到他们的账户。

接下来，研究人员要学生们想象他们面前有一张物品清单，并说出他们想买什么。我之所以说想象，是因为心理学实验项目通常没有充足的资金预算，研究人员只能让参与者想象他们在挣钱和花钱。然而在这项研究中，研究人员告诉学生们每 100 个参与者里有两个人可以完成实际购买。这样做的目的就是使他们在练习中认真严肃一些。最后，在练习结束时，研究人员告诉学生们他们账户上剩余的钱将用来抽奖，这样他们就有机会为自己赢得真正的钱。

尽管实验听起来相当复杂，但结果并不难猜到。人们发现，在练习结束时，拥有一个个人账户的学生比有三个个人账户的学生平均多剩余 6% 的钱。

这听起来似乎不算多，但请相信我，行为变化是很难测量的，因此从心理学上讲，6% 的量已经达到了值得关注的程度。在后续研究中，当研究人员让学生们解释他们花费的合理性时，研究人员发现，如果只有一个个人账户，他们比较容易掌握金钱的花费情况，有助于多节约钱。[3]

个性也是一项重要因素。在个性测验中，在节俭上得分高的学生不会因为拥有多个银行账户而受影响。因此这一研究和我以上的思考并不是要劝你把全部积蓄存放在一个账户中，毕竟，还有其他一些因素要考虑，如轻松存取、利率水平和分散风险。即便如此，如果你认为存钱很困难而且总也存不够钱（也就是说，你生来就不是节俭的人），只开一个储蓄账户会有一定的效果。

抛弃金钱替代品的观念

听到只开一个储蓄账户的建议，经济学家们可能会惊恐地挥拳抗议：你应该鼓励人们理智行事，而不是纵容他们的想法；把钱放到账户里使收益最大化才是正确的选择；账户的数目并不重要，因为最终钱都是一样的……

他们这么认为的原因之一就是古典经济学总是教人们把钱看作替代品。我很喜欢"替代品"（fungible）这个词，它简直太可爱了，让人忍不住想要拥抱它。事实上，"替代品"对于泰迪熊来说，可能是一个好名字，但是作为观念的名称我还是心存疑虑。

"替代品"这个词的意思是 100 英镑和 100 英镑之间没有什么不同，我们的金钱价值观不应当受赚钱、储蓄和花费方式的影响。我们在第三章已经讲过，花钱的时候我们不用替代品，而是用一种复杂的（近乎不合逻辑的）心理账户分配金钱，帮助我们做出合理的消费决策。因此，你会觉得在一个浪漫的酒店阳台上花 10 英镑买一杯金汤力酒是合理的，而在超市，一大瓶同样的酒需要花费 20 英镑时你却会犹豫。

储蓄也是一样，每一英镑和每一英镑其实都是不一样的。例如有些人虽然别的账户里还有钱，他们还是选择借钱。表面上看极不理智，特别是当贷款利息比存款利息高得多的时候。但另一方面，这种借钱方式可以作为一种实用的财务模式：借了钱后，你就得努力在将来的某一天还钱，因为没有任何一个贷款机构（更别说放高利贷的机构）会允许你逾期不还款，所以你一定要确保到时候有钱还。相比之下，如果你用存款来支付的话，就没有外在的压力补上存款。

同样，大多数人买房时会多贷一点儿款，一般不会把所有的储蓄都用来交首付以减小贷款额度。当然，这样做还有其他方面的考虑，其中一个理由是我们知道我们会尽力去支付房贷（建房互助协会会确保其实施），然而我们却无法自律再存这么一笔钱了。也就是说，现在很少有人用储蓄来冲抵房贷，将它们放到同一个账户中了。

总的来说，这类策略虽然没有多大的经济学意义，但可能是你保住存款的最好方式。不过这也不完全是自制力的问题。

重视时间的力量

能影响我们储蓄习惯的另一个因素是我们对待时间的态度。人们对于过去、现在和将来的看法大不相同。[4]一个心系未来的人更能够从未来着眼，于是他们更爱存钱，我相信对这一点你一定不会惊讶。[5]

然而，着眼未来只是让一个人变得更爱存钱的一个因素。另一项研究表明只有当人们有一定程度的有关如何存钱的金融知识时，才会如此。[6]各种各样的事物都会增强或减弱我们存钱的倾向，但在金融知识层面知道存钱的必要性才是最重要的因素。

因为，如果只是为了养老金，即使我们知道必须节约，也还有一个从什么时候开始节约的问题。对我们许多人来说，"现在"

永远不是好机会。因为在人生的每个阶段我们都有各种各样的金融压力和义务，我们都会觉得退休离我们还很远。是的，我们应该存钱，但我们告诉自己，现在还不是时候，以后有的是时间。况且未来我们会更加富有。

但真的是这样吗？通常不是的。正如我在《时间弯道》（*Time Warped*）一书中所说，我们往往高估我们还拥有的时间。这就是我们更有可能同意 6 个月以后而不是两周以后参加一个为期两天的会议或周末去办一件事儿的原因。我们总是以为到那时，我们肯定不会像现在一样忙碌。其实我们都想错了。

同样，我们往往认为尽管自己现在还不擅长储蓄，但将来一定会有所提高。将来我们肯定比现在挣得多，花得少，存得多。这就是所谓的"预算谬误"。糟糕的是，实验显示我们一贯低估上周的花费，也总是低估下周的花费。[7]

甚至连我们谈论未来时所使用的语言也会对我们认为应该开始干某事（例如储蓄）的时间产生影响。当我们用小的时间单位来表示一段时间时，尽管数字听起来比较大，但还是觉得未来离我们更近了一些。你可能还有 10 年就退休了，但如果说再有 3 650 天你就退休了，你会突然觉得未来似乎并不远。[8]

当谈到钱的时候，时间会和我们的大脑开一些奇怪的玩笑。当你要求人们预测一下下个月他们可能花多少钱时，他们往往会低估钱数，这也许没什么可惊讶的。但是如果让人们预测一下下一年会花多少钱，他们会高估一点儿，但是离正确的数字近了不少。[9] 原因似乎是未来总有许多不确定因素，所以人们将误差发生的可能性高估了一些，增加了一点儿预算，所以结果就更准确了。

就养老金而言，由于政府强制缴纳，"什么时候开始"的问题已无须我们再考虑了。在英国，人们通过一般税收向国家支付每个人将来都会收到的养老金，但是由于这只是最基本的退休收入，政府后来又采取了进一步措施，即每个参加工作的人，收入超过一定数额后，会自动加入公司养老金体系。之后每月从雇员工资中扣除一部分，雇主出一部分，两部分共同构成雇员的养老金。当然，人们也可以不加入养老金计划，但是一般情况下，人们会懒得去取消，当然我们也希望如此。

我们搁置存钱计划的另一个借口是我们认为自己未来会很有钱，存钱也相对容易一些。当然我们没有考虑到的是我们挣得越多，花得也越多。我们会在高档一些的餐厅用餐，选择稍贵一些的家具，外出度假次数稍多一些。如果你挣的几乎每一分钱都得用来保障基本生活，存钱对你来说无疑要困难得多，但这并不意味着挣的钱多了以后你就更擅长存钱了。我们只不过是自己这么以为罢了。

畅销书《助推》（Nudge）的作者理查德·泰勒的想法很高明。[10] 他设计了一个储蓄计划，人们都要将收入的一部分用来储蓄，不是现在，而是在未来他们的工资上涨的时候，前 4 次涨工资时，每一次都将其工资多出来的 3% 用来储蓄。这样一来存钱的计划就不会被一推再推，而是不得不这样做了，虽然有些痛苦，但毕竟工资单上的数字没有减少。

在那些想要以后存更多钱的人群中，采取这一方法的比例高达 78%，并且这种方法很有成效。在 4 次加薪以后，人们存的钱平均为最初的 4 倍。我喜欢这种方法，它可以让我们拥有一个积极的心态，现在看来困难的事以后都会变轻松。我们以后会健身，会吃得很健康，花钱也会变得很理智。

在我读大学的时候，也有一种类似的存钱方案。那时候学校正在为给南非来的学生发放的曼德拉奖学金筹钱。但学校并不是直接要求刚入学的学生马上捐款，因为这时我们自己还在为钱发愁，而是要求我们承诺未来有钱的时候再捐款。校方还专门询问我们是否愿意在三年学习结束之后，将我们入学时交的住宿保证金捐出去。我们很乐观地认为，到那时我们已经有了一份薪水不错的工作，就不需要那笔钱了，所以我们欣然接受了这一提议并签了字。对我们大多数人来说，情况虽没有那么好，但是就筹集奖学金而言，这一方案很成功。

人们有时采用另一种存钱的方法，那就是从头再来。不去想过去的错误，也不要因为到现在还没存下多少钱而焦虑，要想想将来，定下新的存款目标并为之努力。这听起来是个很好的建议，但有一个问题就是，它并不总是奏效。

举个例子。假设有人说他将要戒烟，那么他没有理由不立即开始。事实上，当一个人做出这样的保证时，他总是把这事留给明天、后天、下个礼拜……这样一推再推。

未来看起来遥不可及，[11] 当提及存钱这样的事的时候，人们最不应该提及的就是明天。因为人们并不需要抽象的想法，人们需要的是实实在在的行动。休斯敦莱斯大学的研究人员发现，一且人们忽略自己以前在金钱上犯的错误，就会对未来过于乐观，结果往往是再次推迟存钱大计。

因此不要把生活看成是线性的，而应该看成是循环的。毕竟，我们真的没有改变太多，不是吗？我提的另一条建议是，要是你觉得存钱是件很困难的事，你要意识到以后可能每年你都是这样。所以要看清自己的能力，未来的你不一定比现在更好。

一项有关储蓄行为的研究表明，当鼓励人们这样想的时候，结果是惊人的。首先，让人们回想一下以前储蓄的成败，并且预估一下自己在接下来的两周能存多少钱。令人惊奇的是，采取这一方法的人预估的数字要比寄希望于明天的控制组的预估高出70%。更惊人的是，两周后，那些把生活看作一种循环的人存的钱超出了他们自己的期望，比其他人高出 80%。

当然每个人能存多少钱取决于他们的收入和开支情况，但是在这项研究中，研究人员控制了现有收入和过去的存款这两个因素，发现那些认为生活是循环的人存的钱要多得多。[12]

两个省钱的小偏方：讲德语，或者在洛杉矶开一个账户

你可能没听说过萨丕尔—沃尔夫假说（Sapir-Whorf hypothesis），但是你可能熟悉它的核心观点：你所使用的语言会影响你的思维方式。举个例子，如果你说俄语，浅蓝和深蓝有特定的词表述，这会影响你的感知能力。你一定会发现你比讲英语的人更容易区分深浅不同的蓝色。[13]

在英语中，如果你想表达明天会很冷，你既可以说"tomorrow is going to be a cold day"，也可以说"tomorrow will be cold"，英语语法要求你使用将来时。但在德语中，你可以直接说"Morgenist kalt"（明天很冷）。虽然德语中也有将来时，但德国人认为没有必要使用将来时，因为"明天"一词已经表明是将来了。其他语言也有类似的用法，例如汉语、芬兰语以及爱沙尼亚语。这些语言就是所谓的"弱将来时"语言。相比起来，英语和其他语言（比如法语）则被称为"强将来时"语言。

无论从什么角度来看，这都是一个很有趣的研究领域，但就我们的研究目的而言，最重要的是：如果人们讲的语言是强将来时语言，他们会觉得未来很遥远。我们知道这对于储蓄意味着什么。

或许这有些牵强，但是研究已经在进行，证据也在收集。美国加利福尼亚大学洛杉矶分校的教授陈基思比较了76个国家的储蓄率，并在合理考虑了失业、收入增长、利率，以及每个国家的发展水平这些因素后，发现如果人们讲的是弱将来时语言，他们储蓄的频率是讲强将来时语言的人的两倍。如果综合起来看，毫无疑问，在这些讲弱将来时语言的国家，他们的人均存款比人均GDP还高6%。[14]

一直以来，一般性的研究成果总会有例外。俄罗斯、爱尔兰，以及捷克共和国都讲强将来时语言，却也是储蓄率很高的国家。同时，在多语言的埃塞俄比亚，人们同时讲三种强将来时语言和三种弱将来时语言，结果证明，和坚信存钱重要的信念相比，人们所讲的语言可以更好地预测能存多少钱。

当然，由于这些研究 20 世纪末才开始做，我们也无法得知哪个在先——是语言的使用方式还是人们对未来的态度。也许是强调未来的这种思想导致了这种语言的使用，所以语言反映了而非影响了人们对未来的态度。

但是这项研究的确强调了文化对储蓄态度的影响，即使将其他因素考虑进去，也是如此。这也许会让你认为我要建议那些不善于储蓄的人移民。但是，大手大脚的英国人如果想要变得精打细算，移民德国显然还不够。他们还得像典型的德国人一样说话，更重要的是要像他们一样思考。因此这样做很不现实。

如果移民略显夸张，那么不移民而是转移你的钱怎么样？一项有趣的研究表明，这可能大有裨益。

2013 年，社会心理学家萨姆·玛格利奥（Sam Maglio）开始调查，人们是否会根据钱的存放地与自身距离的远近做出金融决策。这可能听起来很奇怪，但是请耐心听我讲完。

我们已经知道，即使未来可以获得更多的钱，人们往往对未来的钱也不如对立刻能获得的钱感兴趣。玛格利奥的假设就是无论地方远近，类似的事情总会发生。

在纽约生活的人们被要求填写一份调查以换取一张彩票。彩票有 1% 的机会中奖，奖金为 50 美元，这 50 美元会存入一个特定的账户。参与者被告知他们不必奔波就有可能拿到这些奖金，但是他们当中有一半被告知这个账户设在纽约，而另一半则被告知账户设在几千公里之外的洛杉矶。这些人不得不做出选择（如果中奖的话），是立刻拿走 50 美元，还是把奖金放在账户里，三个月后拿 65 美元。

　　结果显示，当那些纽约客听说彩票中的奖要存入纽约的一个账户里时，只有 49% 的人愿意等三个月后多拿钱。但是如果账户地点是洛杉矶，那些表示他们会将钱留在账户，等三个月后多拿钱的人上升到了 71%。[15] 虽然这钱终归只是假想的钱，但好像是金钱的地理距离在人们的心理上设置了障碍，也使得把钱多留在账户里一些时间不再是什么难事。

　　从上面的实验中得出，既然可以在全国各地（而不是世界各地）选择网上记名账户，你也许应该选一个离你的居住地远的地方开账户。情况可能就是这样，假如你住在康沃尔，而把钱存在约克郡建筑协会，那么你就不会轻易动用那笔存款了。

抵制海妖塞壬的召唤

　　在我即将告诉各位的这项研究中，时间是一个影响因素。特别是，一旦在不久的将来得到金钱的愿景消失了，人们就开始更多地考虑长期储蓄。

　　我肯定有时候你会觉得再也没有办法管住自己了，除非把钱锁起来，或以某种方式冻结住，让你一时拿不到，但是这并不意味着必须让人把钱都没收。有趣的是那些不善于储蓄的人通常对实际情况很清楚，所以诀窍就是利用自我意识改变行为。一组心理学家进行的研究可以帮助我们——这些经验适用于我们中的任何一个人。

这项研究是在菲律宾的一个乡村进行的，这个地方的人们都不太富裕，他们尽力存钱。研究人员提供给他们的储蓄账户带有荷马史诗的意味，正如研究人员所说，这相当于奥德修斯将自己绑在桅杆上，用蜡封住水手的耳朵，以免被海妖塞壬的歌声所迷惑而触礁。[16]任何加入此计划的人都被告知，除非达到目标金额或到了特定日期，否则他们不能提取存款。

现在，你也许知道在西方有类似的理财工具。也就是说，一旦你把钱存入账户，几年内一分钱也不能从中取出，否则要缴纳高额的罚金。这些账户有些诱人，无疑是因为他们利用了奥德修斯的方法，这些理财工具利息高也很吸引人，而且起存金额通常比较大。这就意味着大部分使用这种账户的人有可能同时开设了易于存取的其他账户。研究中，菲律宾人的情况并非如此——这是他们唯一的储蓄方式。

尽管这些规则很严格，但是有200多人（约占这个菲律宾小村庄总人数的28%，而且女性多于男性）选择开户，其中大约三分之二的人选择定期储蓄——截止日期都定在了圣诞节、生日或大型年度社区聚会，而其余的人则选择了定额储蓄。

参与者还可以选择的储蓄方式有：去银行建立定期自动转账账户，或者把钱存放在家里上锁的钱箱里，然后把钥匙交给银行保管。在之前的小组讨论中，自动转账很受欢迎，但是真到选择的时候，四分之三的人都选择了钱箱的方式（值得一提的是，在肯尼亚这一举措很成功，这是个有趣的现象，我会在下文中分析）。

不管怎样，这200多人的账户获得了成功。有记录显示存款上升了82%，远远高于控制组（控制组的账户不受限制，只有一位市场专员拜访了他们，向他们强调了储蓄的重要性）。按照西方的标准，研究结束时，账户平均余额似乎很低，只有8美元。但是在菲律宾的这个乡村，这些余额却足够支付两个孩子一年的学费。

账户存款一到期，参与者们就可以随意取钱。但事实上，只有一个人这么做了。虽然人们得知他们可以把钱存在其他更易存取的账户，赚更高的利息，但他们没有动心。然而，两年半后，储蓄额下降了，这表明这样的计划短期比长期更有效。[17]

那么为什么该计划一度很受欢迎呢？为了回答这个问题，我们得回顾一下我在第十章介绍的"时间贴现"的概念，即人们宁愿现在拿20英镑，也不愿意一个月后拿30英镑。但是有些人是双曲贴现者。虽然在现在和一个月后之间做选择时他们会选择立即拿钱，但是当时间延长，变成6个月后得到20英镑或7个月后得到30英镑，他们希望时间能更长一些，以获取更多的钱。因为在较长时间内，再多等几个月似乎也无关紧要。

我再次提到这一点，是因为那些严重的双曲贴现者特别纠结的一个问题就是储蓄，这当然是基于我们应该放弃即时满足或实时需要以获得长远的、更大的收益的观念。

尽管如此，这样的贴现者经常对这一问题表现出合理水平的自我意识。他们知道为了未来的储蓄，应该取消当前的某些花销，只是他们发现实际做起来非常困难。而且他们知道他们的决定前后矛盾，他们知道从现在开始等待一个月真的与未来等待一个月一样困难，尽管感觉并非如此。

这些人（包括我自己）有一个有趣而奇特的名字——"富有经验的双曲贴现者"（SHD）。双曲指的是人们无法从长远来考虑，"富有经验"是指承认至少我们确实意识到了自身的弱点。

这意味着我们这些遭受 SHD 之苦的人看到了储蓄工具的逻辑性，它们对我们严格约束，例如很长一段时间内不允许我们使用钱，或迫使我们长期致力于某一计划。

参与该计划的菲律宾村民也明白了其中缘由。所以当问他们是否愿意开设账户以帮助他们克服自身弱点时，他们就欣然接受了。

蚊帐和人字拖

在前几节我已说过，因为存钱对大部分人来说很困难，所以我们需要采用成熟的策略来帮助自己存钱。毕竟人类是心理复杂的动物，这就意味着我们需要采用聪明的办法，以强化好的意愿，克服自身弱点。有些情况下，这么做是对的。但本章开头就说过，简化存钱的方法也许可以起到作用，所以我想回到最简单的存钱办法，就是我们孩提时最先接触的存钱罐。

我们都知道存钱罐是怎么回事儿。把闲散的硬币放进一个容器，一旦把钱塞进这个容器存起来，就再也拿不出来了，除非把容器打破，这样就能为未来存下一笔钱。作为一个小孩，牺牲买糖果的钱的最大动力也许就是把硬币从粉红小猪背上的狭缝塞进去时父母在旁边的鼓励。等到小猪存钱罐满了以后将其打碎，你会发现小猪里面的硬币比想象中的还多，这也是颇具乐趣的。

当然，这样存钱并没有额外的金钱回报。随着渐渐长大成人，我们会发现如此原始的存钱方式因为没有利息可赚，很快就会失去趣味性。可事实上，在网上，你会发现许多存钱罐的广告是针对成年人的。最受欢迎的要数特拉蒙迪牌（terramundi）存钱罐了，这种存钱罐就像我们以前用过的存钱罐一样，满了以后必须用锤子砸开。有些存钱罐甚至有些神秘，被称为"梦想之罐"，使人们觉得这是为假期或圣诞节存钱的一种神奇方式。

作为成年人，虽然我们随时都可以打碎存钱罐拿钱，但这些罐子似乎向我们施了一个强制性的咒语，就算有急事需要钱，我们也不愿意打破钱罐。存钱罐也许就是金钱控制大脑的一个例子，但至少存钱罐在帮助我们存钱。这个强制性的咒语来自仙女教母，而不是邪恶的女巫。

许多人利用存钱罐为宴请客人而存钱。人们各有办法，也都很有效。这使一些心理学家受到启发，小猪存钱罐之类的东西也许可以帮助贫穷的人存一点儿钱，用来购买一些简单却能救命的东西。

在世界上的许多地方，疟疾和其他可预防的疾病仍在造成大量人员伤亡。政府和援助机构投入资金大力宣传，告诉当地人们可以采取哪些措施来减少风险。最后，即便最贫穷的家庭也普遍知道化学药剂浸渍过的蚊帐有助于预防疟疾，过滤饮用水或服用氯片能预防肠道感染，穿人字拖能避免蠕虫通过孩子的脚底进入他们的肠道，新炉灶能预防肺部疾病（而且还便宜）。[18]

问题是人们往往不按这些来做，原因很简单，他们负担不起这些产品的前期成本。[19] 在肯尼亚的西部省份，每个五口之家平均只有一到两个蚊帐。因为没有储蓄，这些人差不多是在等死。使用存钱罐强制人们储蓄的实验在这样的条件下开展起来。

研究人员安排当地工匠给每个参与这项研究的家庭做了一个简单的绿色金属箱。箱子各边都不平行，顶部有一条斜缝和一个带钥匙的挂锁。研究人员还给每个家庭一个账本，可以用来记录他们在研究期间攒下的钱。

参加肯尼亚实验的人有四分之三都特别穷，家里的地面是土质的。这些人只能把非常少量的现金留出来。要记住，他们并没有受到鼓励，比如为赚取利息而存钱。研究结束后，这些人从箱子里拿出的钱就是当时放进去的钱。即便如此，效果还是很显著。由于使用了存钱罐，为买蚊帐而攒的钱增加了 66%。[20]

这是一个巨大的进步。在其他的储蓄方案，比如曾在三个国家（玻利维亚、秘鲁和菲律宾）施行的储蓄方案中，研究人员通过定期发送短信来提醒人们存钱，结果是人们的储蓄仅增长了 6%，[21] 那项研究当时被认为是成功的。当然，肯尼亚实验的结果比那项研究的结果要好 10 倍。为什么结果如此惊人呢？

这样的结果也许仅仅是因为储蓄的观念首次被引入这个社会，也可能是由于有人定期监督（正如我们在第六章所见，外在监督总能帮助人们实现目标）。但是，同样至关重要的是，存钱的方法简单实用，并且人们有一个明确的目标。

激励我们存钱的一个最好方法，就是有一个明确的目标。这也是教堂会在大门上贴上标注捐款数额的巨大温度计形图标的原因，这样，红线朝维修风琴所需资金数目上升时，教徒们可以共同分享集体成就感。

您可能还记得我为买鲁特琴攒钱的事吧，回想起来，每存一英镑，我就在温度计大图上仔细涂色，我觉得这个过程比我真正拥有一把鲁特琴更令我满足。

另一个重要因素是存钱方法强加给我的约束。我十五六岁的时候就放弃了买鲁特琴的念头，把钱都花到了 U2 乐队的专辑上，但至少在那之前，这笔用来买鲁特琴的钱在我心中是神圣不可侵犯的。把用来买鲁特琴的钱买了别的东西，在以前是不可想象的——正如教区委员会动用风琴维修资金办圣诞晚会一样，令人不齿。为买鲁特琴而存钱，其缺点就是设定的目标无法实现。如前所述，我给自己设定的存款数额是 1 400 英镑，实际上我根本达不到这一目标。所以，肯尼亚存钱计划能够成功的另一个关键因素可能是参与的村民靠存钱计划的帮助，有可能存够买蚊帐的钱。

我们可以从中吸取的教训如下：如果我们觉得存钱很困难，或认为我们就是拿不出钱来储蓄，那就从小处着手，从简单事做起。随着越来越多的理财手段的出现，那些不是很懂金融理财的人，支付不起咨询金融顾问等诸如此类的费用，也不愿意存哪怕少量的钱，这是很危险的。这就是"圣诞俱乐部"计划和特拉蒙迪牌存钱罐的用武之地。这些计划或存钱罐不会改变人们的财务状况，但它们的确能够帮助那些可能已经放弃储蓄的人再次学会克制，当然，还有重拾储蓄的乐趣。

- 为什么想要美好的生活，就应该把钱花在各种人生体验而非购物上（当然也应适当用购物疗法）？
- 为什么购买看似并不需要的高品质意大利熏火腿可能并不奢侈？
- 为什么你最好不要知道自己一小时能赚多少钱？

14

如何才能真正享受花钱的乐趣?

诚然，有钱的好处不仅仅在于你可以把钱捐赠给他人，你还可以自己消费，而且不只是用于购买生活必需品。我们都知道把钱存起来或者捐出去都是不错的选择，但是我向你保证把钱花掉也是很好的选择。当然，效果好坏还得取决于你把钱花到了哪里。

这一领域的大量研究指出，有许多不同的消费方式都可以提升幸福感。

其中一个方法是购买人生体验而非物品。例如，对于那些拥有大量财富的幸运之人，最好是劝他们乘游轮去南极旅行，或者是去卢旺达看大猩猩（我知道旅费高昂，我曾经查阅过相关信息，我反正消费不起），而不只是购买更多漂亮的衣服和家具。因为这些人生体验会伴随他们一生，带给他们更多的快乐。

如果你仔细想想，就会发现这正是一些超级富豪在做的事情。理查德·布兰森（Richard Branson）挥霍金钱，试图打破热气球纪录或尝试建造太空火箭等大型工程。甚至唐纳德·特朗普参与美国总统竞选，不是因为他期望获胜，而是为了体验竞选过程。如果把他视为一个独立的个体，忽略他可能带给其他人的烦恼，人们可能会觉得参与竞选很好地利用了他的财富，也给他带来了非凡的体验。当然，也有一些有钱人做着截然相反的事情，他们为了避免缴纳大量税款而在自己不想居住的国家生活，然后还抱怨无法经常回国。你会开始怀疑，如果连自己想在哪里生活都无法自由选择，拥有那么多金钱又有什么意义？

其他的人呢？你可能会认为把钱花在体验上的问题在于它们总是太短暂（就像蹦极），而物品（如一件价值 500 英镑的皮夹克）的使用寿命相对而言长得多。但事情并非如此。

当我得到姑姑留给我的一小笔钱后，我用它做了两件事：和我的伙伴在都柏林度过了一个周末，买了一台传真机。当时我对传真机特别满意。这似乎是一种不错的消费方式。那些日子我经常在家工作，自己拥有传真机意味着我不再需要到报刊经销商那里去收发传真了（以前很长一段时间都需要）。几年内，伴随着互联网的出现，我的传真机很快变得多余。而且，即便没有科技的进步，我已经习惯了我的传真机，它带给我的快乐也会消失殆尽。（是的，我的确意识到依靠一台传真机获得快乐是有点可悲，但我还是喜欢它。）相比之下，尽管在都柏林度过的周末已经过去很久了，但那种体验我至今仍记忆犹新。现在，每当听到都柏林的事，我总会想起姑姑。然而当我看到传真机的图片，并不会有类似的感受。

研究结果与我的经历一致，从购物中获得的快乐很快就会消失。[1] 毕竟，一辆新车不会永远是新的。并且，选择搬家到离工作单位很远的地方，以便购买大房子的人很快就会对多出来的卧室习以为常，而他们在长期的通勤中经历的延误会一直困扰着他们。[2] 研究甚至表明，人生体验带来的额外快乐早在其发生之前就开始了。在一个名为"等待美乐"的实验中，康奈尔大学的教授表示期待的喜悦程度比人们真正经历时的更高。而当人们想到

要购买的物品时，并不感到有多快乐。³

花钱购买物品如果可以带来愉悦的体验，也是可行的。所以，那辆新车可能促使你去那些从未去过的地方，拜访远方的朋友，或者享受从未有过的体验。又或者，有了车你就可以搬到大公寓，会有空闲的房间，并且离花园不远，街坊四邻都很友好。买车虽然看起来是物质消费，却可以带给你新朋友，让你与家人经常共度时光，一起体验园艺的乐趣。

理智消费：专心于兴趣，享受生活

"我希望每一口都很美味。每次吃劣质的饭菜，都像是在肚子上扎一刀。"托尼·霍姆斯（Tony Holmes）如是说。你可能会想，如果你有许多钱你也会像托尼那样做（在他情况变糟以前）。

美丽人生·炫酷的工作·美国运通白金卡·商务舱·涡轮增压跑车·普拉达/艾格尼丝·碧尼科尔－法伊诺布酒店/拉辛酒店/嘎斯贡俱乐部餐厅·改变生活的媒体风暴·酗酒·抑郁·崩溃·药物/伏特加/斯坦利刀·窗帘紧闭/法警·收回住宅·破产·流浪者之家·社区精神健康团队·临时失业救济委员会公寓·房屋协会公寓·志愿工作·希望·旧病复发·从头再来

这个列表来自托尼的网站上"关于"部分，它记录了托尼螺旋式下降的人生，从一名为产品发布而环游世界，每年收入超过10万英镑的公司活动组织者，到没有许多钱，却有美食相伴的美食家，他在自己的博客"穷光蛋美食家"中，记录下自己后来的生活，赢得了人们的喝彩。[4]

在伦敦东南部的一家咖啡厅里我遇到了他，那里提供优质的咖啡（托尼不会容忍任何劣质的东西）。现在他找到了一些可以拿到工资的工作，所以偶尔像这样小小地奢侈一下。

"起初当我遇到经济困难时，我无法想象没有一点积蓄我将如何生活，"托尼说道，"但是，当我处于人生的最低谷时，我意识到，除了吃得好以外，其他什么都没有，我也可以生活。"抱着这样的信念，他专心致志（他还有一些其他的优良品质，也不全是在穷困潦倒时培养出来的）地寻找到一种令人钦佩的应对贫穷的办法，而不至于让贫穷主导他生活的方方面面。

那么他是如何做到的呢？确实，他没有太多钱，但他有着大把的时间。而且他把时间都花在理智地购买优质食材和发挥想象力去烹饪上。"对我来说，并不是吃得越便宜越好，而是尽可能地吃好。"托尼解释说。这也不仅仅意味着健康饮食，据托尼计算，他之前在吃饭上一周要花20英镑。但是，在他依靠救济金生活的那段时间里，他在食物上花的钱却比平时多将近一倍。这就说明，他的收入中有很大一部分都花在食物上。

但关于这一点，托尼说，一个人可以"吃得像一个国王，或者至少像一个王子"。除了有很多空闲时间，他还有一个"自由通行证"，这意味着他可以随意坐地铁和公交去寻找好食材。他对烹饪有很大的热情而且也很擅长，这也促使他去做这些事。他不得不放弃购买有机食品或自由放养的农产品的信念。但他并没有放弃对质量的坚持——至少没有放弃对关键食材品质的坚持。这一坚持对于他追求"吃得好"确实是必不可少的。每周日下午，他都会仔细计算下一周他需要多少基本食材——两颗洋葱、3根胡萝卜、300克土豆（他只买自己所需要的量，即使剩下食材也总会合理使用，如用剩下的蔬菜做蔬菜通心粉汤或者原汤，水果则用来做冰沙）。但是在这一周内他也会去寻找一些甚至对富人来说也很奢侈的食物，比如他会花75便士买一罐番茄酱，看似不可思议，但那可是圣马尔扎诺番茄酱，对于托尼来说这罐番茄酱足以使一道菜变得与众不同。通常情况下，他在旧肯特路上一家比较便宜的超市，或是在佩卡姆赖伊市场小摊上买东西，但他偶尔也会"造访"昂贵的巴罗市场，去买50克优质的意大利熏火腿或无骨牛肉条。这些东西对于托尼来说都是奢侈品，所以他把它们切成小块，点缀在一周的饭菜里，以此来提高饭菜的品位。他也知道怎样在平价商店里买到好东西。比如，他去利德尔只为买到店里的陈年帕尔马干酪，也会自己做酵母面包和蛋糕。

所以托尼得非常努力，才能让自己花得少吃得好。对他来说，食物不仅仅是补充能量的方式，更多的是他在艰难岁月中一种好的消遣方式，食物是他的生活。他认为，应对几乎没有任何积蓄的生活（尤其是以前那么有钱）的办法就是从根本上简化生活，摒弃各种娱乐活动，专心致志地干一件事。就这样，他不以贫穷定义自己，而是通过他单一而有效的方式去征服贫穷，使它变成自己的优势。而最终，让人觉得讽刺的是，他得到了"脱贫"的机会。他放在博客和推特上的食谱和秘诀吸引了大批的追随者，出版商们也纷至沓来。他这种应对贫穷的方法又拉他走出了人生的低谷。

到我写这本书时，托尼还没有出书，但他确实从事着一份有关心理健康的工作。虽然收入微薄，根本不能和以前相比，但他不再是一个"穷光蛋美食家"了。

当然，他的故事并不是走出贫穷的经典案例，但他的故事的确证实了，在这样一个物欲横流的世界里，总是有办法使贫穷的日子好过一些。在许多方面，托尼得像所有的低收入者或无收入者一样，不得不做一些事。比如，因陋就简，减少一些东西，爱惜买下的东西，不停地算计，算计，再算计……但同时他在尽量将牺牲与享受相结合，而且后者得益于前者。

当然，想方设法使自己有能力体验生活中的小小乐趣也并不是什么新鲜事儿，比如，买一台不错的电视，或者买买彩票什么的。而在一些中产阶层"道德家"看来，这是无能的典型表现。但在某些情况下，一些不正当的手段（如赌博）会对健康产生负面影响，而且（正如我们所看到的）这些手段实际上更容易导致缺钱。或许我们不仅应该理解，而且要鼓励人们拿出一些钱来，去享受那些能带给他们快乐的事物。

托尼·霍姆斯告诉我想要变穷并不容易。他告诉我，他理解为什么一些调查表明贫穷能够影响一个人的思想（如我们在第十章提到的那样）。他应对贫穷的方法就是使一些事物朝着令他特别满意的方向发展，对他来说，那就是美食。然而对于其他人来说，想要摆脱贫穷或许就必须种植大量的植物，然后日日除草、松土，这样才能打造出一个美丽的花园。有一点或许我们每个人都能领悟，那就是，无论我们多么富有，我们都不可能得到一切。所以，如果我们专注于那些给我们带来最大乐趣的事情，我们更有可能去享受生活。

忽略代价：不要每分每秒都算计钱

但是，有时我们甚至不能享受简简单单的日常生活，因为我们明白：时间就是金钱。所以，对于我们大多数人而言，所谓的空闲时间并非真正的空闲时间，我们必须努力充分利用它。

对金钱和幸福感进行了几十项研究后，心理学家伊丽莎白·邓恩（我们前面提到过）和迈克尔·诺顿（Michael Norton）发现这种认知会妨碍我们享受简单的愉悦。实验发现，如果你在花两分钟听你喜欢的音乐之前刚刚计算过你每小时的工资，那么即使听着喜欢的音乐你也不会感到开心。[5] 你会忍不住计算出这两分钟"花费"了你多少钱。

按小时计酬的工人清楚地知道他们的时间所代表的货币价值，所以他们不太愿意参加喜欢的活动，即使是志愿活动也不例外。以这种方式获得报酬的人大多收入较低，他们不得不花更多的时间来挣钱谋生。在美国的一项调查中，调查人员问人们是否愿意牺牲空闲时间来换取更多金钱，相比 17% 的薪酬按月支付的人群，32% 的以小时计酬的工人表示愿意。原因是，薪酬按月支付的人群对于一个小时的价值并不了解，而以小时计酬的工人们却清楚地知道。[6]

与其花一个小时做一些不一定喜欢的事，还不如花一个小时挣钱，这听起来似乎很有道理，但是有证据显示这种想法并不会让人感到更快乐。[7]

这是一个令富人烦恼的问题，当然，对于穷人亦是如此。的确，从理论上讲，高收入人群工作较少的时间就能获得所需，因此他们有更多的时间参加休闲活动。但是，从事高收入工作的人很少有工作时间少于 8 小时的——或许是他们的老板要求如此，或许他们自己已经习惯了这种生活方式。当然，许多高收入的人长期醉心于工作。他们可以连续工作无数个小时，挣的钱也越来越多。他们感到快乐，因为他们是真的喜欢工作。但是，正是这种精神刺激、繁忙、挑战、地位提升了他们的幸福感，而不是他们所挣得的金钱。

另一个将花钱的幸福感最大化的小诀窍就是提前消费。这使得消费的痛苦与拥有的喜悦分离开来。这也意味着你可以享受期待的过程，但这一方法会令你多花钱。在 1987 年的一项研究中，研究人员问学生们愿意花多少钱亲吻他们最喜爱的名人，他们可以选择立即亲吻、24 小时之后或者三天之后亲吻。学生们明白延迟快乐会增加快乐，于是他们大多数人选择三天后再享受亲吻，但是为了那三天的期待，他们愿意比立即亲吻多花 75% 的钱。[8]

发现节俭的喜悦

由前文可知，把钱花在体验生活而非购买物品上会让人更快乐，但也有不花钱就能得到快乐的方法。倾尽一生研究幸福感的心理学家索尼娅·吕波密斯基（Sonya Lyubomirsky）确信，节俭是一种被遗忘的美德。节俭，听起来或许有点吝啬的意味，但是正如我在本章开头所说，节俭（thrift）和富有（thrive）同根相连。

那么，如何利用吕波密斯基这样的学者的证据来做到"俭以致富"呢？她建议我们多关注已拥有的，多想想它们带给我们的好处和快乐，如此一来我们从它们那儿获得的快乐才不会逐渐消失。例如，你应该不断提醒自己，你的旧车带给你多大的舒适感。[9]另外，吕波密斯基还建议重新使用过去的东西，从而唤起最初的愉悦感。我喜欢"租借幸福"。如果你有一辆相当耐用的车，就凑合着开，不用大肆挥霍买一辆更贵的车，你可以租一个礼拜豪华跑车犒劳自己。在一定程度上，这或许有些奢侈，但事实上这远比买一辆新车划算得多，而且它还会带给你一段记忆犹新的幸福体验，永不消逝。

然而，要是你喜欢购物怎么办？你可以在节约钱的同时，奖励自己一些好东西，一些每次看见都开心的东西，比如一双漂亮的鞋子。尽管购物带来的愉悦不会太持久，但是会一如既往地令人心情舒畅。这也是称之为"购物疗法"的原因。

美国的研究人员发现，小小的犒劳也能改善你的心情。正如我们观察到的，人们在悲伤时更想给自己买礼物。[10] 事实上，在美国购物中心进行的一项调查表明，人们花钱是有计划的，他们清楚地知道购物只能让他们感到一时的愉悦，但他们仍然愿意这样做。聪明的营销人员利用人们的这种不安全感和低落的心情，努力劝我们说购物能改变我们的生活，尽管我们大多不会购买。这就是营销。

这有点像是结束本章的一个恰当说明。的确，在很多方面，金钱是一种永恒的力量。如果我们能让大脑掌控金钱，那么不仅能改善自己的生活，还能改善别人的生活。尽管我们的世界里金钱无处不在，而且作用巨大，但它终究不能改变我们。我们可以尽情花、随便捐、努力挣钱、尽量节约，但是，如果我们知道如何使用金钱，那么金钱就能帮我们过上充实的生活——关键是我们知道金钱不是万能的。同样，我们也需要能够控制金钱。因此，在最后一章，我列出这本书中提到过的调查研究，为你提供一个便捷的指导，将实现大脑掌控金钱的可能性提升到最大值。

附录

一些有关金钱和奖励的生活诀窍

～～～～～～～～～～～～～～～～～

　　到目前为止，我在本书中提到了 263 个实验，心理学家们用了多年时间来设计研究、招募成员、收集资料并分析结果。那么，我们可以从他们的研究中学到什么呢？以下是一些建议，每一条都以研究为据。我并不是说这些建议会改变你的人生，但如果你运用得当，就可以和金钱更好地打交道，从一般意义上讲，你会更加富有。

1. 如果不想购买过多零食，在超市购物时尽量用现金结账。
2. 用信用卡付款时，想象一下你从提款机取出同样数目的钱的情景，你还想买吗？如果这时你还想买的话，那就买吧。
3. 不要每周买相同号码的彩票，否则永远不要停下来。
4. 不要去上鉴赏红酒的课程。如果你对昂贵的酒了解得太多的话，就会在意你喝的东西。如果你不知道的话，便宜的酒仍旧很醇香，尤其是在你朋友骗你说它很贵的时候。

5. 如果你头痛得厉害，买知名品牌的止痛药，即使你知道贵的和便宜的成分一样。

6. 如果你想享受美味的食物而又不想吃得太饱，就选贵一点儿的餐厅。

7. 下一次你摆摊的时候，一定要在广告牌上写上"请花点时间"这样的字眼，这样就会有更多人驻足。

8. 在你买商品时，商店往往会给你三种选择，谨记购买适合自己需求的产品，忽略那些华而不实的东西。做决策之前，想象一下把它放在你家里的情况。

9. 商店大幅度打折时，记得要先算一下你想要商品的实际价格，因为它可能没有你想的那么实惠。

10. 给你房子估价的房产经纪人告诉你他的估价之前，千万不要告诉他其他人的估价。

11. 在商务谈判中，一定要先对方一步，给出你的价格，如果你真的不清楚什么价位合适则另当别论。

12. 认真考虑一下什么时候买保险这个问题。你买保险是为了以后不后悔呢，还是为了避免坏事发生的时候真的无力承担？

13. 如果想使孩子表现得更好，就给他们布置一些小任务，并告诉他们怎么去完成，完成之后给他们奖励。不要只因为成绩好就奖励他们。

14. 如果你准备收买某人，要确保钱足够多，还要选择适当的场合。

15. 请朋友帮忙，千万不要付给他们钱。

16. 仅采用你能负担得起的长期奖励计划。

17. 如果你想建一个核废料堆场，不要用钱贿赂周边的居民。

18. 不要跟孩子说他的画是你见过的最好的，而是表扬他付出的努力和做事的方法。

19. 给某些你想卖的东西定价时，你就想象它们不是你的。

20. 在拍卖会上竞拍的时候，谨防因之前（完全不同）的物品卖了很多钱，而影响你本次的出价。

21. 小心那些在饭店买酒瓶和问能不能把空瓶子带走的酒商。

22. 如果你意外地成为百万富翁，不要去追求那些钱能买到的最好的东西。如果你这样做，日常的快乐就会相形见绌。与此相反，要为小乐趣多花些钱。

23. 如果你想通过追求物质和金钱来弥补你的孤独的话，你不会更快乐，但是小小地奢侈一把可能会。

24. 想从富人那里筹到款，可以直接请求他们捐助。不要暗示这对他们来说是一种投资，因为你那样做的话，他们捐的钱就不会多。

25. 如果你想提高存钱的本领，只是试图一次次地重新开始没什么用处。要认识到同样的模式会不断重复，一定要找到一种新的方法取而代之。

26. 当你和一群朋友去饭店吃饭的时候，等每个人都点餐之后再说均摊饭钱。

27. 在尽可能远的地方开个账户，这样你会从心理上觉得那笔钱离你很远，即使你能立刻在网上取到，你也不太可能会去动它。

28. 如果你正在筹办慈善募捐活动，那就选不太漂亮的孩子的照片，并确保他们的家庭看起来是在主动自救，而不是被动地等待别人来帮助。

29. 如果你想花钱让自己高兴，那就为各种体验买单，而不要把钱花在物质的东西上（或者如果你想买物质的东西，要确保它能为你带来美好的体验）。

30. 经常好好款待自己一顿，以留作纪念。

31. 如果你的薪酬是按小时计的，有人邀请你去做一些比工作有趣的事情时，不要计算你会损失多少钱，如果你喜欢做，尽管去做就好了。

32. 你尽心竭力想要换工作，但新工作却不如你现在的工作有趣，在做决定之前，你要记住，赚的钱多了未必会让你更快乐。

致　谢

~~~~~~~~

　　这本书中收录了我从世界各地的文献中寻找的金钱心理方面最有趣的研究，如果没有那些多年一直从事这方面研究并设计那些经典实验的心理学家、历史学家、社会学家和经济学家，我这本书是无法完成的。实验需要耐心，我却没有。我无法在此一一感谢，但我向每一位对我有帮助的前辈致敬。

　　如果要列出一些对我的思维影响特别大的人，那非以下学者莫属：保罗·韦伯利、阿德里安·弗恩海姆、丹尼尔·卡尼曼、斯蒂芬·利、伊丽莎白·邓恩、尤里·格尼茨、丹·艾瑞里、塞德希尔·穆莱纳森、卡罗尔·伯戈因 。非常感谢赫伯·戈德伯格和罗伯特·刘易斯提供的分类方法。

　　非常感谢那些及时回复我邮件，为我解惑的人（常常当天就回复了）：保罗·韦伯利、帕斯卡利娜·迪帕、罗伯特·弗兰克、保罗·皮夫、尼古拉·菲利普斯、佩妮·菲尔丁、戴维·尚去斯、艾琳·特雷西、斯图尔特·凯利、索菲·斯科特、赫尔加·迪特马。

　　承蒙几位学者照顾允许我去采访他们：托尼·霍姆斯、迈克·里德、保罗·巴克、罗伯特·法拉格、詹姆斯·赫尔斯、斯坦·帕克斯、斯蒂安·雷蒙。还要感谢我采访的其他人，为了保护他们的隐私，我给他们改了名字，他们当中，一些来自英国广播公司第四台。非常感谢英国广播公司科学报道的制片人，感谢他们接受我的采访，而且忍受我没完没了地诉说自己为写这本书有多辛苦。

我的朋友——乔、贝卡、格兰特、保拉、安德鲁、克里斯、菲利帕和吉姆都非常慷慨，无论什么时候，都会把他们的厨房、客厅，甚至卫生间借给我当临时办公室，使我在法国能够安心写作。他们似乎总能知道我什么时候需要安静，什么时候需要娱乐，还有那令人垂涎的美味食物。夫复何求呢？

特别感谢洛娜·斯图尔特为此书做的调查研究。她不仅是调查研究的能手，而且是合作的好伙伴。

坎农格特是最友好、最高效的出版商。编辑珍妮·洛德给我提了许多中肯的建议，大大地完善了本书。文字编辑奥克塔维亚·里夫目光敏锐，能够发现书中的细小错误。威尔·弗朗西斯是我在詹克洛和内斯比特的经纪人，从我让他为本书提建议起，他一直都热情高涨。

最后，我的丈夫蒂姆花了几周时间逐字逐句地阅读了我的手稿，指出了书中的不妥之处，并提出了修改意见，使本书得以大大完善。有他相伴，何其幸哉。

克劳迪娅·哈蒙德

注 释

引 言 从 100 万英镑被烧毁说起

1 此采访参见：RTÉ, *The Late Late Show* online at Ironmantetsuo, K Foundation Burn a Million Quid, YouTube video uploaded 6 September 2007: https://www. youtube.com/watch?v=i6q4n5TQnpA

2 乐队和他们的其他情况参见：Higgs, J. (2013) *The KLF: Chaos, Magic and the Band Who Burned a Million Pounds*. London: Weidenfeld & Nicolson.

3 Evans, D. (2015) *The Utopia Experiment*. London: Picador. 这是一个非凡的故事。

4 Polanyi, K. (2014) *For a New West. Essays, 1919–1958*. London: Polity.

5 James, W. (1983, originally published in 1890) *The Principles of Psychology*. Cambridge, Massachusetts: Harvard University Press.

6 Chapter 10, Harari, Y.N. (2014) Sapiens: A Brief History of Humankind. Harvill Secker.

7 Lea, S. & Webley, P. (2006) Money as Tool, Money as Drug: The Biological Psychology of a Strong Incentive. *Behavioral & Brain Sciences*, 29, 161–209.

第一章 金钱伴随我们从摇篮到坟墓

1 Breiter, H.C. et al (2001) Functional Imaging of Neural Responses to Expec-

tancy and Experience of Monetary Gains and Losses. *Neuron*, 30, 619–639.

2   Kim, H. et al (2011) Overlapping Responses for the Expectation of Juice and Money Rewards in Human Ventromedial Prefrontal Cortex. *Cerebral Cortex*, 21(4), 769–776.

3   McClure, S.M. (2004) Separate Neural Systems Value Immediate and Delayed Monetary Rewards. *Science*, 306(5695), 503–507.

4   Becchio, C. et al (2011) How the Brain Responds to the Destruction of Money. *Journal of Neuroscience, Psychology & Economics*, 4 (1), 1–10.

5   Reserve Bank of Australia, Banknotes–Deliberate Damage: http://banknotes.rba.gov.au/legal/deliberate-damage/

6   Zuel, N. (1992) PM's Signature May be Illegal. *Sydney Morning Herald*, 17 November, 4.

7   Gould, J. (17 November 2011) Funny Money Has Phillip Seeing Red: http://www.sunshinecoastdaily.com.au/news/not-so-funny-money-has-bloke-seeing-red/1176472/

8   参见：http://www.britishmuseum.org/explore/a_history_of_the_world/objects.aspx#95

9   欧盟委员会关于欧元法定货币的建议，ESTA Conference, Bratislava, 2012: http://www.esta-cash.eu/documents/bratislava-presentations-2012/9.-the-ec-recommendation-on-legal-tender-implementation-in-the-member-states-and-next-step-ra-diger-voss-ec.pdf

10   De Martino, B. et al (2010) Amygdala Damage Eliminates Monetary Loss Aversion. *Proceedings of the National Academy of Sciences*, 107, 3788–3792.

11   Miller, H. (1946) *Money And How It Gets That Way*. This book is out of print, but there's an excellent summary including extensive quotes on Maria Popova's Brain Pickings blog. http://www.brainpickings.org/2014/08/04/henry-miller-on-money/

12   Stolp, M. (2011) Children's Art: Work or Play? Preschoolers Considering

the Economic Questions of their Theatre Performance. *Childhood*, 19(2), 251–265.

13 Lau, S. (1998) Money:What It Means to Children and Adults. *Social Behavior and Personality*, 26(3), 297–306.

14 Webley, P. et al (1991) A Study in Economic Psychology: Children's Savings in a Play Economy. *Human Relations*, 44, 127–146.

15 Mischel, W. (2014) *The Marshmallow Test: Mastering Self-Control*. London: Little Brown & Company.

16 Berti, A.E. & Bombi, A.S. (1981) The Development of the Concept of Money and Its Value: A Longitudinal Study. *Child Development*, 52(4), 1179–1182. See also their 1988 book *The Child's Construction of Economics*. Cambridge: Cambridge University Press.

17 Flight of the Conchords (27 August 2012) Feel Inside (And Stuff Like That). YouTube video: https://www.youtube.com/ watch?v=gnO75DHfxTA

18 Berti, A.E. & Bombi, A.S. (1988) *The Child's Construction of Economics*. Cambridge: Cambridge University Press.

19 Ruckenstein, M. (2010) Time Scales of Consumption: Children, Money and Transactional Orders. *Journal of Consumer Culture*, 10(3), 383–404.

20 Atwood, J.D. (2012) Couples and Money: The Last Taboo. *American Journal of Family Therapy*, 40(1), 1–19.

21 Furnham, A. (1999) Economic Socialisation. *British Journal of Developmental Psychology*, 17, 585–604.

22 Kim, J. et al (2011) Family Processes and Adolescents' Financial Behaviors. *Journal of Family & Economic Issues*, 32, 668–679.

23 Zaleskiewicz, T. et al (2013) Money and the Fear of Death: The Symbolic Power of Money as an Existential Anxiety Buffer. *Journal of Economic Psychology*, 36C, 55–67.

24 Zaleskiewicz T. et al (2013) Saving Can Save from Death Anxiety: Mortality

Salience and Financial Decision-Making. *PLoS ONE*, 8(11): e79407.doi:10.1371/journal.pone.0079407

第二章　为什么单是手握金钱就会让人感到幸福？

1　Graeber, D. (2014) *Debt: The First 5000 Years*. Brooklyn, New York: Melville House Publishing.

2　Friedman, M. (1991)The Island of Stone Money. *Working Papers in Economics E–91–3*.The Hoover Institution: Stanford University.

3　有关经济学家对此的有趣讨论，参见：http://jpkoning.blogspot.co.uk/2013/01/yap-stones-and-myth-of-fiat-money.html

4　Bank of England. Banknotes–Frequently Asked Questions–Questions about the Banknote Character Selection–£20 Nominations:http://www.bankofengland.co.uk/banknotes/Pages/about/faqs.aspx

5　Lea, S.E.G. et al (1987) *The Individual in the Economy*. Cambridge: Cambridge University Press.

6　Di Muro, F. & Noseworthy, T. (2012) Money Isn't Everything, But It Helps If It Doesn't Look Used. *Journal of Consumer Research*, 39, 1330–1341.

7　Lea, S.E.G. (1981) Inflation, Decimalization and the Estimated Sizes of Coins. *Journal of Economic Psychology*, 1, 79–81.

8　Bruner, J.S. & Goodman, C.G. (1947) Value and Need as Organizing Factors in Perception. *Journal of Abnormal and Social Psychology*, 42, 33–34.

9　Burgoyne C.B. et al (1999) The Transition to the Euro: Some Perspectives from Economic Psychology. *Journal of Consumer Policy*, 22, 91–116.

10　Hussein, G. et al (1987) A Characteristics Approach to Money and the Changeover from the £1 Note to the £1 Coin. *Exeter University Technical Report*, no. 87/1.

11　Webley, P. (2010) Foreword: Inertia and Innovation in Inter-disciplinary Social Science. *Anthropology Matters Journal*, 2010, 12(1).

12 Sparshott, J. Should US Replace $1 Bills With Coins? Fed to Weigh In, 11 December 2013: http://blogs.wsj.com/economics/2013/12/11/should-u-s-replace-1-bills-with-coins- fed-to-weigh-in/

13 Dollar Coin Alliance, Facts About the Dollar Coin: http://www. dollarcoinall iance.org/facts-about-the-dollar-coin/

Ahlers, M.M. $1 Coins-Unwanted, Unloved and Out of Currency, 30 November 2013: http://edition.cnn. com/2013/11/28/us/one-dollar-coins/

14 Lambert, M. et al Costs and Benefits of Replacing the $1 Federal Reserve Note with a $1 US Coin, December 2013 [Staff Working Paper]: http://www. federalreserve.gov/payment- systems/staff-working-paper-20131211.pdf

15 Reuters, Americans Prefer Dollar Bill to Coin–Poll, 14 April 2008: http://www.reuters.com/article/2008/04/14/us-money-penny-idUSN1435329120 080414

16 Eur-Lex, Review of the Introduction of Euro Notes and Coins: http://europa. eu/legislation_summaries/economic_and_monetary_affairs/introducing_ euro_practical_aspects/l25064_ en.htm

17 Berezin, M. (2000) The Euro is More than Money. *Center for Society & Economy Policy Newsletter–The Euro*, 1(1).

18 Eur-Lex, Review of the Introduction of Euro Notes and Coins: http://europa. eu/legislation_summaries/economic_and_monetary_affairs/introducing_ euro_practical_aspects/l25064_en.htm

19 Berezin, M. (2000) The Euro is More than Money. *Center for Society & Economy Policy Newsletter–The Euro*, 1(1).

20 Eur-Lex. Communication from the Commission to the European Council – Review of the Introduction of Euro Notes and Coins: http://eur-lex.europa. eu/legal-content/EN/TXT/?uri=CELEX:52002DC0124

21 Ranyard, R. et al (2005) A Qualitative Study of Adaptation to the Euro in the Republic of Ireland: I. Attitudes, the 'Euro Illusion' and the Perception of

Prices. *Journal of Community & Applied Social Psychology*, 15, 95–107.

22 Reuters, Recession-weary Italians Catch Nostalgia for Lira, 15 January 2014: http://www.reuters.com/article/2014/01/15/ italy-lira-nostalgia-idU SL6N0KN38V20140115

23 Gamble, A. et al (2002) Euro Illusion: Psychological Insights into Price Evaluations with a Unitary Currency. *European Psychologist*, 7(4), 302–311.

24 Gamble, A. et al (2002) Euro-illusion: Psychological Insights into Price Evaluations with a Unitary Currency. *European Psychologist*, 7(4), 302–311.

25 Eur-Lex. Communication from the Commission to the European Council – Review of the Introduction of Euro Notes and Coins: http://eur-lex.europa. eu/legal-content/EN/TXT/?uri=CELEX:52002DC0124

26 Kooreman, P. et al (2004) Charity Donations and the Euro Introduction: Some Quasi-Experimental Evidence on Money Illusion. *Journal of Money, Credit, and Banking*, 36(6).

27 关于快乐对认知能力的影响参见我 2011 年的书 *Emotional Rollercoaster*, London: Harper Perennial, 以及两篇相关的论文：Isen, A.M. et al (1987) Positive Affect Facilitates Creative Problem Solving. *Journal of Personality and Social Psychology*, 52, 1122–1131; Fredrickson, B.L. & Losada, M.F. (2005) Positive Affect and the Complex Dynamics of Human Flourishing. *American Psychologist*, 60(7), 678–686.

28 Thomas, M. et al (2011) How Credit Card Payments Increase Unhealthy Food Purchases: Visceral Regulation of Vice. *Journal of Consumer Research*, 38 (1), 126–139.

29 Soman (1999) cited in Prelec & Simester (2001) Always Leave Home Without It: A Further Investigation of the Credit-card Effect on Willingness to Pay. *Marketing Letters*, 12, 5–12.

30 Prelec, D. & Simester, D. (2001) Always Leave Home Without It: A Further Investigation of the Credit-card Effect on Willingness to Pay. *Marketing*

Letters, 12, 5–12.

31 *Verum* Consumer Trends Report (May 2014). London: Verum Research.

第三章　心理账户如何发挥作用？

1 Kahneman, D. (2012) *Thinking, Fast and Slow*. London: Penguin.

2 Mullainathan, S. & Shafir, E. (2013) *Scarcity:Why Having Too Little Means So Much*. London: Allen Lane.

3 Tversky, A. & Kahneman, D. (1981)The Framing of Decisions and the Psychology of Choice, *Science*, 211, 453–458.

4 Dolphin, T. & Silim, A. (2014) *Purchasing Power: Making Consumer Markets Work for Everyone*. London: IPPR.

5 你可以听 BBC "健康检查" 节目对丹尼尔·卡尼曼的采访。剧院门票的故事来自这个采访，完整版本参见：You can listen to the interview with Daniel Kahneman on 'Health Check' on the BBC World Service. The theatre ticket story is from the full, unedited version of this interview: http:// www. bbc.co.uk/programmes/p00mmnj2

6 Kahneman, D. & Tversky, A. (1984) Choices, Values and Frames. *American Psychologist*, 39, 209–215.

7 Thaler, R.H. & Sunstein, C.R. (2008) *Nudge*. London: Yale University Press.

8 Kojima, S. & Hama, Y. (1982) Aspects of the Psychology of Spending. *Japanese Psychological Research*, 24(1), 29–38.

9 Shefrin, H.M. & Thaler, R. (1988) The Behavioural Life-cycle Hypothesis. *Economic Inquiry*, 26, 609–643.

10 Council of Mortgage Lenders, 2015.

第四章　保有：为什么我们喜欢占有而厌恶损失？

1 关于卡尼曼自己的实验以及该领域的许多其他实验的非常全面的描述，参见畅销书：Kahneman, D. (2012) *Thinking, Fast and Slow*. London:

Penguin.

2   Loewenstein, G.F. (1988) Frames of Mind in Intertemporal Choice. *Management Science*, 35, 200–214.

3   Chen, M.K. et al (2006) The Evolution of Our Preferences: Evidence from Capuchin Monkey Trading Behavior. *Journal of Political Economy*, 114 (2006), 517–537.

4   Buonomano, D. (2011) *Brain Bugs: How the Brain's Flaws Shape Our Lives*. London: W.W. Norton & Co.

5   Van de Ven, N. & Zeelenberg, M. (2011) Regret Aversion and the Reluctance to Exchange Lottery Tickets. *Journal of Economic Psychology*, 32, 194–200.

6   Zeelenberg, M. & Pieters, R. (2004) Consequences of Regret Aversion in Real Life:The Case of the Dutch National Lottery. *Organizational Behaviour and Human Decision Processes*, 93, 155–168.

7   Kahneman, D. et al (1990) Experimental Tests of the Endowment Effect and the Coase Theorem. *Journal of Political Economy*, 98(6), 1325–1348.

8   Harbaugh, W.T. et al (2001) Are Adults Better Behaved Than Children? Age, Experience, and the Endowment Effect. *Economics Letters*, 70(2001), 175–181.

9   Purhoit, D. (1995) Playing the Role of Buyer and Seller: The Mental Accounting of Trade-ins. *Marketing Letters*, 6, 101–110.

10 Santos, L.R. (2008) *Endowment Effect in Capuchin Monkeys*. BPhil, Trans. R. Soc. B 363, 3837–3844.

第五章　是否存在价格公道这回事儿？

1   记者科里·布朗对这个故事的讲述包含了一些令人着迷的细节：Brown, C.$75,000 a Case? He's Buying. *Los Angeles Times*, December 2006: http://articles.latimes.com/2006/dec/01/entertainment/et--rudy1

2   Wallace, B. (13 May 2012) Château Sucker, *New York Magazine*: http://

nymag.com/news/features/rudy-kurniawan- wine-fraud-2012-5/

3　Wallace, B. (13 May 2012) Château Sucker, *New York Magazine*: http://nymag.com/news/features/rudy-kurniawan-wine-fraud-2012-5/

4　Secret, M. A. (13 December 2013) Kock Brother, on a Crusade Against Counterfeit Rare Wines, Takes the Stand, *New York Times*: http://www.nytimes.com/2013/12/14/nyregion/william- koch-on-counterfeit-wine-crusade-testifies-against-rudy- kurniawan.html?_r=0

5　Wallace, B. (13 May 2012) Château Sucker, *New York Magazine*: http://nymag.com/news/features/rudy-kurniawan-wine-fraud-2012-5/

6　美国联邦调查局（2013 年 12 月 18 日），葡萄酒商人鲁迪·古尼阿万在曼哈顿联邦法院被判制造和销售数千万美元的假冒葡萄酒（新闻稿）：http://www.fbi.gov/newyork/press-releases/2013/wine-dealer-rudy-kurniawan-convicted-in-manhattan-federal-court-of-creating-and-selling-millions-of-dollars-in-counterfeit-wine

7　Plassmann, H. et al (2008) Marketing Actions Can Modulate Neural Representations of Experienced Pleasantness. *PNAS*, 105(3), 1050–1054.

8　Goldstein, R. et al (2008) Do More Expensive Wines Taste Better? Evidence from a Large Sample of Blind Tastings. *AAWE Working Paper*, No. 16 April.

9　Shiv, B. et al (2005) Placebo Effects of Marketing Actions: Consumers Get What They Pay For. *Journal of Marketing Research*, XLII, 383–393.

10　Branthwaite, A. & Cooper. P. (1981) Analgesic Effects of Branding in Treatment of Headaches. *British Medical Journal*, 282, 1576–1578.

11　Shiv, B. et al (2005) Placebo Effects of Marketing Actions: Consumers Get What They Pay For. *Journal of Marketing Research*, XLII, 383–393.

12　Just, D. et al (2014) Lower Buffet Prices Lead to Less Taste Satisfaction. *Journal of Sensory Studies*, 29(5), 362–370.

13　Mogilner, C. & Aaker, J. (2009) 'The Time vs. Money Effect': Shifting Product Attitudes and Decisions through Personal Connection. *Journal of*

Consumer Research, 36(2), 277–291.

14 Simonson, I. (1989) Choice Based on Reasons: The Case of Attraction and Compromise Effects. *Journal of Consumer Research*, 16, 158–174.

15 Tversky, A. & Simonson, I. (1992) Choice in Context:Tradeoff Contrast and Extremeness Aversion. *Journal of Marketing Research*, XXIX, 281–295.

16 Hsee, C.K. & Zhang, J. (2010) General Evaluability Theory. *Perspectives on Psychological Science,* 5(4), 343–355.

17 Knutson, B. et al (2007) Neural Predictors of Price. *Neuron.* 53, 147–156.

18 Furnham, A. (2014) *The Psychology of Money*. London: Routledge. 这本书中有很多这样的例子，以及一个针对各种类型的定价公司的总结。

19 Winer, R.S. (1986) A Reference Price Model of Brand Choice for Frequently Purchased Products. *Journal of Consumer Research*, 13, 250–256.

20 Saini, R. et al (2010) Is That Deal Worth My Time? The Interactive Effect of Relative and Referent Thinking on Willingness to Seek a Bargain. *Journal of Marketing*, 74, 34–48.

21 Navarro-Martinez, D. et al (2011) Minimum Required Payment and Supplemental Information Disclosure Effects on Consumer Debt Repayment Decisions. *Journal of Marketing Research*, 48, S60–S77.

22 McHugh, S. & Ranyard, R. (2013) The Effects of Alternative Anchors on Credit Card Repayment Decisions. Paper presented at British Psychological Society Annual Conference in Harrogate.

23 Furnham, A. & Boo, H.C. (2011) A Literature Review of the Anchoring Effect. *Journal of Socio-economics*, 40(1), 35–42.

24 Critcher, C.R. & Gilovich, T. (2008) Incidental Environmental Anchors. *Journal of Behavioral Decision Making*, 21, 241–251.

25 Oppenheimer, D.M. et al (2008) Anchors Aweigh: A Demonstration of Cross-modality Anchoring and Magnitude Priming. *Cognition*, 106, 13–26.

26 Epley, N. & Gilovich, T. (2010) Anchoring Unbound. *Journal of Consumer*

Psychology, 20, 20–24. And also Furnham, A. & Boo, H.C. (2011) A Literature Review of the Anchoring Effect. *Journal of Socio-economics*. 40, 35–42. 两者都提供了一些关于锚定的优秀评论。

27 Strack, F. & Mussweiler, T. (1997) Explaining the Enigmatic Anchoring Effect: Mechanisms of Selective Accessibility. *Journal of Personality & Social Psychology*, 73, 437–446.

28 Nunes, J.C. & Boatwright, P. (2004) Incidental Prices and Their Effect on Willingness to Pay. *Journal of Marketing Research*, XLI, 457–466.

29 Nunes, J.C. & Boatwright, P. (2004) Incidental Prices and Their Effect on Willingness to Pay. *Journal of Marketing Research*, XLI, 457–466.

30 Englich, B. et al (2006) Playing Dice with Criminal Sentences: The Influence of Irrelevant Anchors on Experts' Judicial Decision Making. *Personality & Social Psychology Bulletin*, 32(2), 188–200.

31 Kahneman, D. (2012) *Thinking, Fast and Slow*. London: Penguin.

32 Galinsky, A.D et al (2009) To Start Low or To Start High?: The Case of Auctions Versus Negotiations. *Current Directions in Psychological Science*, 18, 357–361.

33 Kristensen, H. & Garlin,T. (1997)The Effects of Anchor Points and Reference Points on Negotiation Process and Outcome. *Organizational Behavior and Human Decision Processes*, 71(1), 85–94.

34 Galinsky, A.D et al (2009) To Start Low or To Start High?: The Case of Auctions Versus Negotiations. *Current Directions in Psychological Science*, 18, 357–361.

35 Furnham, A. & Boo, H.C. (2011) A Literature Review of the Anchoring Effect. *Journal of Socio-economics*, 40, 35–42. Both provide excellent reviews of the classic work on anchoring.

36 可参看哲学家朱利安·巴吉尼关于世界各地给小费的专题报道。Baggini, J. (10 March 2015) To Tip or Not to Tip?: http://aeon.co/magazine/culture/

tipping-polite-gift-or-demeaning-hand-out/

37 Feinberg, R.A. (1986) Credit Cards as Spending Facilitating Stimuli: A Conditioning Interpretation. *Journal of Consumer Research*, 13(3), 348–356.

38 Guéguen, N. (2002) The Effects of a Joke on Tipping When It Is Delivered at the Same Time as the Bill. *Journal of Applied Social Psychology*, 32(9), 1955–1963.

39 Smith, D.E. et al (1982) Interpersonal Touch and Compliance with a Marketing Request. *Basic & Applied Social Psychology*, 3(1), 35–38.

40 Ereceau, D. & Guéguen, N. (2007) The Effect of Touch on the Evaluation of the 'Toucher'. *Journal of Social Psychology*, 147(4), 441–444.

41 Guéguen, N. & Jacob, C. (2005) The Effect of Touch on Tipping: An Evaluation in a French Bar. *International Journal of Hospitality Management*, 24(2), 295–299.

42 Guéguen, N. & Jacob, C. (2014) Clothing Color and Tipping: Gentlemen Patrons Give More Tips to Waitresses With Red Clothes. *Journal of Hospitality & Tourism Research*, 38(2), 275–280.

43 Guéguen, N. (2013) Helping With All Your Heart: The Effect of Cardioid Dishes on Tipping Behavior. *Journal of Applied Social Psychology*, 43, 1745–1749.

44 Lynn, M. & Latané, B. (1984) The Psychology of Restaurant Tipping. *Journal of Applied Social Psychology*, 14, 551–563.

45 Gneezy, U. et al (2004) The Inefficiency of Splitting the Bill. *The Economic Journal*, 114(495), 265–280.

第六章　钱的动力作用有多大？

1 *Inside the Bonus Culture*, BBC Radio 4, 25 March 2013: http://www.bbc.co.uk/programmes/b01rg1h8. 1979 年，巴克莱银行的最高薪酬经理的收入是员工平均水平的 14.5 倍。30 年后，经评估，这一数据为 75 倍，一

位首席高管的年薪超过 430 万英镑。参见：The High Pay Commission, Cheques With Balances: Why Tackling High Pay is in the National Interest: http://highpaycentre.org/files/Cheques_with_Balances.pdf

2　Schwab, R.S. (1953) Motivation in Measurements of Fatigue. In Floyd, W.F & Welford, A.T. (Eds) *The Ergonomics Research Society Symposium on Fatigue*. London: H.K. Lewis & Co. Ltd.

3　Deci, E. (1999) A Meta-Analytic Review of Experiments Examining the Effects of Extrinsic Rewards on Intrinsic Motivation. *Psychological Bulletin*, 125 (6), 627–668.

4　Schwab, R.S. (1953) Motivation in Measurements of Fatigue. In Floyd, W.F & Welford, A.T. (Eds) *The Ergonomics Research Society Symposium on Fatigue*. London: H.K. Lewis & Co. Ltd.

5　*Time* magazine article by Amanda Ripley–Ripley, A. (8 April 2010) Should Kids Be Bribed to Do Well in School?: http://content.time.com/time/magazine/article/0,9171,1978758,00.html

6　Fryer, R.G. (2011) Financial Incentives and Student Achievement: Evidence from Randomised Trials. *Quarterly Journal of Economics*, 126, 1755–1798.

7　Cowen, T. (2008) *Discover Your Inner Economist*. London: Penguin.

8　Slavin, R.E. (2010) Can Financial Incentives Enhance Educational Outcomes? Evidence from International Experiments. *Educational Research Review*, 5 (1), 68–80. 这是对世界各地尝试的计划非常有用的总结。

9　Gneezy, U. et al (2011) When and Why Incentives (Don't) Work to Modify Behaviour. *Journal of Economic Perspectives*, 25(4), 191–209.

10　Skoufia, E. & McClafferty, B. (2001) Is Progresa Working? A Summary of the Results of an Evaluation by IFPRI. *IFPRI Discussion Paper*, 118.

11　要了解该计划和其他国家的相关计划，参看：Slavin, R.E. (2010) Can Financial Incentives Enhance Educational Outcomes? Evidence from International Experiments. *Educational Research Review*, 5(1), 68–80.

12 Slavin, R.E. (2010) Can Financial Incentives Enhance Educational Outcomes? Evidence from International Experiments. *Educational Research Review*, 5(1), 68–80.

还有一个来自经济学家尤里·格尼茨的关于什么有效、什么无效的总结：Gneezy, U. et al (2011) When and Why Incentives (Don't) Work to Modify Behaviour. *Journal of Economic Perspectives*, 25(4), 191–209.

13 Abolghasemi, N.S. et al (2010) Blood Donor Incentives: A Step Forward or Backward. *Asian Journal of Transfusion Science*, 4(1), 9–13.

14 Dhingra. N. (2013) In Defense of WHO's Blood Donation Policy. *Science*, 342, 691.

15 Lacetera, N. et al (2013) Economic Rewards to Motivate Blood Donations, *Science*, 340, 927–928.

16 Iajya, V. et al (2012) The Effects of Information, Social and Economic Incentives on Voluntary Undirected Blood Donations. *NBER Working Paper 18630*, NBER: Cambridge, MA.

17 Lacetera, N. et al (2013) Economic Rewards to Motivate Blood Donations, *Science*, 340, 927–928.

18 Mellstrom, C. & Johannesson, M. (2008) Crowding Out in Blood Donation: Was Titmuss Right? *Journal of the European Economic Association*, 6(4), 845–863.

19 Reich, P. et al (2006) A Randomized Trial of Blood Donation Recruitment Strategies. *Transfusion*, 46, 1090–1096.

20 Gollan, J. (2008) Offenders Given Choice: Pay Fine or Donate Blood. *Sun Sentinel*, Florida.

21 Abolghasemi, N.S. et al (2010) Blood Donor Incentives: A Step Forward or Backward. *Asian Journal of Transfusion Science*, 4(1), 9–13.

22 Machado, S. (2014) Loss Aversion and Altruism in Repeated Blood Donation. Conference paper presented at American Society of Health

Economics, Los Angeles: https://ashecon.confex.com/ashecon/2014/webprogram/Paper2366.html

23　Lumley, J. et al (2009) Interventions for Promoting Smoking Cessation during Pregnancy. *Cochrane Database Systematic Reviews*, 8(3): CD001055.

24　这样的计划有很多。这一个是由伯明翰东部和北方初级保健信托基金开展的"无烟，大拯救"计划。

25　Mantazari, E. et al (2012) The Effectiveness of Financial Incentives for Smoking Cessation During Pregnancy: Is It From Being Paid or from the Extra Aid? *BMC Pregnancy Childbirth*, 12:24.

26　Giles, E. et al (2014) The Effectiveness of Financial Incentives for Health Behaviour Change: Systematic Review and Meta-Analysis. *PLoS ONE*, 9(3).

27　Lumley, J. et al (2009) Interventions for Promoting Smoking Cessation During Pregnancy. *Cochrane Database Systematic Reviews*, 8(3): CD001055.

28　Ierfino, D. et al. (2015) Financial Incentives for Smoking Cessation in Pregnancy: A Single-arm Intervention Study Assessing Cessation and Gaming. *Addiction*, 110(4), 680–688.

29　在伦敦南部的另一个计划中，吸毒者如果测试合格，就可以得到代金券，但还必须参加8个小组会议，并且参加每周一次的活动。参与者再次告诉我，他们发现药检的时刻很鼓舞人心。有些人甚至带着他们的那些厌倦了他们反复违背承诺，才见证了合格的测试结果的家人。

30　Lussier, J.P. et al (2006) A Meta-analysis of Voucher-based Reinforcement Therapy for Substance Use Disorders. *Addiction*, 101, 192–203.

31　Petry, N.M. (2009) Contingency Management Treatments: Controversies and Challenges. *Addiction*, 105, 1507–1509.

32　Weaver, T. et al (2014) Use of Contingency Management Incentives to Improve Completion of Hepatitis B Vaccination in People Undergoing Treatment for Heroin Dependence: A Cluster Randomised Trial. *The Lancet*, 384(9938), 153– 163.

33 Ierfino, D. et al (2015) Financial Incentives for Smoking Cessation in Pregnancy: A Single-arm Intervention Study Assessing Cessation and Gaming. *Addiction*, 110(4), 680–688.

34 Petry, N.M. (2009) Contingency Management Treatments: Controversies and Challenges. *Addiction*, 105, 1507–1509.

35 Petry, N.M. (2009) Contingency Management Treatments: Controversies and Challenges. *Addiction*, 105, 1507–1509.

第七章 只不过是报酬而已：善用赞扬与奖励

1 Deci, E. (1971) Effects of Externally Mediated Rewards on Intrinsic Motivation. *Journal of Personality & Social Psychology*, 18(1), 105–115.

2 Henderlong, J. & Lepper, M.R. (2002) The Effects of Praise on Children's Intrinsic Motivation: A Review and Synthesis. *Psychological Bulletin*, 128 (5), 774–795.

3 Brummelman, E. et al (2014) "That's Not Just Beautiful— That's Incredibly Beautiful!" The Adverse Impact of Inflated Praise on ChildrenWith Low Self-esteem. *Psychological Science*, 25(3), 728–735.

4 Mueller, C.M. & Dweck, C.S. (1998) Praise for Intelligence Can Undermine Children's Motivation and Performance. *Journal of Personality & Social Psychology*, 75(1), 33–52.

5 Gneezy, U. & Rustichini, A. (2000) Pay Enough or Don't Pay at All. *The Quarterly Journal of Economics*, 115 (3), 791–810.

6 You can hear my BBC Radio 4 documentary *Mind Changers*, where I visit Skinner's study, at http://www.bbc.co.uk/programmes/b0639gxq

7 Cameron, J. & Pierce, W.D. (1994) Reinforcement, Reward and Intrinsic Motivation:A Meta-analysis. *Review of Educational Research*, 64(3), 363–423.

8 Ariely, D. (2008) *Predictably Irrational*. New York: Harper Collins.

9   Ariely, D. (2008) *Predictably Irrational*. New York: Harper Collins.

10 Webley, P. et al (2001) *The Economic Psychology of Everyday Life*. Sussex: Psychology Press.

11 Ariely, D. (2008) *Predictably Irrational*. New York: Harper Collins.

12 Jordet, G. et al (2012) Team History and Choking under Pressure in Major Soccer Penalty Shootouts. *British Journal of Psychology*, 103(2), 149–292.

13 相关解释参见：Baumeister, R.F. (1984) Choking under Pressure: Self-consciousness and Paradoxical Effects of Incentives on Skillful Performance. *Journal of Personality & Social Psychology*, 46(3), 610–620.

14 Mobbs, D. et al (2011) Choking on the Money: Reward-Based Performance Decrements Are Associated With Midbrain Activity. *Psychological Science*, 20(8), 955–962.

15 Aarts, E. et al (2014) Dopamine and the Cognitive Downside of a Promised Bonus. *Psychological Science*, 25, 1003.

16 Frey, B.S. & Oberholzer-Gee, F. (1997) The Cost of Price Incentives:An Empirical Analysis of Motivation Crowding-Out. *American Economic Review*, 87(4), 746–755.

17 Gneezy, U. & Rustichini, A. (2000) A Fine is a Price. *Journal of Legal Studies*, 29(1), 1–17.

第八章　给银行高管的贴士：滥用金钱激励的例子

1   Fraser, G. (17 January 2014) The Wolf of Wall Street Sexes Up Greed, but Systemic Immorality Does More Damage: http://www.theguardian.com/commentisfree/belief/2014/jan/17/wolf-wall-street-sexes-greed-mmorality

2   Griffiths, M.D. (2013) Financial Trading as a Form of Gambling. *i-Gaming Business Affiliate*, April/May, 40.

3   Gregg, P. et al (2012) Executive Pay and Performance: Did Bankers' Bonuses Cause the Crisis? *International Review of Finance*, 12(1), 89–122.

4　CIPD (2015) Show Me the Money! The Behavioural Science of Reward. 这是一份非常全面的报告，汇集了大量关于针对工作中的成年人使用奖励的研究，并提出了具体的建议。

5　Osterloh, M. (2014) Viewpoint: Why Variable Pay-for-performance in Healthcare Can Backfire: Evidence from Psychological Economics. *Evidence-based HRM: A Global Forum for Empirical Scholarship*, 2(1), 120–123.

6　Larkin, I. et al (2012) The Psychological Costs of Pay-for-performance: Implications for the Strategic Compensation of Employees. *Strategic Management Journal*, 33, 1194–1214.

7　Speech by AdairTurner, Chairman, Financial Services Authority at the City Banquet, Mansion House, London, 22 September 2009: http://www.fsa.gov.uk/pages/Library/Communication/Speeches/2009/0922_at.shtml

8　CIPD (2015) Show Me the Money! The Behavioural Science of Reward.

第九章　钱，钱，钱：金钱与幸福的悖论

1　不同作者提出的分类方法的全面解释，参见：Adrian's Furnham's 2006 book, *The New Psychology of Money*. London: Routledge.

2　这些分类来自：Goldberg, H. & Lewis, R.E. (1978) *Money Madness: The Psychology of Saving, Spending, Loving, and Hating Money.* (Los Angeles: Wellness Institute Ltd.) 我在这里用我自己的话总结了他们给出的特征。但这本书概述了全部的类型。

3　Keller and Siegrist on p.97 of Furnham, A. (2006) *The New Psychology of Money*. London: Routledge.

4　参见保罗·韦伯利等人的优秀教科书：*The Economic Psychology of Everyday Life* for a summary of the research in this area, beginning on p.107.

5　Engleberg, E. & Sjoberg, L. (2006) Money Attitudes and Emotional Intelligence. *Journal of Applied Social Psychology*, 36(8), 2027–2047.

6　Adrian Furnham's *The New Psychology of Money*, Chapter 5.

7   *The Big Money Test–Results*, BBC Science, 14 March 2013: http://www.bbc. co.uk/science/0/21360144

8   Dew, J. et al (2012) Examining the Relationship Between Financial Issues and Divorce. *Family Relations*, 61(4), 615–628.

9   Burgoyne, C. (2004) Heartstrings and Purse Strings: Money in Heterosexual Marriage. *Feminism & Psychology*, 14(1), 165–172.

10 Prince, M. (1993) Women, Men, and Money Styles. *Journal of Economic Psychology*, 14, 175–182.

11 Mitchell, T.R. & Mickel, A.E. (1999) The Meaning of Money: An Individual Difference Perspective. *Academy of Management Review*, 24(3), 568–578.

12 更多关于伊莱恩的故事参见：*Making Slough Happy*, BBC2, 6 December 2005.

13 Sullivan, P. (20 January 2006)William 'Bud' Post III; Unhappy Lottery Winner: http://www.washingtonpost.com/wp-dyn/content/article/2006/01/19/ AR2006011903124.html

14 Runion, R. (1 May 2007) Lawsuit: Millionaire Stole Lotto Ticket: http:// www.theledger.com/article/20070501/NEWS/705010406

15 *BBC News* (11 August 2004) Rapist Scoops £7m on Lotto Extra: http://news. bbc.co.uk/1/hi/uk/3554008.stm

16 Hedenus, A. (2011) Finding Prosperity as a Lottery Winner: Presentations of Self after Acquisition of Sudden Wealth, *Sociology*, 45(1), 22–37.

17 Brickman, P. et al (1978) Lottery Winners and Accident Victims: Is Happiness Relative? *Journal of Personality and Social Psychology*, 36(8), 917–927.

18 Armenta, C.N. et al (2014) Is Lasting Change Possible? Lessons from the Hedonic Adaptation Prevention Model. In Sheldon, K.M. & Lucas, R.E. (Eds) *Stability of Happiness*. New York: Elsevier.

19 Quoidbach, J. et al (2010) Money Giveth, Money Taketh Away: The Dual

Effect of Wealth on Happiness. *Psychological Science*, 21(6), 759–763.

20 *Happy Money* by Elizabeth Dunn & Michael Norton (2013). London: One World. 给出了如何利用钱使自己更快乐的说明。

21 Thaler, R.H. (1999) Mental Accounting Matters. *Journal of Behavioral Decision-making*, 12(3), 183–206.

22 Haushofer, J. & Shapiro, J. (2013) Household Response to Income Changes: Evidence from an Unconditional Cash Transfer Program in Kenya. Massachusetts Institute of Technology Working Paper.

23 Stevenson, B. & Wolfes, J. (2013) Subjective Well-Being and Income: Is There Any Evidence of Satiation? *American Economic Review*, 103(3), 598–604.

24 Deaton, A. (27 February 2008)Worldwide, Residents of Richer Nations More Satisfied. Gallup: http://www.gallup.com/poll/104608/worldwideresidents-richer-nations-more-satisfied.aspx

25 Aknin, L.B. et al (2009) From Wealth to Well-being? Money Matters, but Less Than People Think. *The Journal of Positive Psychology*, 4(6), 523–527.

26 赫尔加·迪特玛的书 *Consumer Culture, Identity &Well-Being*. (Hove: Psychology Press) 包含《这是最好的了吗?》一章，分析了唯物主义的后果，包含了这些数据和相关研究。

27 Csikszentmihalyi, M. (2002) *Flow:The Psychology of Happiness*. London: Rider.

28 Locke, E.A. et al (2001) Money and Subjective Well-being: It's Not the Money, It's the Motives. *Journal of Personality and Social Psychology*, 80(6), 959–971.

29 Helga Dittmar's 2008 book *Consumer Culture, Identity and Well-being*, pp.85–94 Hove: Psychology Press.

30 Pieters, R. (2013) Bidirectional Dynamics of Materialism and Loneliness: Not Just a Vicious Cycle. *Journal of Consumer Research*, 40, 615–631.

第十章 金钱焦虑会使人思维贫乏

1 Harris, L.T. & Fiske, S.T. (2006) Dehumanizing the Lowest of the Low: Neuroimaging Responses to Extreme Out-Groups. *Psychological Science*, 17, 847–853.

2 Levi, P. (1988) *The Drowned and the Saved*. London: Abacus.

3 Bamfield, L. & Horton, T. (22 June 2009) Understanding Attitudes to Tackling Economic Inequality: http://www.jrf.org.uk/publications/attitudes-economic-inequality

4 Clery, E., et al (April 2013) Prepared for the Joseph Rowntree Foundation – Public Attitudes to Poverty and Welfare, 1983– 2011. Analysis Using British Social Attitudes Data: http://www.natcen.ac.uk/media/137637/poverty-and-welfare.pdf

5 Hall, S. et al (2014) *Public Attitudes to Poverty*. Joseph Rowntree Foundation.

6 Heberle, A. & Carter, A. (2015) Cognitive Aspects of Young Children's Experience of Economic Disadvantage. *Psychological Bulletin*, 141(4), 723–746.

7 Weinger, S. (2000) Economic Status: Middle Class and Poor Children's View. *Children & Society*, 14, 135–146.

8 Heberle, A. & Carter, A. (2015) Cognitive Aspects of Young Children's Experience of Economic Disadvantage. *Psychological Bulletin*, 141(4), 723–746.

9 Cozzarelli, C. et al (2001) Attitudes Toward the Poor and Attributions for Poverty. *Journal of Social Issues*, 57, 207–227. 关于人们对穷人的态度的研究另见：Lott, B. (2002) Cognitive and Behavioural Distancing from the Poor. *American Psychologist*, 57(2), 100–110.

10 Crandall S.J. et al (1993) Medical Students' Attitudes Toward Providing Care for the Underserved: Are We Training Socially Responsible Physicians? *JAMA*, 269, 2519–2523.

11 Lerner, M.J. (1980) *The Belief in a Just World: A Fundamental Delusion*. New York: Plenum Press.

12 Weiner, D.O. et al (2011) An Attributional Analysis of Reactions to Poverty: The Political Ideology of the Giver and the Perceived Morality of the Receiver. *Personality & Social Psychology Review*, 15(2), 199–213.

13 Guzewicz, T. & Takooshian, H. (1992) Development of a Short-form Scale of Public Attitudes Toward Homelessness. *Journal of Social Distress & the Homeless*, 1(1), 67–79.

14 Horwitz, S. & Dovidio, J.F. (2015) The Rich–Love Them or Hate Them? Divergent Implicit and Explicit Attitudes Toward the Wealthy. *Group Processes & Intergroup Relations*, doi: 10.1177/1368430215596075

15 Mani, A. et al (2013) Poverty Impedes Cognitive Function. *Science*, 341 (6149), 976–980.

16 Mullainathan, S. & Shafir, E. (2013) *Scarcity:Why Having Too Little Means So Much*. London: Allen Lane. 12.

17 Mani, A. et al (2013) Poverty Impedes Cognitive Function. *Science*, 341 (6149), 976–980.

18 Pew Charitable Trust (2013) Payday Lending in America: Report 2 – How Borrowers Choose and Repay Payday Loans.

19 Prelec, G. & Loewenstein, D. (1998) The Red and the Black. *Marketing Science*, 17(1), 4–28.

20 Nickerson, R.S. (1984) Retrieval Inhibition from Part-set Cuing: A Persisting Enigma in Memory Research. *Memory & Cognition*, 12(6), 531–552.

21 Mullainathan, S. & Shafir, E. (2013) *Scarcity:Why Having Too Little Means So Much*. London: Allen Lane. 107.

22 Shah, A. et al (2013) Some Consequences of Having Too Little. *Science*, 338, 682–685.

23 Von Stumm, S. et al (2013) Financial Capability, Money Attitudes and

Socioeconomic Status. *Personality and Individual Differences*, 54, 344–349.

24 Haushofer, J. (2011) Neurobiological Poverty Traps. Working paper: University of Zurich. This paper is an excellent and very honest summary of the state of the field.

25 Haushofer, J. (2011) Neurobiological Poverty Traps. Working paper: University of Zurich.

26 Luby, J. et al (2013) The Effects of Poverty on Childhood Brain Development. *JAMA Pediatrics*, 167(12), 1135–1142.

27 Piketty,T. (2014) *Capital in theTwenty-first Century*. Cambridge, Massachusetts: Harvard University Press.

第十一章　金钱之恶

1 Vohs, K.D. et al (2006) The Psychological Consequences of Money. *Science*, 314, 1154–1156.

2 Bargh, J.A. et al (1996) Automaticity of Social Behavior: Direct Effects of Trait Construct and Stereotype Activation on Action. *Journal of Personality and Social Psychology*, 71(2), 230–244.

3 Grenier, M. et al (2012) Money Priming Did Not Cause Reduced Helpfulness: http://www.psychfiledrawer.org/replication.php?attempt=MTQ2

4 Vohs, K.D. (2015) Money Priming Can Change People's Thoughts, Feelings, Motivations, and Behaviors: An Update on 10Years of Experiments. *Journal of Experimental Psychology*, 144(4), e86–e93.

5 Kouchaki, M. (2013) Seeing Green. Mere Exposure to Money Triggers a Business Decision Frame and Unethical Outcomes. *Organizational Behavior and Human Decision Processes*, 121(1), 53–61.

6 Campbell,W.K. (2004) Psychological Entitlement: Interpersonal Consequences and Validation of a Self-report Measure. *Journal of Personality Assessment*, 83(1), 29–45.

7 Piff, P.K. (2014)Wealth and the Inflated Self: Class, Entitlement, and Narcissism. *Personality and Social Psychology Bulletin*, 40(1), 34–43.

8 Piff, P.K. (October 2013) Does Money MakeYou Mean? TED Talk. https://www.ted.com/talks/paul_piff_does_money_make_ you_mean?language=en

9 Brickman, P. et al (1978) Lottery Winners and Accident Victims: Is Happiness Relative? *Journal of Personality and Social Psychology*, 36(8), 917–927.

10 Piff, P.K. et al (2012) Higher Social Class Predicts Increased Unethical Behaviour. *PNAS*, 109(11), 4086–4091.

11 Trautmann, S.T. et al (2013) Social Class and (Un)Ethical Behavior: A Framework, With Evidence From a Large Population Sample. *Perspectives on Psychological Science*, 8(5), 487–497.

12 Bauer, R. et al (2014) Donation and Strategic Behavior of Millionaires. Working Paper, Rotterdam Behavioral Finance Conference.

13 Cikara, M. & Fiske, S.T. (2012) Stereotypes and Schadenfreude. Affective and Physiological Markers of Pleasure at Outgroup Misfortunes. *Social Psychological and Personality Science*, 3(1), 63–71.

14 Belk, R. & Wallendorf, S. (1990) The Sacred Meanings of Money. *Journal of Economic Psychology*, 11, 35–67.

15 Zizzo, D.J. & Oswald, A. (2000) Are People Willing to Pay to Reduce Others' Incomes? Working Paper. *Warwick Economic Research Papers, No. 568*.

16 Van de Ven, N. et al (2010) The Envy Premium in Product Evaluation. *Journal of Consumer Research*, 37(6), 984–998.

17 严格来说，忌妒和羡慕并不是一回事。关于忌妒，想想三角恋：一个人会害怕失去另一个人而输给第三个人。相比之下，羡慕只涉及两个人。你有我想要的东西，无论是一种特殊的技能，在生活中的成功，还是更多的钱。在这种情况下，皮埃特斯和他的团队使用了"羡慕"这个词，因为他们认为它听起来不像"忌妒"那么消极。

18 Festinger, L. (1957) *ATheory of Cognitive Dissonance*. Stanford: Stanford University Press.

19 Xie, W. et al (2014) Money, Moral Transgressions, and Blame. *Journal of Consumer Psychology*, 24 (3), 299–306.

20 Lewis, A. et al (2012). Drawing the Line Somewhere: An Experimental Study of Moral Compromise. *Journal of Economic Psychology*, 33(4), 718–725.

21 Marwell, G. & Ames, R. (1981) Economists Free Ride. Does Anyone Else? *Journal of Public Economics*, 15(3), 295–310.

22 Frank, R.H. et al (1993) The Evolution of One-shot Cooperation: An Experiment. *Ethology and Sociobiology*, 14(4), 247–256.

23 Goldberg, H. & Lewis, R.E. (1978) *Money Madness: The Psychology of Saving, Spending, Loving, and Hating Money*. Los Angeles: Wellness Institute Ltd.

24 Hanley, A. & Wilhelm, M.S. (1992) Compulsive Buying: An Exploration into Self-esteem and Money Attitudes. *Journal of Economic Psychology*, 13, 5–18.

25 Pascal, B. (1660, 1958) *Pascal's Pensées*. New York: Dutton.

26 相关细节参见：Hahn, C. et al (2013) 'Show Me the Money': Vulnerability to Gambling Moderates the Attractiveness of Money Versus Suspense. *Personality and Social Psychology Bulletin*, 39(10), 1259–1267.

27 Hahn, C. et al (2013) 'Show Me the Money': Vulnerability to Gambling Moderates the Attractiveness of Money Versus Suspense. *Personality and Social Psychology Bulletin*, 39(10), 1259–1267.

28 Chen, E.Z. et al (2012) An Examination of Gambling Behaviour in Relation to Financial Management Behaviour, Financial Attitudes, and Money Attitudes. *International Journal of Mental Health Addiction*, 10, 231–242.

29 Slutske, W.S. et al (2005) Personality and Problem Gambling. A Prospective Study of a Birth Cohort of Young Adults. *Archives of General Psychia-*

try, 62(7), 769–775.

30 Michalczuk, R. et al (2011) Impulsivity and Cognitive Distortions in Pathological Gamblers Attending the UK National Problem Gambling Clinic: A Preliminary Report. *Psychological Medicine*, 41(12), 2625–2635.

31 Clark, L. (2010) Decision-making during Gambling: An Integration of Cognitive and Psychobiological Approaches. *Philosophical Transactions: Biological Sciences*, 365, 319–330.

32 Cocker, P.J. et al (2013) A Selective Role for Dopamine D$_4$ Receptors in Modulating Reward Expectancy in a Rodent Slot Machine Task. *Biological Psychiatry*, 75(10), 817–824.

33 Clark, L. (2010) Decision-making during Gambling: An Integration of Cognitive and Psychobiological Approaches. *Philosophical Transactions: Biological Sciences*, 365, 319–330.

34 Clark, L. (2010) Decision-making during Gambling: An Integration of Cognitive and Psychobiological Approaches. *Philosophical Transactions: Biological Sciences*, 365, 319–330.

35 Michalczuk, R. et al (2011) Impulsivity and Cognitive Distortions in Pathological Gamblers Attending the UK National Problem Gambling Clinic: A Preliminary Report. *Psychological Medicine*, 41(12): 2625–2635.

第十二章　金钱之善

1 Dunn, E.W. et al (2008) Spending Money on Others Promotes Happiness. *Science*, 319(5870), 1687–1688.

2 Harbaugh, W.T. et al (2007) Neural Responses to Taxation and Voluntary Giving Reveal Motives for Charitable Donations. *Science*, 316(5831), 1622–1625. Quote is from: EurekAlert! Paying Taxes, According to the Brain, Can Bring Satisfaction (14 June 2007): http://www.eurekalert.org/ pub_ releases/2007-06/uoo-pta061107.php

3　Harbaugh, W.T. (1998) What Do Donations Buy? A Model of Philanthropy Based on Prestige and Warm Glow. *Journal of Public Economics*, 67, 269–284.

4　Raihani, N.J. & Smith, S. (2015) Competitive Helping in Online Giving. *Current Biology*, 25(9), 1183–1186.

5　Izuma, K. (2009) Processing of the Incentive for Social Approval in the Ventral Striatum during Charitable Donation. *Journal of Cognitive Neuroscience*, 22(4), 621–631.

6　Newman, G.E. & Cain, D.M. (2014) Tainted Altruism: When Doing Some Good Is Evaluated as Worse Than Doing No Good at All. *Psychological Science*, 25(3), 648–655.

7　Newman, G.E. & Cain, D.M. (2014) Tainted Altruism: When Doing Some Good Is Evaluated as Worse Than Doing No Good at All. *Psychological Science*, 25(3), 648–655.

8　Harbaugh, W.T. et al (2007) Neural Responses to Taxation and Voluntary Giving Reveal Motives for Charitable Donations. *Science*, 316, 1622–1625.

9　Andreoni, J. (2006) 'Philanthropy' in Serge-Christophe Kolm and Jean Mercier Ythier (Eds) *Handbook of Giving, Reciprocity, and Altruism*. Amsterdam: Elsevier/North-Holland.

10　Schervish, P.G. et al (2006) 'Charitable Giving: How Much, By Whom, To What, and Why' in Powell, W.W. & Steinberg, R. *The Nonprofit Sector: A Research Handbook*. Connecticut: Yale University Press.

11　*The Chronicle of Philanthropy* (2014) – How America Gives: https://philanthropy.com/specialreport/how-america-gives-2014/1

12　Holland, J. et al (2012) Lost Letter Measure of Variation in Altruistic Behaviour in 20 Neighbourhoods, *PLoS ONE*, 7(8): e43294.

13　Brethel-Haurwitz, K. & Marsh, A. (2014) Geographical Differences In Subjective Well-Being Predict Extraordinary Altruism. *Psychological*

Science, 25(3), 762–771.

14 Hoffman, M. (2011) Does Higher Income Make You More Altruistic? Evidence from the Holocaust. *The Review of Economics and Statistics*, 93 (3), 876–887.

15 Guéguen, N. & Lamy, L. (2011) The Effect of the Word 'love' on Compliance to a Request for Humanitarian Aid: An Evaluation in a Field Setting. *Social Influence*, 6 (4), 249–258.

16 Fisher, R.J. & Ma, Y. (2014) The Price of Being Beautiful: Negative Effects of Attractiveness on Empathy for Children in Need. *Journal of Consumer Research*, 41(2), 436–450.

17 Ein-Gar, D. & Levontin, L. (2013) Giving From a Distance: Putting the Charitable Organization at the Center of the Donation Appeal. *Journal of Consumer Psychology*, 23, 197–211.

18 Evangelidis, I. & Van den Bergh, B. (2013) The Number of Fatalities Drives Disaster Aid. Increasing Sensitivity to People in Need. *Psychological Science*, 24(11), 2226–2234.

19 我 2013 年出版的书 *Time Warped* 中有更多这项研究的细节。

20 Ein-Gar, D. & Levontin, L. (2013) Giving From a Distance: Putting the Charitable Organization at the Center of the Donation Appeal, *Journal of Consumer Psychology*, 23, 197–211.

第十三章 "俭以致富"

1   Felson, R.B. (1981) Ambiguity and Bias in the Self-concept. *Social Psychology Quarterly*, 44, 64–69.

2   Dunning, D. et al (1989) Ambiguity and Self-Evaluation: The Role of Idiosyncratic Trait Definitions in Self-serving Assessments of Ability. *Journal of Personality and Social Psychology*, 57, 1082–1090.

3   Himanshu M. et al (2013) Influence of Motivated Reasoning on Saving

and Spending Decisions. *Organizational Behavior and Human Decision Processes*, 121(1), 13–23.

4 我 2013 年的书 *Time Warped* 有对此进行的有价值的探讨。

5 Warneryd, K.E. (2000) Future-orientation, Self-control and Saving. Paper presented at XXVII International Congress of Psychology, Stockholm.

6 Howlett. E. et al (2008) The Role of Self-Regulation, Future Orientation, and Financial Knowledge in Long-Term Financial Decisions. *Journal of Consumer Affairs,* 42(2), 223–242.

7 Peetz, J. & Buehler, R. (2009) Is There a Budget Fallacy? The Role of Savings Goals in the Prediction of Personal Spending. *Personality & Social Psychology Bulletin*, 35(12), 1579–1591.

8 Lewis, N.A. & Oyserman, D. (2015) When Does the Future Begin? Time Metrics Matter, Connecting Present and Future Selves. *Psychological Science*, 26(6), 816–825.

9 Ulkumen, G. et al (2008) Will I Spend More in 12 Months or a Year? The Effect of Ease of Estimation and Confidence on Budget Estimates. *Journal of Consumer Research*, 35(2), 245–256.

10 Thaler, R.H. & Sunstein, C.R. (2008) *Nudge*. London: Yale University Press.

11 Trope, Y. & Liberman, N. (2003) Temporal Construal. *Psychological Review*, 110(3), 403–421.

12 Tam, L. & Dholakia, U. (2014) Saving in Cycles. How to Get People to Save More Money. *Psychological Science*, 25(2), 531–537.

13 Chen, K. (2013) The Effect of Language on Economic Behavior: Evidence from Savings Rates, Health Behaviors, and Retirement Assets. *American Economic Review*, 103(2), 690–731.

14 Chen, K. (2013) The Effect of Language on Economic Behavior: Evidence from Savings Rates, Health Behaviors, and Retirement Assets. *American Economic Review*, 103(2), 690–731.

15　Maglio, S. J. et al (2013) Distance From a Distance: Psychological Distance Reduces Sensitivity to Any Further Psychological Distance. *Journal of Experimental Psychology: General*, 142(3): 644–657.

16　Ashraf, N. et al (2006) Tying Odysseus to the Mast: Evidence from a Commitment Savings Product in the Philippines. *The Quarterly Journal of Economics*, 121(2), 635–672.

17　Ashraf, N. et al (2006) Household Decision Making and Savings Impacts: Further Evidence from a Commitment Savings Product in the Philippines. Yale University Economic Growth Center Discussion Paper No. 939.

18　Meredith, J. et al (2013) Keeping the Doctor Away: Experimental Evidence on Investment in Preventative Health Products. *Journal of Development Economics*, 105, 196–210.

19　Bench, G. et al (2014) Why Do Households Forgo High Returns from Technology Adoption: Evidence from Improved Cook Stoves in Burkina Faso, Ruhr Economic Papers.

20　Dupas, P. & Robinson, J. (2013) Why Don't the Poor Save More? Evidence from Health Savings Experiments. *American Economic Review*, 103(4), 1138–1171.

21　Karlan, D. et al (2014) Getting to the Top of Mind: How Reminders Increase Saving. *National Bureau of Economic Research Working Paper*, 16205: http://karlan.yale.edu/sites/default/files/top-of-mind oct2014.pdf

第十四章　如何才能真正享受花钱的乐趣？

1　Dunn, E.W. et al (2011) If Money Doesn't Make You Happy, Then You Probably Aren't Spending it Right. *Journal of Consumer Psychology*, 21, 115–125.

2　保罗·多兰的书 *Happiness by Design* (London: Penguin) 解释了如何获得真正的快乐，以及如何做出使自己快乐的决定。

3   Kumar, A. et al (2014) Waiting for Merlot. Anticipatory Consumption of Experiential and Material Purchases. *Psychological Science*, 25(10), 1924–1931.

4   The Skint Foodie – Food + Recovery + Peckham (With Added Employment), online blog: http://www.theskintfoodie.com/

5   Dunn, E. & Norton, M. (2013) *Happy Money:The New Science of Smarter Spending*. London: One World.

6   DeVoe, S.E. & Pfeffer, J. (2008) When Time is Money: The Effect of Hourly Payment on the Evaluation of Time. *Organi- zational Behaviour and Human Decision Processes*, 104(1), 1–13.

7   Dunn, E. & Norton, M. (2013) *Happy Money:The New Science of Smarter Spending*. London: One World.

8   Loewenstein, G. (1987) Anticipation and the Value of Delayed Consumption. *The Economic Journal*, 97(387), 666–684.

9   Chancellor, J. & Lyubomirsky, S. (2011) Happiness and Thrift: When (Spending) Less is (Hedonically) More. *Journal of Consumer Psychology*, 21, 131–138.

10   Atalay, A. & Meloy, M. (2011). Retail Therapy: A Strategic Effort to Improve Mood. *Psychology and Marketing*, 28(6), 638–659.

延伸阅读

注释部分包含了详细的参考资料，如果你想读更多关于金钱的书，以下这些是我最喜欢的，按字母顺序列出。

Ariely, D. (2008) *Predictably Irrational*. London: HarperCollins De Cremer, D et al (2006) *Social Psychology and Economics*. London: Lawrence Erlbaum Associates.

Dunn, E. & Norton, M. (2013) *Happy Money: The New Science of Smarter Spending*. London: Oneworld.

Earl, P.E. & Kemp, S. (Eds) (1999) *Consumer Research and Economic Psychology*. Cheltenham: Elgar.

Furnham, A. (2008) *The Econonic Socialisation of Young People*. London: The Social Affairs Unit.

Furnham, A. (2014) *The Psychology of Money*. London: Routledge.

Kahneman, D. (2012) *Thinking Fast and Slow*. London: Penguin. Lewis, A. (Ed) (2012) *Psychology and Economic Behaviour*. Cambridge: Cambridge University Press.

Mullainathan, S. & Shafir, E. (2013) *Scarcity: Why Having So Little Means So Much*. London: Allen Lane.

Sandel, M.J. (2013) *What Money Can't Buy: The Moral Limits of Markets*.

London: Penguin.

Thaler, R.H. & Sunstein, C.R. (2008) *Nudge*. London: Yale University Press.

Webley, P. et al (2001) *The Economic Psychology of Everyday Life*. Sussex: Psychology Press.